碳中和目标下
京津冀社会经济转型及发展路径

王 超 著

中国环境出版集团 · 北京

图书在版编目（CIP）数据

碳中和目标下京津冀社会经济转型及发展路径 / 王超著. -- 北京 : 中国环境出版集团, 2025. 7. -- ISBN 978-7-5111-6326-4

Ⅰ. F127.2

中国国家版本馆 CIP 数据核字第 20253P9B42 号

责任编辑 李兰兰
封面设计 宋　瑞

出版发行 中国环境出版集团
（100062　北京市东城区广渠门内大街 16 号）
网　　址：http://www.cesp.com.cn
电子邮箱：bjgl@cesp.com.cn
联系电话：010-67112765（编辑管理部）
010-67112735（第一分社）
发行热线：010-67125803，010-67113405（传真）

印　　刷 北京建宏印刷有限公司
经　　销 各地新华书店
版　　次 2025 年 7 月第 1 版
印　　次 2025 年 7 月第 1 次印刷
开　　本 787×1092　1/16
印　　张 11.25
字　　数 240 千字
定　　价 56.00 元

前　言

本书面向国家实现“双碳”目标的现实需求，致力于研究京津冀地区社会经济转型特征，通过对社会经济碳排放系统的测度与模拟，提出切实可行的调控策略与政策建议。基于此，在碳中和目标背景下，本书以京津冀地区为研究区，以碳排放核算及因素分解为切入点，围绕“碳排放核算—空间关联—效率评价—收支平衡—情景模拟—政策建议”的逻辑主线开展研究。具体来讲，本书核算了2000—2019年京津冀地区碳排放量，分析了碳排放量变化下社会经济转型特征；制备了长时间序列的碳排放空间数据，明晰了碳排放的分布特征及空间关联机制；评估了区域和产业两个层面的碳排放效率并分析了其关键影响因素的作用特征；提出了碳平衡匹配关系的静态和动态分析方法，分析了碳收支平衡状态变化及匹配关系的演化规律；模拟了碳中和目标下京津冀地区不同发展情景碳平衡状态的变化趋势，识别了“自然-社会-经济系统”的最优发展情景，最终提炼了碳中和目标下京津冀地区的社会经济转型路径及政策建议。

本书共分8章。第1章为绪论。第2章介绍了京津冀地区的基本状况及研究所需的数据详情。第3章构建了区域碳排放清单，分析了京津冀地区碳排放量的时间变化及驱动因素，梳理了社会经济转型特征。第4章制备了长时间序列的夜间灯光数据，改进了碳排放空间反演方法，分析了碳排放的空间分布特征和空间关联关系。第5章评估了城市和产业层面的碳排放效率，探析了碳排放效率的影响因素。第6章评估了京津冀地区的固碳能力，进一步分析了碳收支平衡变化和空间匹配格局的演化特征。第7章模拟了碳中和目标下京津冀地区社会经济系统的不同发展情景，识别了最优发展路径。第8章提出了京津冀地区的碳中和行动方案框架以及社会经济可持续发展路径。

在学术研究方面，本书从碳排放核算入手，在碳排放空间反演方法、区域碳中和情景模拟等方面提出新思路，搭建了完整的碳排放研究链条，为多维度分析碳排放特征提供科学的研究范式和方法参考，可丰富和拓展碳排放测度及优化调控的研究范围和研究深度。在现实应用方面，本书将产业转型升级、能源结构优化、自然-经济-社会多系统协同发展等战略纳入碳中和的实现路径中，提出切实可行的调控策略及政策建议，可直接指导京津冀地区碳减排和社会经济转型及可持续发展工作，为我国区域城镇化转型和高质量发展提供案例参考，在区域“双碳”目标实现以及高质量发展方面具有借鉴价值，在我国生态文明建设方面具有重要的现实意义。

区域可持续发展是一个复杂的综合性问题，碳中和目标的实现任重道远。本人在编写过程中参考了大量中英文文献，借鉴了许多学者的研究成果，在此一并致谢。本书获得首都经济贸易大学出版资助。

由于时间和能力所限，书中错误和疏漏在所难免，恳请同行和广大读者批评指正。

王　超

2025 年 6 月 20 日

目　录

第 1 章　绪　论 1
1.1　研究背景与意义 1
1.2　国内外研究进展 3
1.3　研究内容与章节安排 9
1.4　创新之处 11

第 2 章　研究区概况与数据来源 13
2.1　研究区概况 13
2.2　主要数据来源及说明 16

第 3 章　碳排放核算及因素分解分析 18
3.1　碳排放清单及碳排放核算 18
3.2　碳排放变化的因素分解分析 43
3.3　本章小结 60

第 4 章　碳排放空间分布及关联机制 62
4.1　研究方法与数据处理 62
4.2　碳排放空间分布特征分析 82
4.3　碳排放空间关联分析 89
4.4　本章小结 95

第 5 章　碳排放效率评估及影响因素分析 97
5.1　碳排放效率相关理论与方法 97
5.2　区域碳排放效率评估结果 100

5.3 产业碳排放效率评估结果 105
5.4 碳排放效率的影响因素分析 116
5.5 本章小结 122

第 6 章 碳收支平衡分析及时空格局演化 125
6.1 固碳量评估及时空变化分析 125
6.2 碳收支平衡分析 128
6.3 碳平衡匹配关系分析 133
6.4 本章小结 141

第 7 章 京津冀地区碳中和发展情景模拟 143
7.1 模型构建与检验 143
7.2 情景设定 149
7.3 情景模拟结果分析 151
7.4 本章小结 160

第 8 章 碳中和目标下京津冀地区的调控策略及政策建议 162
8.1 提高低碳意识，推广低碳行为 162
8.2 调整能源结构，优化产业结构 164
8.3 优化功能分区，促进协调发展 165
8.4 本章小结 167

参考文献 168

第1章
绪　论

1.1　研究背景与意义

1.1.1　研究背景

随着经济全球化进程加速和工业化的快速发展，全球的化石能源消耗不断增长，温室气体排放量剧增，进而引发全球气候变暖，这已成为全人类面临的严峻挑战（Duan et al.，2021；林伯强等，2010）。2007 年，联合国政府间气候变化专门委员会（IPCC）表示人类活动是全球气候变暖的主要原因，特别是化石燃料消耗导致的温室气体排放（Chen et al.，2021；Wang et al.，2019a，2019b）。因此，关于温室气体排放的研究成为各国学者的关注热点，碳减排路径及区域发展模式的探索也成为世界各国关注的重要内容。

在过去的几十年，我国的城镇化进程展现出惊人的发展速度和规模（陆大道等，2015）。我国 GDP 总量的变化尤其明显，在 1995 年只有 6.04 万亿元，2020 年快速提升至 100.64 万亿元，经济总量稳居世界第二。但快速的城镇化发展给生态环境带来了诸多挑战（魏成等，2024；潘家华，2013）。在粗放的经济发展模式下，经济增长需要以大量的能源和资源消耗为代价，导致我国的能源消耗量和碳排放量居高不下（Tian et al.，2019）。据美国能源部报告，2005 年，中国已成为碳排放第一大国，碳减排形势十分严峻（Li et al.，2021）。为推动人类命运共同体构建和生态文明建设，中国政府表示国家需要长期坚持节能减排和低碳发展，以实现国家可持续发展。

中国政府积极应对全球气候变化，提出了“新型城镇化”“生态文明建设”等战略，要求摆脱传统城镇化的老路，积极推进可持续发展，这与低碳发展相辅相成。此外，为应对全球气候变化，中国强调要积极实施国家战略，构建人类命运共同体，推动生态文明建设。从“十二五”到“十四五”，乃至未来的“十五五”，都明确提出了在保证经济增长的前提下要降低单位 GDP 的能源消耗量和碳排放量的阶段性目标。2015 年，中国政府在巴黎气候变化大会上承诺二氧化碳排放要在 2030 年左右达到峰值并争取尽早达峰；

到2030年，单位国内生产总值二氧化碳排放比2005年下降60%～65%。2020年，中国宣布“双碳”目标。2021年9月，《中共中央 国务院关于完整准确全面贯彻新发展理念做好碳达峰碳中和工作的意见》明确指出，实现碳达峰、碳中和目标要坚持“全国统筹、节约优先、双轮驱动、内外畅通、防范风险”原则；提出了构建绿色低碳循环发展经济体系、提升能源利用效率、提高非化石能源消费比重、降低二氧化碳排放水平、巩固提升碳汇能力等五方面的主要目标。2021年10月，国务院印发《2030年前碳达峰行动方案》，明确提到要在2025年（“十四五”时期）和2030年（“十五五”期间）分别实现“非化石能源消费比重达到20%左右和25%左右、单位国内生产总值二氧化碳排放比2020年下降18%和65%以上”的碳减排目标。此外，中国提出了“绿水青山就是金山银山”“山水林田湖草沙生命共同体”“高质量发展”“新旧动能转换”等理念与战略，要求在经济发展过程中，注重社会、经济、生态系统的统筹兼顾，加快产业的升级转型和能源的结构优化，引导新型城镇化发展道路，共同保障人类可持续发展。

京津冀地区在我国的社会、经济、文化等方面都发挥着重要作用，是北方经济规模最大的地区。京津冀协同发展是重大国家经济战略，可有效促进区域协调发展机制体制创新，带动环渤海经济圈发展。一直以来，国家都注重京津冀地区的协同发展。伴随着《京津冀协同发展规划纲要》的印发实施、河北雄安新区的设立等，京津冀地区的社会经济发展取得了长足进步，协同一体化进程不断推进。但是，京津冀地区仍处于不平衡的发展状态，生态环境问题较为突出，降低能源消耗及碳排放任务十分艰巨。在此严峻形势下，亟须科学分析京津冀地区的碳排放问题，以探求科学合理的碳中和实现路径与行动方案。

1.1.2 研究意义

“双碳”目标是中国为应对世界变局、实现民族振兴、推动科技发展、促进社会变革的重要举措，代表了中国参与全球治理的政治承诺，是实现《巴黎协定》温控目标的具体行动。“双碳”目标的实现会转变社会经济发展模式，促进科技进步，催生脱碳经济革命技术的“倒逼”机制，可进一步推进中国生态文明建设，是落实环境治理和生态修复战略的驱动引擎。在快速城镇化与协同发展的背景下，“双碳”目标对推进京津冀地区城镇化生态转型及高质量发展提出了新要求。

本书面向国家实现“双碳”目标的现实需求，立足于国内外研究中存在的不足，结合快速城镇化、产业转型以及协同发展的背景，以京津冀地区碳排放为研究对象，旨在充实碳排放测度与调控策略的研究内容，为京津冀地区提出切实可行的调控策略与政策建议。在学术研究方面，从碳排放核算入手，通过因素分解、空间关联分析方法对京津冀地区的碳排放特征进行综合测度，结合碳平衡分析与碳中和情景模拟为京津冀地区的碳中和行动方案提供科学支撑。本书在碳排放空间反演方法、区域碳中和情景模拟等方面提出新思路，为多维度分析碳排放特征提供科学的研究范式，以期丰富和发展碳排放测度及优化调控的研究范围和研究深度。在现实应用方面，本书将高质量发展、产业转型升级、区域协同发展等战略纳入碳中和的实现路径中，提出切实可行的调控策略及政策建议，可用于指导京津冀地区碳减排工作及可持续发展。同时，本书为国家区域城镇化转型及高质量发展提供案例参考，在区域"双碳"目标实现以及高质量发展方面具有借鉴价值，在生态文明建设方面具有重要的现实意义。

1.2 国内外研究进展

1.2.1 碳排放核算及因素分解

碳排放核算是研究碳排放问题的基础，碳排放变化的因素分解可为减碳工作提供科学依据。碳排放核算需要基于一定的核算原则，构建科学合理的核算指标（张洋等，2020）。目前，基于环境责任分配原则，核算地区碳排放量的基本视角可分为生产端和消费端。基于生产端视角，可以解决"谁排放了二氧化碳"的问题，可用于直接分析地区及产业部门的能源消耗状况以及碳排放特征。孙建卫等（2010）、涂正革（2012）等从生产端核算了中国的碳排放量，发现工业部门的碳排放量占比较大，且增长较快。之后，Liu 等（2015）基于煤炭碳排放因子核算了中国化石能源消耗产生的碳排放量，并与其他的核算结果做了对比分析。Shan 等（2016）通过耕地的碳排放因子核算了中国省级尺度的碳排放量，并分析了中国省级尺度社会经济指标与碳排放量的时空变化特征。张明志（2017）对我国工业整体与细分行业的碳排放进行了核算与分析，识别了工业体系中需要重点治理的行业。陈庆能等（2017）对中国的行业部门进行了碳排放量核算，从静态视角探讨了行业碳排放的来源以及导致行业碳排放变动的驱动因素。Shan 等（2020）基于生产端编制了中国 30 个省级行政区 47 个经济部门的碳排放清单，按照 IPCC 提出的行政边界核算范围，核算了包括 17 类能源相关的碳排放和工业生产过程的碳排放。Jiang 等（2022）分析了中国电力和供热行业的碳排放量变化，利用结构分解分析进一步探究了碳排放变化的驱动因素及减排路径。另外，消费端实际上是生产端能源消费、产品生产的最终流向，在一定程度上影响或控制着生产端（Wen et al.，2020；孟凡鑫等，2019）。基于消费端核算碳排放可以解释"谁应该为碳排放承担责任"的问题。居民消费产生的碳排放包括两类：一类是居民消费的直接碳排放，指的是城市和农村居民日常生活中直接消耗能源商品等资料产生的直接碳排放；另一类是居民消费的间接碳排放，又称为居民消费品嵌入式碳排放，指的是居民消费非能源商品与服务引起的生产过程中的碳排放。居民消费间接碳排放可根据使用的能源投入的产品和服务是否最终由家庭消费来界定。Druckman 等（2009）基于多区域投入产出模型，考虑了产品和服务生产中使用的能源，研究英国家庭消费产生的所有二氧化碳排放量。吴开亚等（2013）以上海市为研究区，采用投入产出法研究了居民消费碳排放的城乡差异与变化趋势，并针对居民消费产生的间接碳排放及影响因素进行了研究。Maraseni 等（2015）比较了中国、加拿大和英国的居民碳排放的变化趋势和幅度。马晓微等（2020）基于碳排放系数法发现美国居民直接碳排放量是中国的 3 倍左右。朱勤等（2013）、Wang 等（2019a，2019b）等也做了相关研究。同时，关于碳排放量变化的因素分解分析也随之开展，研究方法主要包括指数因素分解法和结构分解分析法，但两种方法对数据的要求不同（渠慎宁，2019）。姚亮等（2011）、朱勤等（2013）均采用结构分解分析法对居民消费碳排放的影响因素进行了探究，影响因素包括产业部门的能源消费结构、经济内在结构、居民消费总量、经济规模、人口总量等方面。

碳排放效率的概念随着“低碳经济”的提出受到广大学者重视。降低碳排放、提高碳排放效率，成为世界各国发展低碳经济的共识（马大来等，2015）。基于环境效率的基本概念，考虑碳排放在经济系统中的角色，大多数学者将碳排放效率定义为“以较少的 CO_2 排放来取得较高的经济增长”（Wang et al.，2024）。基于此，诸多学者将碳排放与经济发展联系起来，对碳排放效率开展了研究。初期，单位 GDP 能耗、单位 GDP 碳排放量等指标可以用来初步表征碳排放效率，但忽略了投入要素和生产过程的投入产出关系。之后，更为综合的碳排放效率指标及评估方法发展起来（Hu et al.，2024）。Zhou 等（2010）基于数据包络分析（DEA）方法评估了世界范围内 18 个高碳排放国家的全要素碳排放效率，发现 1997—2004 年碳排放效率提高了 24%，技术进步的促进作用突出。程云鹤等（2013）在 DEA 方法基础上建立 Malmquist 碳排放效率指数（Malmquist CO_2 Emission Performance Index，MCPI），评估了 1998—2010 年我国 30 个省级行政区的工业碳排放效率，发现工业碳排放效率仍处于较低水平，且区域分化严重。Zhou 等（2019）结合超效率 DEA 和全球向量自回归模型（Global Vector Auto-Regressive，GVAR），发现中国建筑业的碳排放效率逐渐降低，而技术进步和能源结构调整可以提高碳排放效率。DEA 方法还被用来评估城市的生态效率和工业部门的环境效率（Shu et al.，2024）。与 DEA 不同，随机前沿分析（SFA）是一种参数化方法。它可以提供一个特定的函数来表示投入与产出要素之间的关系。李世豪（2020）运用随机前沿模型评估中国 30 个省/市的碳排放效率，并探究了产业结构、能源结构等影响因素的作用特征。Wang 等（2019b）基于 SFA 定量测度了京津冀地区工业部门的碳排放效率和碳减排潜力。除此之外，SFA 还被用来评估土地利用效率、能源效率、生产效率等。SFA 作为一种评价效率的参数化方法，通过生产函数、方向性距离函数等基本理论进行效率评估，可以具体地表示出投入与产出要素之间的函数关系，其评价单元的效率结果均在 0～1 的范围内，可弥补 DEA 方法的不足。

综上所述，生产端核算主要是基于碳排放清单，结合当地的能源碳排放因子计算碳排放，其结果对调整区域产业结构、优化能源结构、降低能源强度等调控策略的指导意义更为直观。因此，本书基于生产端构建区域碳排放清单并核算区域碳排放量，直观地分析碳排放变化及因素分解特征，旨在从产业结构和能源结构等方面提炼减碳策略；基于 SFA 构建碳排放效率评估模型，开展关于产业与区域相结合的碳排放效率分析，进一步研究碳排放效率影响因素的作用特征，以期为区域产业结构调整和生产效率提高提供科学参考。

1.2.2 碳排放空间反演及碳平衡分析

碳排放的空间分布特征是制定减排政策和分配碳排放权的重要依据。目前，碳排放数据主要为统计数据和实测数据，空间分析数据比较稀缺。基于统计数据的碳排放核算仅能覆盖具有完整能源消耗数据的行政区尺度，对于更小行政区尺度甚至栅格尺度上的碳排放分析较难，这也使大部分研究侧重于区域的碳排放核算和因素分解分析。

碳排放空间反演是根据遥感数据与碳排放数据在空间上的关联关系来估算无统计数据的区域或时段的碳排放量，实现碳排放的降尺度分析。通过社会经济因子对碳排放进行自上而下的分配，可以得到更小尺度的碳排放数据（朱恩燕，2020）。但是，统计口径、统计来源等方面的误差会导致误差传递问题。另外，还有学者建立碳排放监测网格，利用碳排放点源数据和空间信息技术，得到碳排放的空间数据（蔡博峰等，2017）。该类方法需要较高的经济和人力成本，工作量巨大，难以形成长时间序列数据。相较之下，夜间灯光数据是目前被广泛应用的遥感数据，相关方法和模型也逐渐得到丰富和发展，基于遥感数据对碳排放的降尺度空间反演更具优势。

美国军事气象卫星搭载的线性扫描业务系统从 1992 年开始探测夜间发光点信息，形成了 1992—2013 年的全球范围的 DMSP-OLS 夜间灯光数据。该系列数据基本覆盖了全球人类活动涉及的所有区域，时间跨度长、空间范围广，在经济发展研究、城镇化监测、生态环境监测、人类活动分析、重大事件评估等多个领域得到广泛应用。Elvidge 等（1997）最早发现全球夜间灯光亮度值与碳排放量存在相关性。Doll 等（2000）开始利用夜间灯光数据进行碳排放空间反演。之后，基于 DMSP-OLS 数据，郭忻怡等（2016）结合归一化植被指数（Normalized Difference Vegetation Index，NDVI）探究了江苏省碳排放的空间分布状况。Wang 等（2017）制备了 2013 年我国城市尺度的碳排放空间数据。另外，诸多学者也基于遥感数据开展了碳排放的空间反演研究（Luo et al.，2021；Wei et al.，2021）。自 2012 年起，NPP-VIIRS 数据提供了连续的全球夜间灯光影像，该数据空间分辨率较高，不存在像元亮度值饱和问题。但是，由于 DMSP-OLS 与 NPP-VIIRS 两套数据之间存在不连续、不匹配等问题，需要进行连续性校正，以获得长时间序列的夜间灯光数据。曹子阳等（2015）通过相互校正、饱和校正和影像间的连续性校正，构建了一种不变目标区域的 DMSP-OLS 影像校正方法。张佰发等（2020）对传统不变目标区域法进行改良，发现该方法获得的校正数据的精度明显提高，饱和问题得到较大程度的改善。关靖云等（2021）利用 BiDoseResp 函数模型对 NPP-VIIRS 影像进行了校正，所得数据从定性、定量及与社会经济参量的相关性方面的精度检验结果较好。此外，曹子阳（2016）、朱恩燕（2020）等也基于夜间灯光数据对碳排放的空间分布特征进行了研究。

区域碳收支核算是当前全球气候变化与碳排放研究的核心内容之一。实现碳中和目标，一方面需要降低碳排放量，另一方面需要增加固碳量（Zhang et al.，2022）。在区域碳排放量核算的基础上，生态系统的固碳服务评估以及其与碳排放的收支平衡关系分析也是判断区域碳中和目标能否实现的重要依据。事实上，区域碳排放量可以看作是区域对生态系统固碳服务的需求量，碳收支平衡关系本质上是生态系统固碳服务的供需分析。考虑碳排放核算多是基于能源消耗的物质量，所以用于碳收支平衡分析中的固碳量多采用物质量评估方法。不同土地利用类型的碳循环机制差异较大，受人类活动干扰的程度和方式也不相同，因此表现出不同的碳收支状况（智烈慧等，2022）。林地、草地和水体作为碳汇发挥着主导作用（Duffy et al.，2020）。除此之外，固碳服务还受植被指数和海拔等因素的影响（Canu et al.，2015；Tao et al.，2020）。随着世界范围内建设用地的扩张，城镇用地侵占了可以发挥固碳作用的生态用地，导致区域的碳收支平衡状况日益紧张。目前，基于净初级生产力（Net Primary Production，NPP）评估固碳服务较为准确。张峰等（2008）基于 CASA（Carnegie Ames Stanford Approach，卡内基-艾姆斯-斯坦福方法）模型评估了典型草原 NPP 的变化。Zhou 等（2017）利用 NPP 评估了中国关中—天水地区的生态系统固碳量，并与其他生态系统服务类型进行了权衡分析。Xu 等（2018）和 Yan 等（2021）研究也相继用 NPP 来评估固碳量。赵荣钦等（2014）和曾德珩等（2016）针对区域的碳收支平衡情况做了分析，并从空间规划的角度提出了相应的政策建议。

综合来讲，目前关于碳排放空间分布研究主要针对单一年份，较少进行长时间的连续性分析。基于夜间灯光数据的碳排放空间反演方法弥补了统计数据难以获得的不足，避免了统计数据口径不一致带来的误差，在一定程度上丰富了碳排放空间分析的研究内容，是在空间维度精细化分析碳排放分布特征的有效方法。如何将 DMSP-OLS 和 NPP-VIIRS 数据进行有效融合，以及如何提高基于夜间灯光数据碳排放空间反演的精度是未来研究的重要方向。此外，固碳服务评估多基于 NPP 数据，碳收支平衡的研究也多为静态分析，对于固碳量和碳排放量的动态匹配格局分析较少（李双成等，2018）。基于此，本书在评估固碳量的基础上，从空间和时间维度、从静态和动态角度分析京津冀地区的碳收支平衡情况，不仅可以加深对碳收支平衡分析的深度，还可为空间规划管理提供科学参考，以期为实现碳中和目标及区域可持续发展提供支持。

1.2.3 碳中和发展情景模拟及调控策略

情景分析方法通过情景模拟的方式对政策和措施进行实施前评估，有效摆脱了传统分析模式的束缚。碳中和发展情景模拟主要包括碳源和碳汇两个部分，通过观察净碳排放量的变化趋势，选择适合的调控策略，对于制定节能减排政策和应对全球气候变化具有重要的作用（Leifeld et al.，2019；Walsh et al.，2017）。现有碳排放预测方法包括系统动力学、经济统计学、灰色模型、神经网络模型等（Zhang et al.，2022；Li et al.，2021）。其中，系统动力学通过建立数学模型，按时间步长法模拟系统变化趋势，适合于研究复杂社会经济系统，被越来越多的研究人员采用。经济统计学方法预测主要根据历史数据统计变化趋势与规律，结合 IPAT、STIRPAT 等模型构建碳排放预测模型。灰色模型可以通过少量或不完整的信息，表征变量的变化规律并做出长期预测。神经网络模型通过模拟神经元，使用训练数据构建训练网络，然后对未来趋势进行预测。相比较而言，系统动力学更适合处理多变量之间的复杂关系，可以设定变量之间的非线性关系，适用于构建、解释、分析复杂问题，在控制变量的调整方面具有优势。目前，国内外学者已经对国家和区域尺度的行业部门以及能源结构等方面进行了情景模拟，尝试对未来能源需求和碳排放等指标进行预测和分析。徐杰（2016）利用系统动力学模拟了高碳排放的产业部门的碳排放系统，并制定了具体的减排策略。Du 等（2018）利用 Vensim 平台开发了一个综合系统动态模型（包括社会经济、产业结构、住宅、交通、垃圾处理和电力等系统），用于模拟上海碳排放的变化趋势，发现在社会经济发展较慢背景下电力和工业能源效率提高情景的碳排放量最低，表明适当控制第二产业（尤其是电力部门）的能源消耗将对上海的碳减排发挥积极作用。张婷（2019）在分析碳排放影响因素的基础上，利用系统动力学模拟并对比分析了安徽省工业用地碳排放在不同未来情景下的变化趋势。Suryani 等（2022）基于系统动力学构建了印度尼西亚汽车使用与空气污染的模型，并遴选了交通部门的减排措施。

碳中和发展路径识别主要基于 3 种基本理论：可持续发展理论、循环经济理论和低碳经济理论。可持续发展理论要求权衡当代人和后代人的需求（钱易，2012）。循环经济主要指的是一种依靠生态资源循环的经济发展模式，涉及投入、生产、消费及废弃等过程（Meys et al.，2021）。低碳经济主要突出利用新能源和新技术，不断减少包含碳元素化石能源的使用，提高资源利用效率，从根本上杜绝环境问题，实现绿色经济发展（Jia et al.，2022）。

国内外学者对碳减排、碳中和路径开展了一系列研究。Xu 等（2010）提出推广先进技术等方式可控制行业温室气体的排放，但从长期来看，需要不断加强对钢铁制造技术、新能源的研发力度，并尽快将其转化为实际生产力。Li 等（2011）发现人均 GDP、工业结构、人口规模等是碳排放的主要影响因素，提高技术水平是控制碳排放的高效方式。涂正革（2012）提出了优化能源结构、调整产业结构、加快环保技术创新是实现低碳经济的有效路径。胡秀莲等（2014）指出碳减排路径除了促进技术进步、提高能源效率外，还包括提高原材料和产品的使用效率、推广零碳建筑、减少服务需求等。唐敬霞（2016）提出当前工业企业的碳减排路径需要着重考虑提高能源利用效率和调整能源结构。王思强（2017）提出了能源结构调整是大气污染防治的有效途径。张同斌等（2018）提出实现碳减排目标需要依靠要素的优化配置并激发“创新补偿效应”，进一步突出了科技创新在碳中和目标实现过程中的作用。

综上所述，系统动力学是用来构建碳中和发展情景模型和情景模拟的有效方法。目前关于减排路径的研究主要以减少碳排放量为目标，在碳减排工作中考虑空间碳排放不均衡因素的研究较少。碳减排的对象集中在高排放的重工业，措施主要集中在调整产业结构、推广新能源使用、促进技术进步、加速产业转型、调整消费结构等方面。本书通过构建区域碳中和模拟模型，调控区域人口、经济、能源、产业等方面来遴选可行的碳中和发展路径及调控策略，识别最优发展情景，助力实现“双碳”目标。

1.2.4 研究评述

综观国内外碳排放测度及调控策略的相关研究，不难发现大多数研究在国家和城市尺度以及重点行业部门展开，关于区域碳平衡多维度分析和碳中和发展路径的研究较少。具体来讲，以下方面有待进一步研究：①在碳排放核算和因素分解方面，基于生产端核算行政范围的碳排放可直接服务于碳减排策略的制定，结合因素分解分析方法探究碳排放量变化的驱动因素及其作用特征，可为区域的碳减排工作提供科学参考。②在碳排放空间反演研究方面，为提高碳排放数据的精度，需要进一步探索如何将多源数据融入碳排放空间反演方法，为碳减排策略提供科学支撑。③关于碳排放效率评估的研究方法有待发展和完善，碳排放效率影响因素的指标体系及其作用特征有待进一步挖掘。④关于碳收支平衡分析的研究多集中在静态的数量分析上，从动态的角度分析碳源和碳汇的空间匹配关系演化的研究较少。⑤碳排放情景分析是遴选区域碳中和实现路径的有效方法，系统动力学可以综合考虑人口、经济、能源、产业等因素，通过多情景的对比分析可以识别出区域最优发展情景和调控策略。⑥关于碳中和目标实现的政策建议多集中于生产端或消费端，基于碳源和碳汇两个端点，综合居民微观、产业中观以及区域宏观三重尺度的综合碳中和调控策略及行动方案需要进一步总结和提炼。

1.3　研究内容与章节安排

研究面向国家实现“双碳”目标的现实需求，立足于国内外研究成果，针对现有研究中的不足，结合快速城镇化、产业转型以及协同发展背景，以区域碳排放为研究对象，建立一套区域碳排放多维度分析的研究范式，为碳平衡系统优化调控提供新思路，以期丰富和发展碳排放测度及优化调控的研究范围和研究深度，为京津冀地区绿色低碳发展提出切实可行的调控策略与政策建议。

本研究以京津冀地区为研究区，以碳排放核算及因素分解为切入点，围绕“碳排放核算—空间关联—效率评价—收支平衡—情景模拟—政策建议”的逻辑主线开展研究，核算京津冀地区碳排放量，揭示碳排放变化驱动因素的作用特征，制备栅格尺度的碳排放空间分布数据，明晰碳排放的空间关联机制，评估区域及产业部门的碳排放效率并识别其关键的影响因素，评估区域自然植被的固碳能力，分析区域碳收支平衡的空间匹配关系及演化特征，模拟碳中和目标下不同情景的碳平衡状态变化，识别最优发展情景，提炼切实可行的调控策略及政策建议，为京津冀地区低碳转型和“双碳”目标实现提供科学参考。具体来讲，第 3 章至第 8 章分别对应 6 个方面的主要内容，如图 1-1 所示。

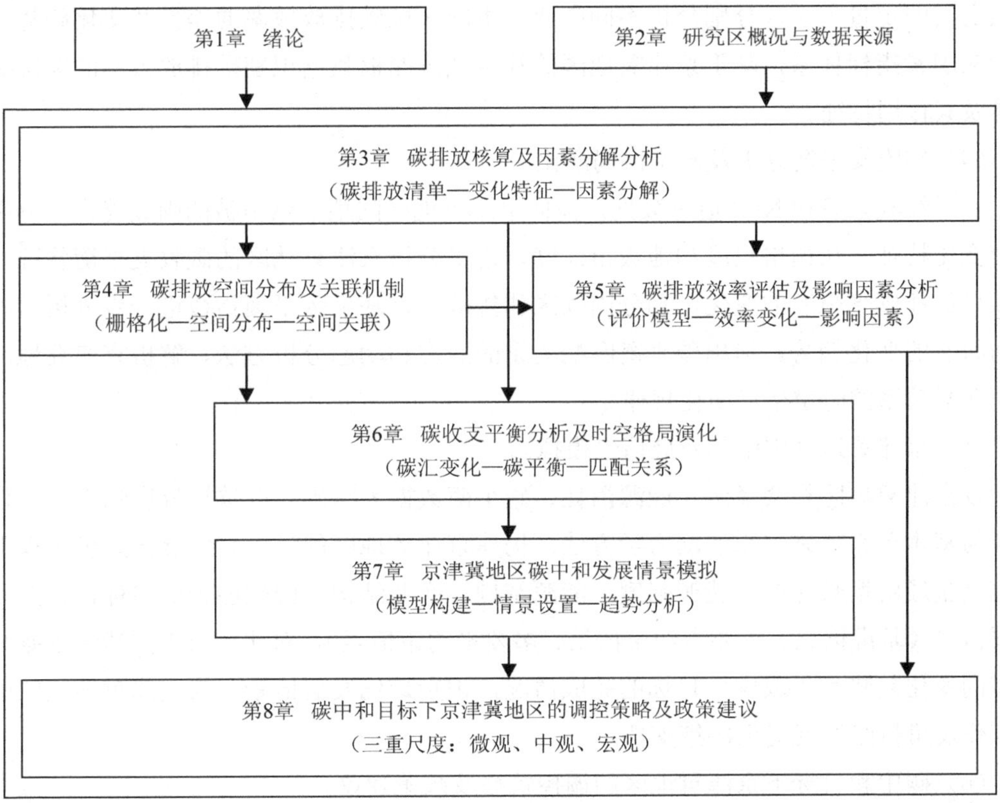

图 1-1　章节关系图

（1）碳排放核算及因素分解分析。

构建区域碳排放清单，核算 2000—2019 年京津冀地区的碳排放量，从区域差异和产业结构两个角度分析京津冀地区能源消耗结构及碳排放结构的变化，识别高碳排放的区域及产业部门；基于结构分解分析方法，对碳排放变化进行因素分解分析，厘清能源结构、能源强度、产业结构、经济增长、人口规模共 5 个驱动因素的作用特征，从而识别碳排放量变化的主要驱动因素及其作用特征。

（2）碳排放空间分布及关联机制。

制备研究区长时间序列的夜间灯光数据，将土地利用和夜间灯光数据综合考虑到碳排放空间反演研究中，进一步提高碳排放空间反演结果数据的精度。利用重心和标准差椭圆方法度量京津冀地区栅格尺度和地级市尺度的碳排放空间格局分布及演化特征，利用基尼系数和 Theil 指数分析区域碳排放的不平等性变化。通过空间引力模型探究京津冀地区碳排放的空间关联特征与机制，为区域碳减排的空间管理策略提供科学参考。

（3）碳排放效率评估及影响因素分析。

基于生产函数理论构建碳排放效率评估模型，将碳排放量作为投入变量纳入传统的生产函数，采用随机前沿函数评估不同产业、不同区域的碳排放效率，厘清投入和产出要素之间的定量关系，分别分析不同产业、不同区域碳排放效率的差异及变化趋势。构建影响因素指标体系，基于京津冀地区的社会经济面板数据识别碳排放效率的关键影响因素及其作用特征。

（4）碳收支平衡分析及时空格局演化。

基于经验系数和 NPP 遥感数据，评估京津冀地区陆地自然植被的固碳能力，分析其时空变化特征。从栅格尺度和地级市尺度，定量分析京津冀地区的碳收支平衡状况，即净碳排放和碳平衡率的变化，划分固碳区和排碳区，基于碳平衡指数进一步分析碳收支平衡状态的变化趋势。提出碳平衡匹配关系的静态和动态分析方法，解析京津冀地区碳平衡匹配关系的时空格局演化规律。

（5）京津冀地区碳中和发展情景模拟。

以京津冀地区社会经济、能源消耗、碳平衡数据为基础，以碳排放影响因素的作用特征为基本关系，采用系统动力学方法，构建京津冀地区的碳中和发展情景模拟模型。通过调整经济增长速度、能源强度、能源结构、产业结构、固碳能力等指标，设置不同发展情景（基准情景、单要素约束情景、多要素约束情景），对比分析不同情景下碳平衡状态的变化趋势和“双碳”目标的完成情况，识别最优发展情景，为京津冀地区的碳减排工作及可持续发展提供决策支持。

（6）碳中和目标下京津冀地区的调控策略及政策建议。

碳中和目标的实现需要生活、生产及生态等方面的统筹管理。从微观尺度，通过实地问卷调查，分析居民低碳意识对居民低碳行为的影响机制，提炼提高居民低碳意识和推广低碳行为的政策建议。从中观尺度，基于产业层面的碳排放测度及情景模拟结果，提炼产业结构调整、产业区域转移等方面的发展路径及策略。从宏观尺度，基于区域层面的碳排放测度及情景模拟结果，提炼区域空间规划、协同一体化的发展路径及策略。

1.4 创新之处

1.4.1 碳排放空间反演方法

目前研究多基于夜间灯光数据进行碳排放空间反演，将土地利用数据纳入基于夜间灯光数据的碳排放空间反演方法，可提高碳排放空间反演结果的精度，所得数据与社会经济参量的相关性更高，更适用于社会经济问题研究。

夜间灯光数据可以用来研究碳排放空间分布特征，土地利用分布格局直接反映人类活动（碳排放）的空间分布情况。基于此，本书创新性地提出了一种新的碳排放空间数据反演方法，将土地利用分布和夜间灯光数据同时纳入碳排放空间反演方法中，按照土地利用类型与碳排放类型的对应关系进行碳排放空间数据反演，提升了碳排放空间分布分析的精度和研究结果的有效性。本书进一步验证了该方法的可行性，所得的碳排放空间数据精度良好，通过对比纳入土地利用数据前后的碳排放空间反演结果，发现引入土地利用数据的碳排放空间反演结果与社会经济参量的相关性更高，更适用于社会经济问题研究。

1.4.2 碳平衡匹配关系的动态分析方法

基于四象限方法，引入固碳量和碳排放量的变化强度指数，提出了碳平衡匹配关系的动态分析方法，可用于分析区域碳平衡匹配关系的演变规律，为判断城市发展趋势是否符合碳中和目标提供新思路。

碳平衡静态匹配分析方法是以区域的固碳量和碳排放量分别为坐标系的两轴，通过2个指标的平均值得到4个类型，分别为“低固碳-高排碳”、“高固碳-高排碳”、“低固碳-低排碳”和“高固碳-低排碳”。“低固碳-高排碳”类型的碳平衡匹配关系相对较差；“高固碳-低排碳”类型的碳平衡匹配关系相对较好。基于此，本书提出了碳平衡匹配关系的动态分析方法，引入碳源和碳汇2个指标的变化强度指数来表征碳平衡的动态匹配关系。根据固碳量和碳排放量变化强度指数的正、负以及绝对值的大小，得到6种碳平衡动态匹配关系类型，其中，“增碳增汇可持续型”“减碳增汇可持续型”“减碳减汇可持续型”表征的发展趋势符合碳中和目标；“增碳增汇不可持续型”“减碳减汇不可持续型”“增碳减汇不可持续型”表征的发展趋势背离碳中和目标。该方法可为动态分析区域碳收支平衡及演化路径提供借鉴。

1.4.3 多重尺度的碳中和行动方案框架

突破传统单方面以控制碳排放量为目标的碳减排策略，将提高碳排放效率、增强空间关联、居民低碳意识与行为的影响机制等纳入碳减排策略的考虑范围，集成了“居民微观—产业中观—区域宏观”三重尺度的碳中和行动方案框架。

实现碳中和目标是一项系统性工作，需要综合推动能源体系、产业结构和消费领域等全方位低碳转型。本书基于研究结果提出了符合京津冀地区碳中和目标的调控策略与政策建议，集成了“微观—中观—宏观”三重尺度、“居民—产业—政府”三方主体和“生活—生产—生态”三个维度的碳中和行动方案框架。从微观尺度，着力于生活减碳，提炼出提高居民低碳意识和推广低碳行为的政策建议；从中观尺度，着力于生产减碳，提炼出产业结构调整、产业区域转移等方面的发展路径及政策；从宏观尺度，着力于生态增汇，提炼出区域空间规划、协同一体化的发展路径及策略。

第 2 章
研究区概况与数据来源

本章从自然地理和社会经济方面介绍了京津冀地区的基本状况，说明了研究所需要的自然环境、夜间灯光、社会经济、能源消耗以及其他方面的数据详细信息。

2.1 研究区概况

2.1.1 自然地理状况

京津冀地区位于华北平原，北枕燕山，西倚太行山，东临渤海湾，总面积 21.6 万 km^2。地貌复杂多样、类型齐全，地势西北高、东南低。该区河流发源于太行山和燕山，均注入渤海，主要包括海河水系和滦河水系。京津冀地区属于温带大陆性季风气候，全年无霜期较长，气候较为温和，适宜农作物生长。京津冀地区南邻内蒙古自治区，西接山西省，南至河南省、山东省，东接辽宁省与渤海。该区共包括 3 个省级行政区：北京市、天津市和河北省。其中，河北省包括保定、廊坊、唐山、石家庄、邯郸、秦皇岛、张家口、承德、沧州、邢台、衡水共 11 个地级市。另外，京津保地区（北京、天津、保定、廊坊）具有率先联动的作用，为京津冀地区的中部核心区域。

2.1.2 社会经济状况

2.1.2.1 人口情况

如图 2-1 所示，2000—2019 年京津冀地区年末常住人口呈现“先缓慢增加，后趋于稳定”的变化趋势。2019 年末，京津冀地区的常住人口为 113.08×10^6 人，其中北京、天津、河北人口所占比重分别为 19.05%、13.81%、67.14%。从增长率的角度来看，2000—2019 年北京、天津、河北 3 个地区的年均增长率分别为 3.05%、2.95%、0.72%；京津冀地区总人口的年均增长率为 1.32%。从城乡结构的角度来看，京津冀地区城镇人口所占比例增长明显（图 2-2）。2019 年，京津冀地区城镇人口占比为 66.70%，其中，北京的城镇人口占比最高，为 86.58%；河北最低，为 57.61%。

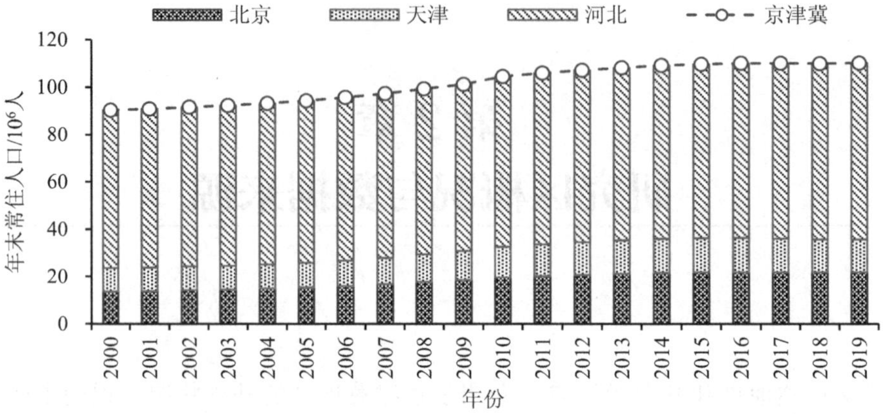

图 2-1 2000—2019 年京津冀地区人口变化

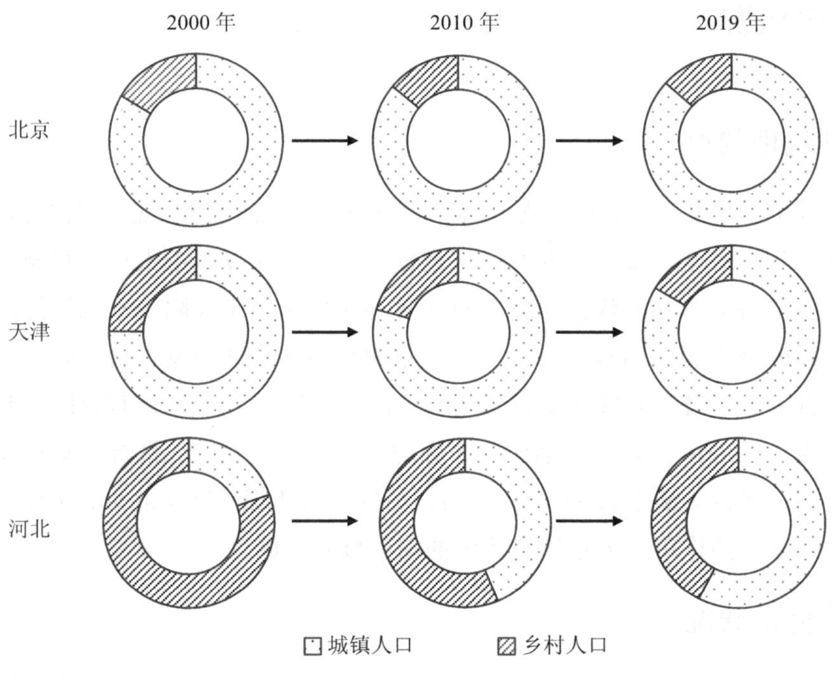

图 2-2 2000—2019 年京津冀地区人口城乡结构变化

2.1.2.2 经济情况

2000—2019 年，京津冀地区经济发展既快速又稳定，综合实力不断提升，人民生活的各个方面都发生了巨大变化。京津冀地区生产总值增长迅速（图 2-3），产业结构变化明显（图 2-4）。2019 年，京津冀地区生产总值已达 56 276.9 亿元（2000 年的可比价格，下同），占国内生产总值的 8.58%。2019 年，北京、天津、河北的地区生产总值分别为 24 591.2 亿元、9 261.4 亿元、22 424.3 亿元，分别占京津冀地区生产总值的 43.70%、16.46%、

39.84%。从产业结构变化来看，京津冀三地的变化明显，均呈现“第一、二产业比重降低，第三产业比重增加”的变化趋势。北京的产业结构变化最为显著，2019 年第一、第二、第三产业所占比重分别为 0.33%、16.27%、83.40%。2019 年，河北的第一、第二、第三产业所占比重分别为 10.66%、38.39%、50.95%。事实上，各地产业结构的差异也体现了各自的城镇化水平与功能定位。

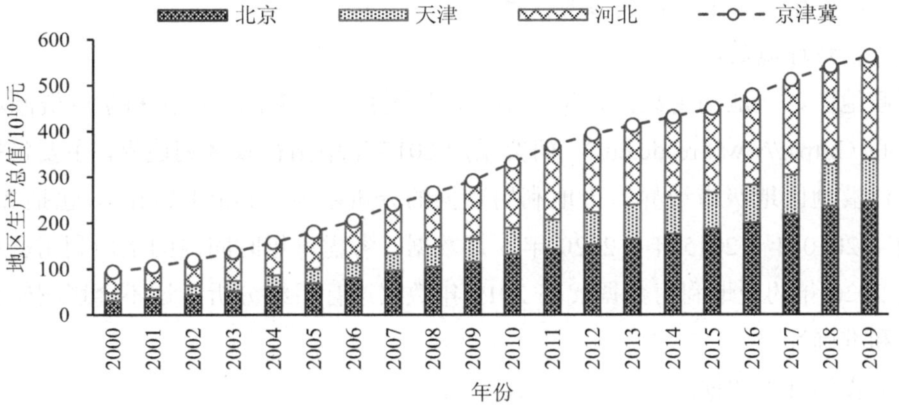

图 2-3　2000—2019 年京津冀地区生产总值变化

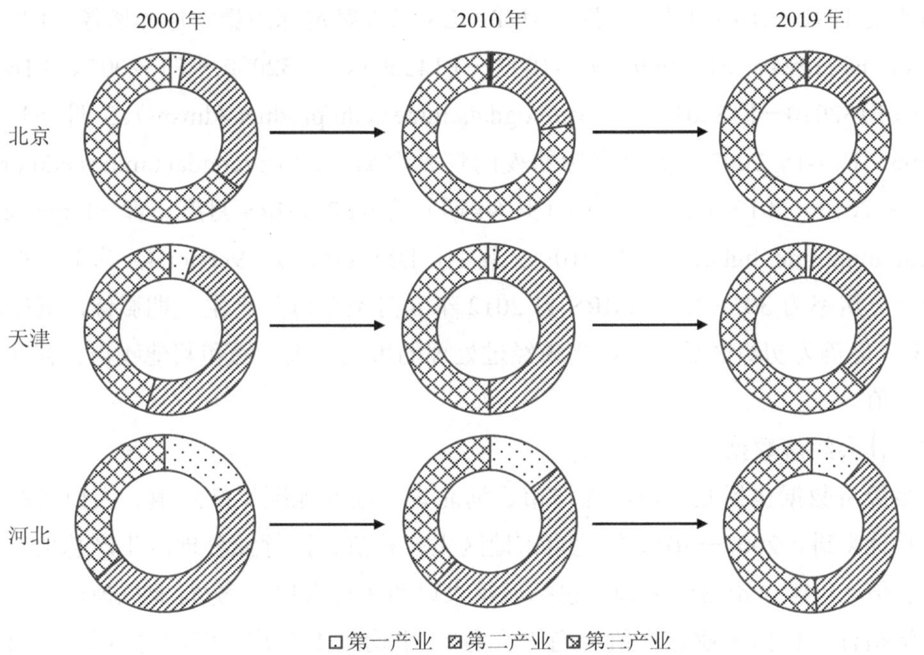

图 2-4　2000—2019 年京津冀地区产业结构变化

2.2 主要数据来源及说明

由于全国及地方统计资料公布时间不同，本书基于 2000—2019 年共 20 个年份的面板数据进行研究。为保证核算结果的可靠性，本书所用的数据均来自国家或地方官方发布的数据，所用系数来自相关参考文献。

（1）自然环境数据。

行政地图、土地利用数据、生态功能保护区数据均来源于中国科学院资源环境科学数据中心（https://www.resdc.cn/）。研究采用 2015 年中国行政区划边界，主要包括中国省界、京津冀地区地级市边界。土地利用数据的分辨率为 1 km×1 km，共包括 2000 年、2005 年、2010 年、2015 年、2020 年 5 期数据。考虑一年时间内的土地利用变化较小，本书用 2020 年的土地利用数据代替 2019 年数据进行后续分析，这不会影响研究结果的科学性和准确性。

（2）夜间灯光数据。

为保证夜间灯光数据的连续性，本书对 1992—2019 年的夜间灯光数据进行连续性校正，得到完整时间序列的数据之后，选取 2000—2019 年的数据用于本研究。夜间灯光数据具体涉及 1992—2013 年共 34 期 DMSP-OLS 未辐射定标的稳定灯光影像（F101992—F101994、F121994—F121999、F141997—F142003、F152000—F152007、F162004—F162009、F182010—F182013）（https://eogdata.mines.edu/products/dmsp/）、3 期（F12_1996、F16_2006、F14-15_2003）辐射定标的夜间灯光数据（https://eogdata.mines.edu/products/dmsp/）和 2013—2019 年共 7×12 期（共 84 期）的 NPP-VIIRS 月度影像（https://eogdata.mines.edu/nighttime_light/monthly/v10/）。其中，DMSP-OLS（Version4）为非辐射定标影像，空间分辨率为 30″。NPP-VIIRS 自 2012 年 4 月至今每月产生一期影像，其空间分辨率为 15″，但仍为初级产品，存在尚未经过处理的极光、火、船和其他噪声，存在负值和异常突变值。

（3）社会经济数据。

社会经济数据包括北京市、天津市、河北省三地的地区生产总值、人口等社会经济指标。具体来讲，2000—2019 年北京市地区生产总值、按行业分地区生产总值、人均地区生产总值、年末全市常住人口（包括城镇人口和乡村人口）、分行业规模以上工业企业主要经济指标［包括工业总产值（当年价格）、平均用工人数、资产总量］、外商实际投资额、地方财政支出等指标数据来自 2001—2020 年北京统计年鉴。同样地，天津市、河北省及各地级市的社会经济指标数据均来自天津统计年鉴、河北经济年鉴（2019 年数据来自河北统计年鉴）。本书的所有经济数据均采用价格指数进行修正，调整为 2000 年的可比经济数据。

（4）能源消耗数据。

碳排放核算涉及北京市、天津市和河北省的能源平衡表和工业分行业能源消耗量。具体来讲，2000—2019 年的北京市、天津市、河北省的能源平衡表（实物量）来自 2001—2020 年中国能源统计年鉴。2000—2019 年北京市分行业能源消耗总量来自 2001—2020 年北京统计年鉴。2000—2019 年天津市工业行业能源终端消费量来自 2001—2020 年天津统计年鉴。2000—2019 年河北省规模以上工业企业分行业能源消耗情况来自 2001—2019 年河北经济年鉴和 2020 年河北统计年鉴。本书采用 47 部门分类体系，通过整理统计年鉴数据之后仍缺失的数据利用 CEADs 数据库（https://www.ceads.net/）进行补充，本书所用能源数据也得到了该数据库的验证。

（5）净初级生产力数据。

评估固碳能力需要以植被净初级生产力（NPP）数据为基础，本书采用美国国家航空航天局（NASA）的 MODIS/Terra 卫星的全球年度净初级生产力合成产品数据集，该产品是基于辐射利用效率概念的 500 m 像素大小的累积 8 天复合值。本书利用该数据集 2000—2019 年的年度 NPP 数据进行固碳量评估，并将其重采样至 1 km×1 km 分辨率。

（6）其他数据。

各类能源的折标准煤参考系数来自中国能源统计年鉴。能源碳排放系数、工业过程碳排放系数等参数均来自 IPCC、国家发展和改革委员会以及参考文献等相关资料。

第 3 章 碳排放核算及因素分解分析

科学准确地核算碳排放是分析碳排放特征的第一步。本章构建了区域的碳排放清单，采用碳排放系数法核算 2000—2019 年京津冀地区的碳排放量，具体涵盖了能源相关的碳排放、生产过程相关的碳排放和其他碳排放 3 类。然后，分析了区域及产业的能源消耗结构及碳排放量变化，识别了高能耗和高碳排放强度的区域及产业。最后，对碳排放量变化进行了结构分解分析，具体分析了能源结构、能源强度、产业结构、经济增长、人口规模共 5 个驱动因素的作用特征。

3.1 碳排放清单及碳排放核算

3.1.1 碳排放核算方法

碳排放核算范围目前主要有 3 类。范围一为领土范围排放（territorial emissions），指的是发生在国家领土或管理范围内的排放量（IPCC，1996），主要包括能源相关的碳排放和生产过程相关的碳排放两部分，这是区域碳排放的主要部分（孟凡鑫等，2022）。范围二指的是在国家或地区内消耗的电力或热力，是在其边界外产生的间接排放。范围三指的是一个国家或地区所消费的与生产有关的所有间接排放（Shan et al.，2020）。《2006 年 IPCC 国家温室气体清单指南》中的碳排放清单包括能源活动、工业生产过程、农林业及其土地利用变化和废弃物处理 4 个主要部分（孙建卫等，2010）。结合研究区背景及研究目标，本书核算的碳排放范围及清单如图 3-1 所示。核算的碳排放范围主要包括 3 个部分。①能源相关的碳排放：由于电力、热力、燃气在直接利用时不直接产生碳排放，本书能源消耗碳排放只考虑化石能源燃烧的消耗部分。②生产过程相关的碳排放：指的是除化石能源燃烧外，生产过程（主要是工业）中的理化反应产生的碳排放，这部分碳排放也应该核算在行政区域范围内的碳排放，主要包括水泥生产（约占生产过程碳排放的 70%）、石灰生产、氨生产、纯碱生产、铬铁生产、金属硅生产和非分类铁生产。③其他碳排放：主要考虑能源燃烧及生产过程之外的碳排放，如农业种植活动、牲畜养殖、人类呼吸、废弃物等方面，这部分碳排放所占比重较小，但却是碳排放核算过程中不可缺少的一部分（Ouyang et al.，2013）。

本章的主要目标是解析碳排放的主要来源，核算的均为二氧化碳的物质量，共形成了 3 个碳排放清单（图 3-1）。①产业部门碳排放清单，指的是产业部门的能源消耗和生产过程产生的碳排放，这部分与行政范围碳排放的核算边界一致。②居民生活碳排放清单，指的是城乡居民生活中消耗能源产生的碳排放。③其他类碳排放清单，主要包括农业种植活动、牲畜养殖以及人类呼吸产生的碳排放。

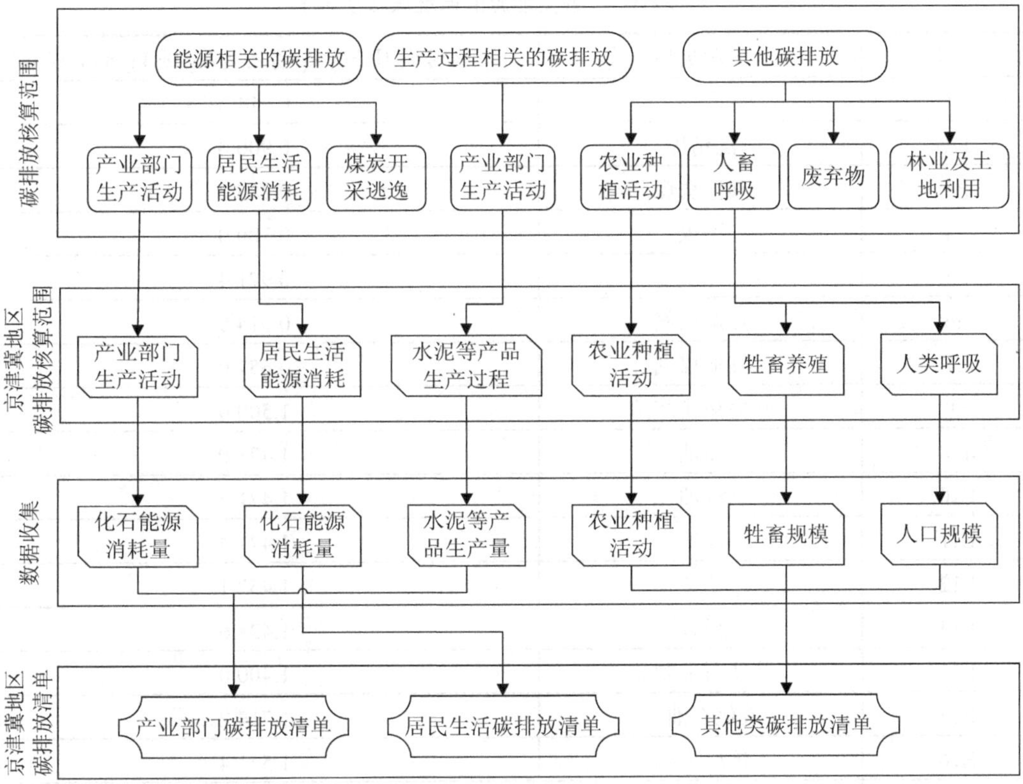

图 3-1　区域碳排放核算清单及技术路线

3.1.1.1　能源相关的碳排放核算

能源消耗的碳排放量计算公式：

$$\mathrm{CE}_{ij}=E_{ij}\times T_i=E_{ij}\times \mathrm{NCV}_i\times \mathrm{CEF}_i\times \mathrm{COF}_i\times(44/12) \tag{3-1}$$

式中，CE_{ij} 为部门 j 中能源 i 的碳排放量，$10^4\ \mathrm{tCO_2}$；E_{ij} 为部门 j 中能源 i 的消耗量，10^4 t 或 $10^8\ \mathrm{m}^3$；T_i 为能源 i 的碳排放系数，$\mathrm{tCO_2/t}$ 或 $\mathrm{tCO_2/10^4\ m^3}$；NCV_i 为能源 i 的平均低位发热量，主要依据《中国能源统计年鉴 2020》附录中的数据；CEF_i 是能源 i 的缺省碳排放因子，主要依据 IPCC 发布的数据；COF_i 是能源 i 的碳氧化因子，取值参照 IPCC 及相

关文献，与王娟（2019）、王雅娴（2020）等研究保持一致；二氧化碳和碳的分子量分别为 44 和 12，碳转化为二氧化碳的转化系数即为 44/12。分析能源消耗结构时，需要将各类能源消耗量通过标准煤转换因子统一单位。根据能源种类和碳排放因子属性特征，将煤矸石合并到型煤，将高炉煤气和转炉煤气合并到其他煤气，将石脑油、润滑油、石蜡、溶剂油和石油沥青合并到其他石油制品。因此，本书共核算 17 种化石能源的碳排放量。各类能源的标准煤转换因子如表 3-1 所示，碳排放系数如表 3-2 所示。

表 3-1　各类能源的标准煤转换因子

序号	能源类型	标准煤转换因子/（kg 标准煤/kg 或 kg 标准煤/m^3）
E1	原煤	0.714 3
E2	洗精煤	0.900 0
E3	其他洗煤	0.285 7
E4	型煤	0.700 0
E5	焦炭	0.971 4
E6	焦炉煤气	0.614 0
E7	其他煤气	0.657 0
E8	其他焦化产品	1.500 0
E9	原油	1.428 0
E10	汽油	1.471 4
E11	煤油	1.471 4
E12	柴油	1.457 1
E13	燃料油	1.428 6
E14	其他石油制品	1.400 0
E15	液化石油气	1.714 2
E16	炼厂干气	1.571 4
E17	天然气	1.330 0

表 3-2　主要能源的碳排放系数

序号	能源类型	平均低位发热量 NCV/(kJ/kg 或 kJ/m^3)	碳氧化因子 COF	碳排放因子 CEF/（tC/TJ）	碳排放系数 *T*/（tC/t 或 tC/10^4 m^3）
E1	原煤	20 908	91.8%	25.8	0.495 2
E2	洗精煤	26 344	91.8%	25.8	0.623 9
E3	其他洗煤	8 363	91.8%	25.8	0.198 1
E4	型煤	20 908	91.8%	26.8	0.514 4
E5	焦炭	28 435	92.8%	29.2	0.770 5

序号	能源类型	平均低位发热量 NCV/(kJ/kg 或 kJ/m^3)	碳氧化因子 COF	碳排放因子 CEF/（tC/TJ）	碳排放系数 T/（tC/t 或 tC/10^4 m^3）
E6	焦炉煤气	16 726	99.0%	12.1	2.003 6
E7	其他煤气	5 227	99.0%	12.1	0.626 1
E8	其他焦化产品	28 435	92.8%	25.8	0.680 8
E9	原油	41 816	97.9%	20.2	0.826 9
E10	汽油	43 070	98.6%	18.9	0.802 6
E11	煤油	43 070	98.0%	19.6	0.827 3
E12	柴油	42 652	98.5%	20.2	0.848 6
E13	燃料油	41 816	98.5%	21.1	0.869 1
E14	其他石油制品	41 816	97.9%	20.0	0.818 8
E15	液化石油气	50 179	98.9%	17.2	0.853 6
E16	炼厂干气	45 998	98.9%	15.7	0.714 2
E17	天然气	38 931	99.0%	15.3	5.896 9

产业部门的能源消耗数据来自能源平衡表，包括第一产业（农林牧渔业 A1）、第二产业（工业 I1、建筑业 I2）、第三产业（交通运输和仓储邮政业 T1、批发零售和餐饮住宿业 T2、其他服务业 T3）和生活消费（城镇 R1、乡村 R2）的终端能源消耗量。考虑工业部门的能源碳排放所占比重较大，生产活动门类广泛，而且是产业升级与转移的重点对象，本书进一步将工业细分为 40 个部门（与国家统计局和统计年鉴的统计口径一致），该部分数据主要来自各地区统计年鉴。但是，研究区工业分行业的能源消耗数据不全，不同年份统计资料的能源种类不一致，需要对该数据进行统一整理。参考 Shan 等（2018）的方法，本书最终统一采用 47 个产业部门分类（表 3-3）。

表 3-3　产业部门分类及名称

序号	编号	产业部门	一级分类	二级分类	三级分类	能源强度分类
1	A1	农林牧渔业	第一产业			
2	S1	煤炭采选业	第二产业	工业	采掘业	能源生产
3	S2	石油和天然气开采业	第二产业	工业	采掘业	能源生产
4	S3	黑色金属矿采选业	第二产业	工业	采掘业	能源生产
5	S4	有色金属矿采选业	第二产业	工业	采掘业	能源生产
6	S5	非金属矿采选业	第二产业	工业	采掘业	能源生产
7	S6	其他矿采选业	第二产业	工业	采掘业	能源生产
8	S7	木材及竹材采运业	第二产业	工业	采掘业	轻工业
9	S8	农副食品加工业	第二产业	工业	制造业	轻工业
10	S9	食品制造业	第二产业	工业	制造业	轻工业

序号	编号	产业部门	一级分类	二级分类	三级分类	能源强度分类
11	S10	饮料制造业	第二产业	工业	制造业	轻工业
12	S11	烟草加工业	第二产业	工业	制造业	轻工业
13	S12	纺织业	第二产业	工业	制造业	轻工业
14	S13	纺织服装、服饰业	第二产业	工业	制造业	轻工业
15	S14	皮革、毛皮、羽毛及其制品和制鞋业	第二产业	工业	制造业	轻工业
16	S15	木材加工及竹、藤、棕、草制品业	第二产业	工业	制造业	轻工业
17	S16	家具制造业	第二产业	工业	制造业	轻工业
18	S17	造纸及纸制品业	第二产业	工业	制造业	轻工业
19	S18	印刷业和记录媒介的复制	第二产业	工业	制造业	轻工业
20	S19	文教、工美、体育和娱乐用品制造业	第二产业	工业	制造业	轻工业
21	S20	石油加工、炼焦和核燃料加工业	第二产业	工业	制造业	能源生产
22	S21	化学原料及化学制品制造业	第二产业	工业	制造业	重工业
23	S22	医药制造业	第二产业	工业	制造业	轻工业
24	S23	化学纤维制造业	第二产业	工业	制造业	重工业
25	S24	橡胶制品业	第二产业	工业	制造业	重工业
26	S25	塑料制品业	第二产业	工业	制造业	重工业
27	S26	非金属矿物制品业	第二产业	工业	制造业	重工业
28	S27	黑色金属冶炼和压延加工业	第二产业	工业	制造业	重工业
29	S28	有色金属冶炼和压延加工业	第二产业	工业	制造业	重工业
30	S29	金属制品业	第二产业	工业	制造业	重工业
31	S30	通用设备制造业	第二产业	工业	制造业	重工业
32	S31	专用设备制造业	第二产业	工业	制造业	重工业
33	S32	交通运输设备制造业	第二产业	工业	制造业	重工业
34	S33	电气机械及器材制造	第二产业	工业	制造业	高科技产业
35	S34	电子及通信设备制造	第二产业	工业	制造业	高科技产业
36	S35	仪器仪表及文化、办公用机械制造业	第二产业	工业	制造业	高科技产业
37	S36	其他制造业	第二产业	工业	制造业	高科技产业
38	S37	废弃资源综合利用业	第二产业	工业	制造业	高科技产业
39	S38	电力、蒸汽、热水的生产和供应业	第二产业	工业	电力、热力、燃气及水生产和供应业	能源生产
40	S39	燃气生产和供应业	第二产业	工业	电力、热力、燃气及水生产和供应业	能源生产
41	S40	水的生产和供应业	第二产业	工业	电力、热力、燃气及水生产和供应业	重工业

序号	编号	产业部门	一级分类	二级分类	三级分类	能源强度分类
42	I2	建筑业	第二产业	建筑业		
43	T1	交通运输和仓储邮政业	第三产业	服务业		
44	T2	批发零售和餐饮住宿业	第三产业	服务业		
45	T3	其他服务业	第三产业	服务业		
46	R1	城镇	居民生活			
47	R2	乡村	居民生活			

3.1.1.2　生产过程相关的碳排放核算

生产过程相关的碳排放主要考虑 7 类工业生产过程，包括化学原料及化学制品制造业（S21）的氨生产和纯碱生产，非金属矿物制品业（S26）的水泥生产和石灰生产，黑色金属冶炼和压延加工业（S27）的铁铬合金生产、金属硅生产和其他铁铬合金生产。其中，水泥生产占了我国区域生产过程碳排放总量的 70%左右（NDRC，2011；Shan et al.，2019），计算公式：

$$CE_p = AD_p \times EF_p \tag{3-2}$$

式中，CE_p 为工业过程 p 的碳排放量，10^4 tCO_2；AD_p 为工业过程 p 的产品产量；EF_p 是工业过程 p 的二氧化碳排放系数。考虑数据的获取限制和水泥生产过程所占比重较大，本书只核算水泥生产过程产生的碳排放量，其碳排放系数为 0.498 5 tCO_2/t，与 Shan 等（2019）等研究保持一致。

3.1.1.3　其他碳排放核算

（1）农业种植活动碳排放。

人类农作物耕作活动中，化肥施用、农业灌溉、农业机械使用等环节会产生碳排放。考虑京津冀地区的农业活动特征以及数据获取等方面的限制，本书通过化肥施用量、农药施用量、农作物种植面积、农业机械总动力、灌溉面积和农膜使用量来计算农业种植活动的碳排放量（李明琦等，2018），计算公式：

$$\begin{aligned} CE_a &= (CE_f + CE_p + CE_m + CE_i + CE_b) \times (44/12) \\ &= \left[K_f Q_f + K_p Q_p + (K_m Q_m + K_c S_c) + K_i Q_i + K_b Q_b\right] \times (44/12) \end{aligned} \tag{3-3}$$

式中，CE_a 为农业种植活动的碳排放总量，10^4 tCO_2；CE_f 为化肥施用产生的碳排放量；Q_f 为化肥施用量；CE_p 为农药施用产生的碳排放量；Q_p 为农药施用量；CE_m 为农业机械产生的碳排放量；Q_m 和 S_c 分别代表农业机械总动力和农作物种植面积；CE_i 为灌溉活动产生的碳排放量；Q_i 为灌溉总面积；CE_b 为农膜使用产生的碳排放量；Q_b 为农膜使用量；K_f、K_p、K_m、K_c、K_i 和 K_b 分别为各类农业种植活动对应的碳排放系数。参照南京农业大学农业资源与生态环境研究所（IREEA）以及相关研究（周嘉等，2019；West and Marland，2002），具体碳排放系数如表 3-4 所示。考虑农业机械动力相关的碳排放与能源消耗相关，该部分已在能源相关的碳排放涵盖，故此处不再重复计算。

表 3-4　农业种植活动碳排放系数

农业种植活动	碳排放系数	单位
化肥施用	0.895 6	kgC/kg
农药施用	4.934	kgC/kg
农作物种植	1 647	kgC/km^2
灌溉	26 648	kgC/km^2
农膜使用	5.18	kgC/kg

（2）畜牧业养殖碳排放核算。

畜牧业养殖碳排放主要考虑牲畜呼吸产生的碳排放量，尤其是牛、羊等反刍动物会产生大量的温室气体。本书考虑的主要牲畜品种有牛、马、驴、骡、猪、羊等，计算公式：

$$CE_l = K_l \times Q_l \times (44/12) \tag{3-4}$$

式中，CE_l 为牲畜 l 的碳排放量，10^4 tCO_2；K_l 为牲畜 l 的年饲养量；Q_l 为牲畜 l 的碳排放系数。碳排放系数主要参考 IPCC 和《省级温室气体清单编制指南》给出的畜牧业养殖温室气体排放源和排放系数（表 3-5）。本书使用 IPCC 第四次评估报告（2007 年）给出的 CH_4 和 N_2O 的折算系数，即 1 tCH_4 = 6.82 tC 和 1 tN_2O = 81.27 tC，与吴金凤等（2017）、董捷等（2016）等研究保持一致。

表 3-5　主要牲畜品种的温室气体排放系数

牲畜品种	动物肠道发酵 CH_4 排放/[$kgCH_4$/（头·a）]	粪便 CH_4 排放/[kg CH_4/（头·a）]	粪便 N_2O 排放/[kgN_2O/（头·a）]	总碳排放系数/[kgC/（头·a）]
猪	1.0	5.08	0.175	55.687 9
奶牛	89.7	8.33	2.065	836.387 2
非奶牛	67.9	3.31	0.846	554.406 6
牛（平均系数）	78.8	5.82	1.456	695.396 9
山羊	9.4	0.28	0.113	75.201 1
绵羊	8.7	0.26	0.113	70.290 7
羊（平均系数）	9.1	0.27	0.113	72.745 9
家禽	—	0.002	0.007	0.582 5

（3）人类呼吸碳排放核算。

人类呼吸碳排放主要考虑人类呼吸产生的碳排放量，计算公式：

$$CE_h = K_h \times Q_h \times (44/12) \tag{3-5}$$

式中，CE_h 为城镇/乡村居民的碳排放量，10^4 tCO_2；K_h 为城镇/乡村人口规模；Q_h 为人类呼吸的碳排放系数，本书的 Q_h 值参考陶在朴（2003），采用 79.0 kgC/（人·a）。

3.1.1.4　区域碳排放总量核算

区域碳排放总量计算公式：

$$CE_{total} = \sum_{j}^{47}\sum_{j=1}^{17} CE_{ij} + \sum_{p=1}^{7} CE_p + \sum_{a=1}^{5} CE_a + \sum_{l=1}^{4} CE_l + \sum_{h}^{2} CE_h \tag{3-6}$$

式中，CE_{total} 为区域碳排放总量，10^4 tCO_2；CE_{ij} 为能源消耗产生的碳排放量；CE_p 为工业过程产生的碳排放量；CE_a 为农业种植活动产生的碳排放量；CE_l 为牲畜养殖产生的碳排放量；CE_h 为城乡居民的碳排放量。

3.1.2　能源消耗变化情况

3.1.2.1　区域能源消耗总量变化

2000—2019 年，京津冀地区的能源消耗总量呈现“波动增加”的变化趋势，从 2000 年的 107.29 Mtce（百万吨标准煤）增加到 2019 年的 425.36 Mtce，20 年内增加了 296.46%（图 3-2）。具体来讲，京津冀地区能源消耗总量变化可以划分为 3 个阶段：2000—2013 年，能源消耗总量明显增长；2013—2017 年，能源消耗总量变化较为微弱；2017—2019 年，能源消耗总量呈现增加的趋势。从京津冀三地所占比重来看，北京和天津所占区域能源消耗总量的比重较小，河北所占比重最大。2000—2019 年，京津冀三地在区域能源消耗总量的占比也有变化，北京和天津所占比重逐渐降低，河北所占比重逐渐增加。2000 年，京津冀三地的能源消耗总量及其所占比重的排序为河北（65.20 Mtce，60.77%）＞北京（24.34 Mtce，22.69%）＞天津（17.75 Mtce，16.54%）。2019 年，京津冀三地的能源消耗总量排序变化为河北（332.04 Mtce，78.06%）＞天津（58.97 Mtce，13.86%）＞北京（34.35 Mtce，8.08%）。

从京津冀三地能源消耗量的绝对量上看，变化趋势各不相同（表 3-6）。①北京市能源消耗量呈现“增加—降低—稳定”的变化趋势，2000—2007 年，能源消耗总量明显增加；2007—2016 年，能源消耗量呈现“波动降低”的变化趋势；2016—2019 年，能源消耗总量维持稳定，变化微弱。②天津市能源消耗量呈现“快速增长—明显降低—微弱增长”的变化趋势，2000—2014 年，能源消耗量呈现“类似指数”的增长趋势；2014—2017 年，能源消耗量呈现明显的降低趋势；2017—2019 年，能源消耗量呈现微弱的增长趋势。③河北省能源消耗量呈现“波动增长”的变化趋势，呈现“阶梯状”的特征，能源消耗量在 2009—2010 年、2012—2013 年和 2017—2018 年快速增长；相较之下，在 2007—2009 年、2010—2012 年和 2013—2017 年较为平稳，变化缓慢。

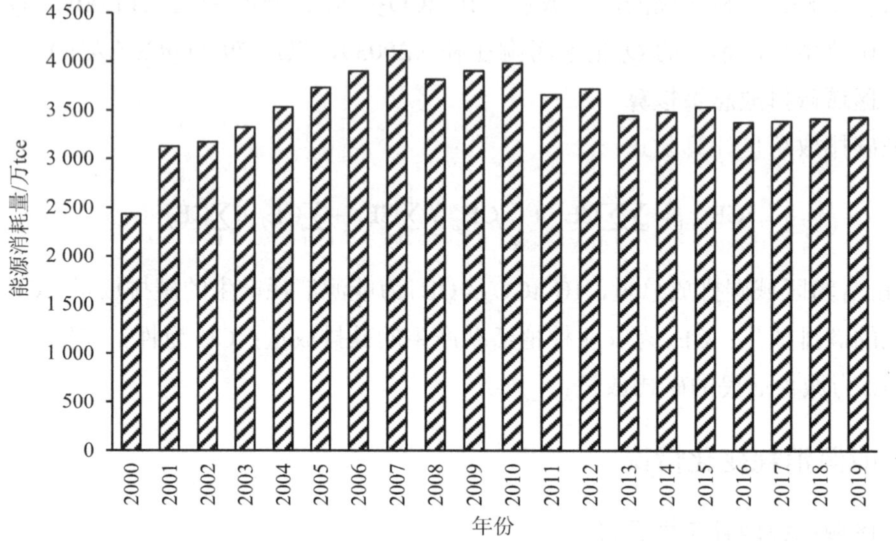

（a）北京

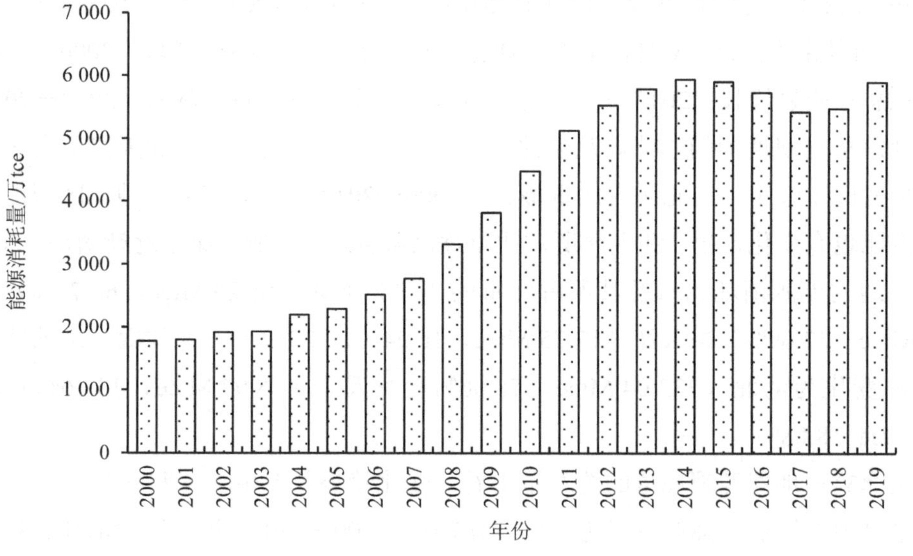

（b）天津

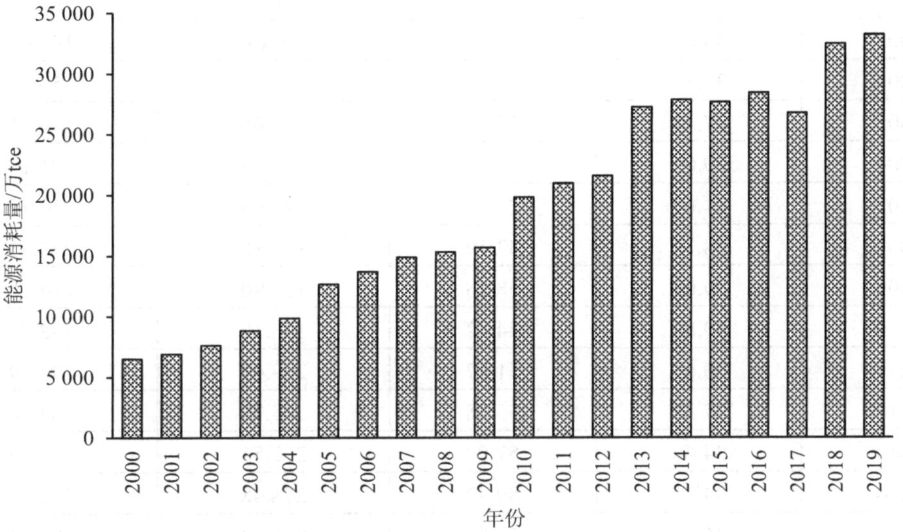

（c）河北

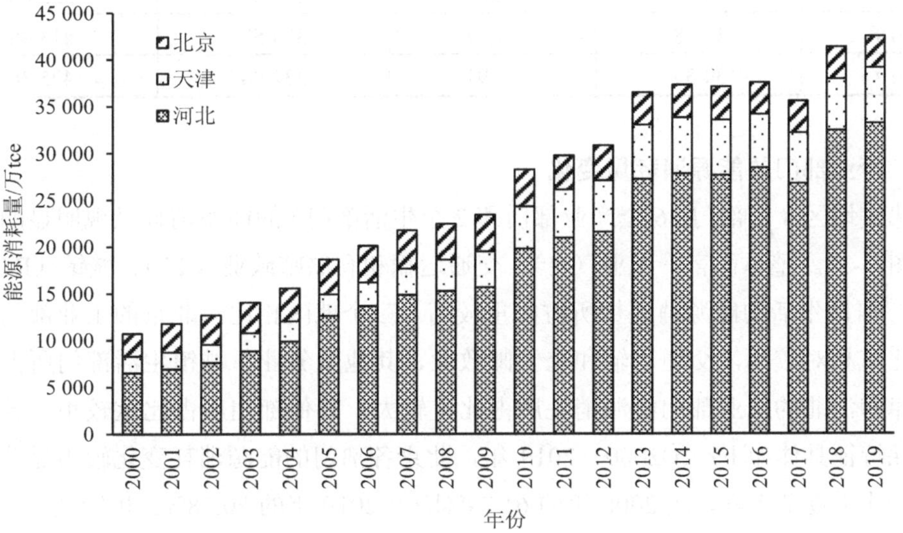

（d）京津冀

图 3-2　2000—2019 年京津冀地区能源消耗量变化

表 3-6　2000—2019 年京津冀地区能源消耗量变化　　单位：Mtce

年份	北京	天津	河北	京津冀
2000	24.34	17.75	65.20	107.29
2001	31.27	17.95	69.31	118.53
2002	31.74	19.17	76.25	127.16

年份	北京	天津	河北	京津冀
2003	33.25	19.31	88.49	141.05
2004	35.35	21.98	98.77	156.10
2005	37.34	22.92	126.46	186.71
2006	39.03	25.18	136.96	201.17
2007	41.09	27.73	148.96	217.77
2008	38.19	33.19	153.15	224.53
2009	39.07	38.18	156.90	234.16
2010	39.86	44.82	198.10	282.78
2011	36.63	51.27	209.69	297.59
2012	37.23	55.28	215.79	308.30
2013	34.48	57.90	272.51	364.89
2014	34.87	59.42	278.48	372.77
2015	35.37	59.04	276.53	370.94
2016	33.80	57.31	284.36	375.47
2017	33.93	54.25	267.63	355.80
2018	34.18	54.77	324.53	413.48
2019	34.35	58.97	332.04	425.36

3.1.2.2 行业部门的能源消耗量变化

京津冀地区 8 个部门（6 个产业部门和 2 个生活部门）的能源消耗呈现明显的差异化特征（图 3-3）。整体而言，工业（I1）、交通运输和仓储邮政业（T1）、城镇（R1）和乡村（R2）居民生活的能源消耗量所占比重较高。三个地区相比，北京的工业部门能源消耗所占比重相对较小，交通运输和仓储邮政业、其他服务业、城镇生活部门所占比重较大。天津和河北的工业部门能源消耗所占比重较大，其他部门所占比重较小。各地区的能源消耗特征具体如下：①2000—2019 年，北京各部门的能源消耗变化较为显著，工业部门所占比重逐渐下降，从 2000 年的 61.74%降至 2019 年的 20.78%。相较之下，交通运输和仓储邮政业、城镇生活两个部门所占比重逐渐升高，分别从 10.09%、8.50%增加到 38.28%、21.23%。其他服务业所占比重比较稳定，2019 年为 11.86%。另外，农林牧渔业、建筑业和乡村生活 3 个部门所占比重一直较小。②2000—2019 年，天津各部门的能源消耗变化较为微弱，工业部门所占比重呈现“先增加、后微弱降低”的趋势，交通运输和仓储邮政业所占比重从 12.59%降至 7.24%，批发零售和餐饮住宿业所占比重从 8.75%降至 2.57%。建筑业所占比重虽然较小，但呈现增加的趋势，从 1.70%增加到 2.92%。③河北各部门的能源消耗变化较为微弱，且变化不明显。工业部门在河北能源消耗总量的占比十分突出，2019 年工业部门所占比重达到了 88.89%。2019 年，乡村生活、城镇生活、交通运输和仓储邮政业 3 个部门所占的比重较小，分别为 4.22%、2.02%、2.81%。④就京津冀地区整体而言，其分部门的能源消耗结构与天津的情况最为相似，工业部门所占比重最大且明显增加，从 2000 年的 65.47%增加到 2019 年的 81.53%。交通运输和仓储邮政业、城镇生活、乡村生活、其他服务业等 4 个部门所占比重较为稳定，2019 年分别占能源消耗总量的 6.29%、4.25%、3.63%、1.92%。

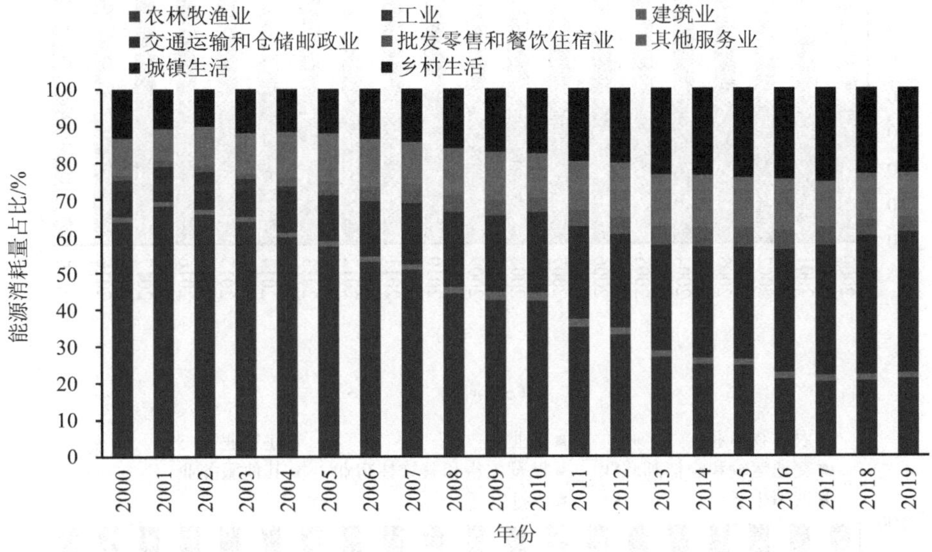

（a）北京

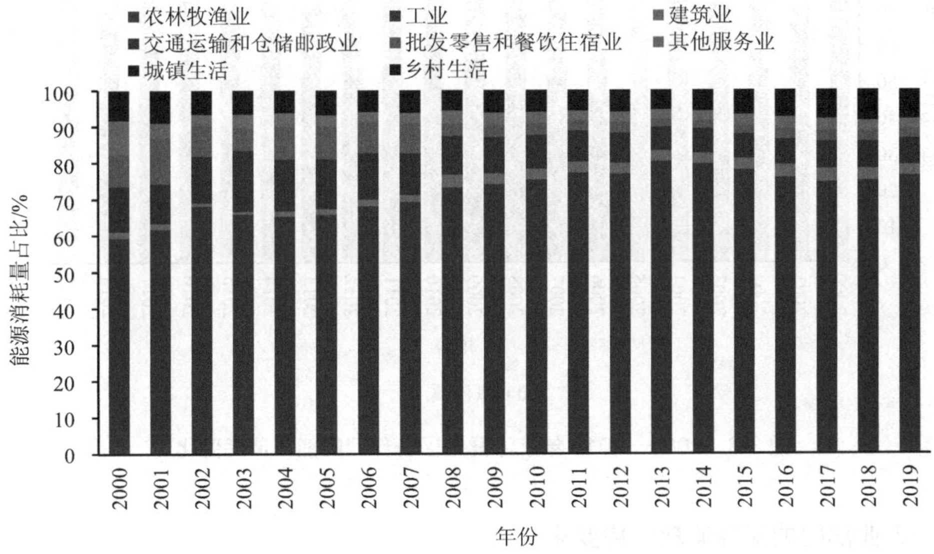

（b）天津

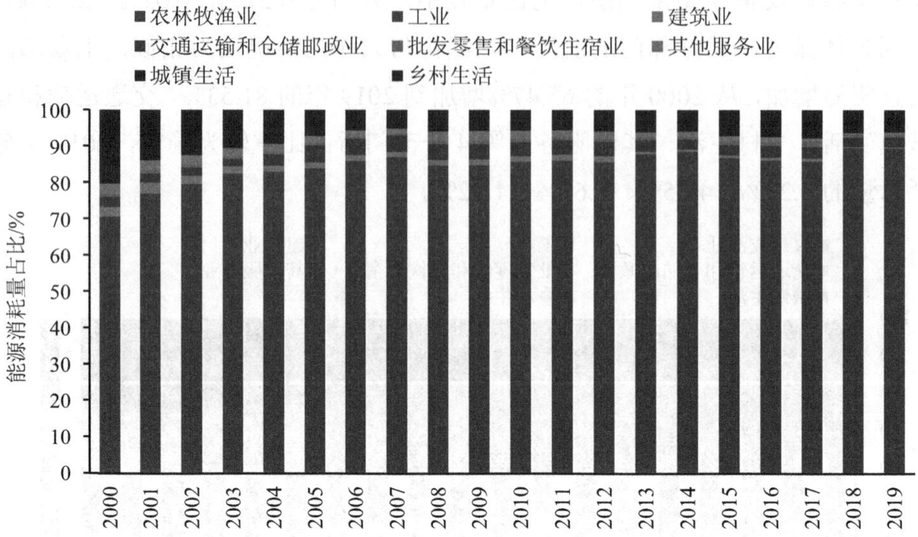

（c）河北

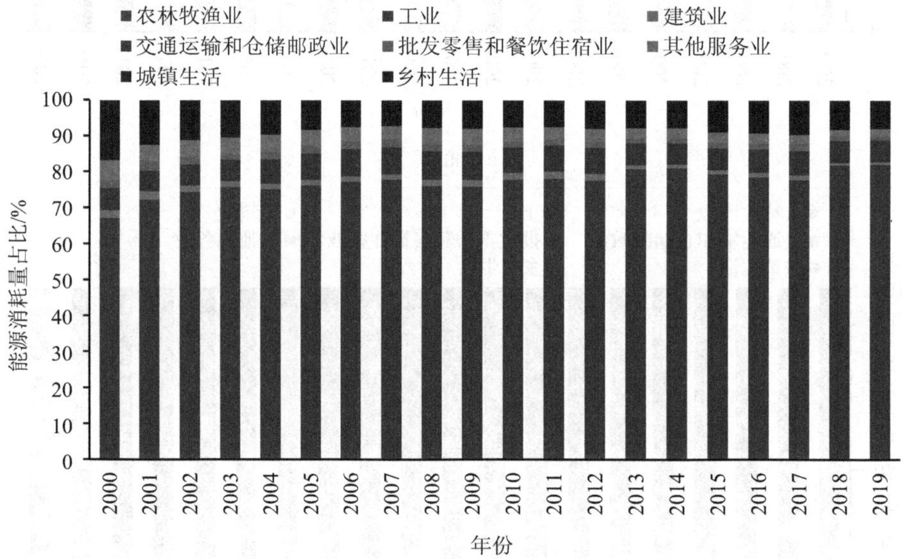

（d）京津冀

图 3-3　2000—2019 年京津冀地区各部门的能源消耗变化

3.1.2.3　工业部门的能源消耗结构变化

由于工业部门能源消耗量占区域能源消耗总量的比重较大，本书进一步分析工业部门的能源消耗结构特征。京津冀地区的工业能源消耗总量变化明显，能源结构各不相同，且在研究期间变化明显。如图 3-4 所示，原煤、焦炭、原油、其他煤气、炼厂干气等 5 种能源是京津冀地区主要的能源消耗类型。具体来看，京津冀三地的能源消耗状况及变化特征如下：①2000—2019 年，北京工业部门的能源消耗总量整体呈现明显下降的趋势，能源结构变化明显。2000—2010 年，主要的能源消耗类型为原煤、焦炭、其他煤气和炼厂干气 4 种；2011—2019 年转变为其他洗煤、液化石油气、炼厂干气和天然气 4 种能源类型。研究期内，原煤、焦炭和其他煤气的消耗量明显减少，2017 年后这 3 种能源的消耗量为零。液化石油气和天然气的增长较为明显，2019 年两种能源的消耗量分别为 126.42 万 tce 和 199.37 万 tce。②2000—2019 年，天津的工业部门能源消耗量呈现“增加—降低—增加”的趋势，能源结构变化明显。研究期间，原煤使用量减少明显。2019 年，焦炭、其他煤气、炼厂干气、天然气为主要能源消耗类型，消耗量（占比）分别为 873.48 万 tce（19.63%）、1 564.45 万 tce（35.17%）、907.91 万 tce（20.41%）、405.12 万 tce（9.11%）。③相较北京和天津，河北的主要能源消耗类型占比变化不明显，主要类型基本是原煤、焦炭和原油。其中，原煤的消耗量呈现“先增加、后降低”的变化趋势，焦炭和原油呈现明显的增长趋势，其他能源类型的消耗量较少。2017 年，其他煤气、焦炭和原煤为主要的能源消耗类型，消耗量（占比）分别为 14 653.47 万 tce（49.65%）、9 103.78 万 tce（30.84%）和 3 205.30 万 tce（10.86%）。整体上，河北工业部门能源消耗总量呈现明显的增加趋势，2019 年达到 29 515.12 万 tce。④京津冀地区工业部门能源消耗量呈现明显的增加趋势，从 2000 年的 7 024.94 万 tce 增加到 2019 年的 34 677.47 万 tce。其能源消耗结构与河北省最为相似，其他煤气、焦炭和原煤是主要的能源消耗类型，消耗量（占比）分别为 16 217.91 万 tce（46.77%）、9 977.26 万 tce（28.77%）和 3 533.82 万 tce（10.19%）；炼厂干气和天然气次之，消耗量（占比）分别为 1 472.98 万 tce（4.25%）和 1 470.18 万 tce（4.24%）。

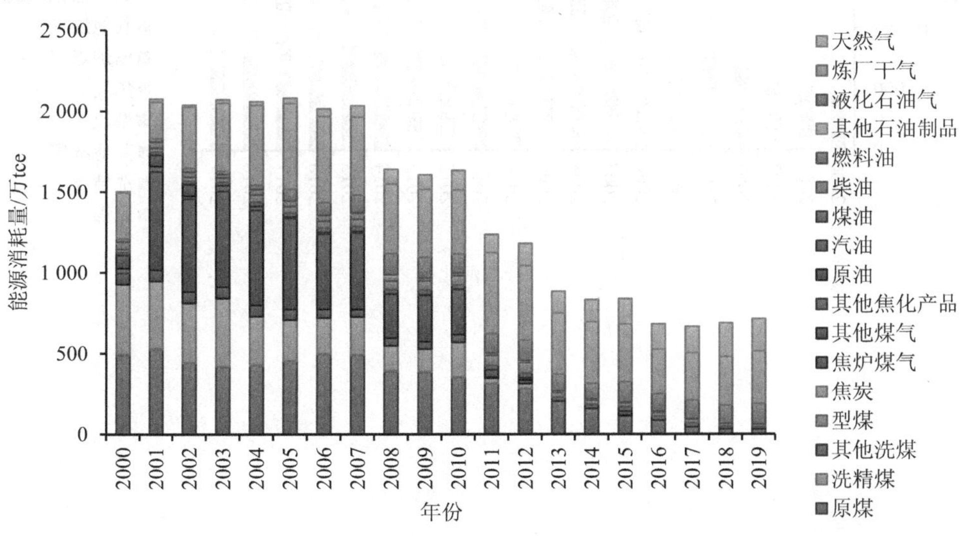

（a）北京

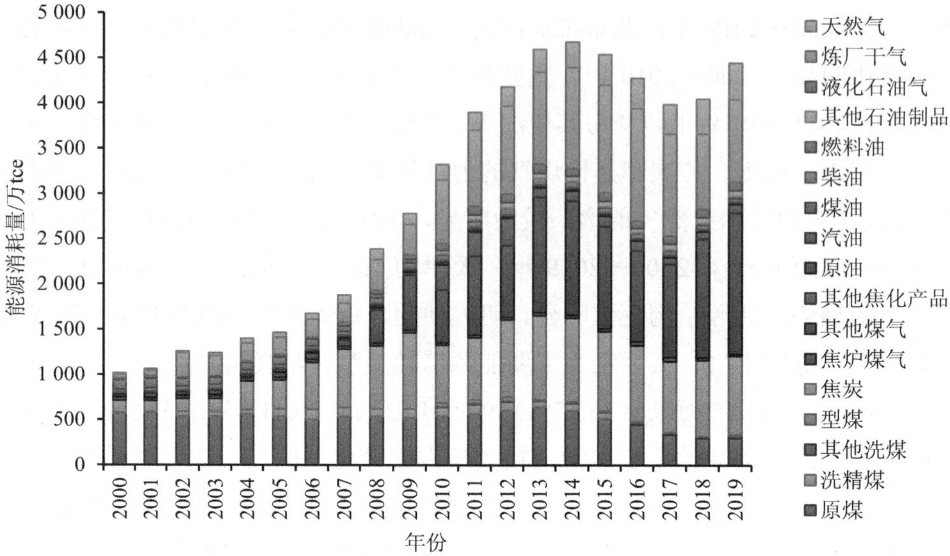
5 000
4 500
4 000
3 500
3 000
2 500
2 000
1 500
1 000
500
0
能源消耗量/万tce
2000
2001
2002
2003
2004
2005
2006
2007
2008
2009
2010
2011
2012
2013
2014
2015
2016
2017
2018
2019
年份
天然气
炼厂干气
液化石油气
其他石油制品
燃料油
柴油
煤油
汽油
原油
其他焦化产品
其他煤气
焦炉煤气
焦炭
型煤
其他洗煤
洗精煤
原煤

（b）天津

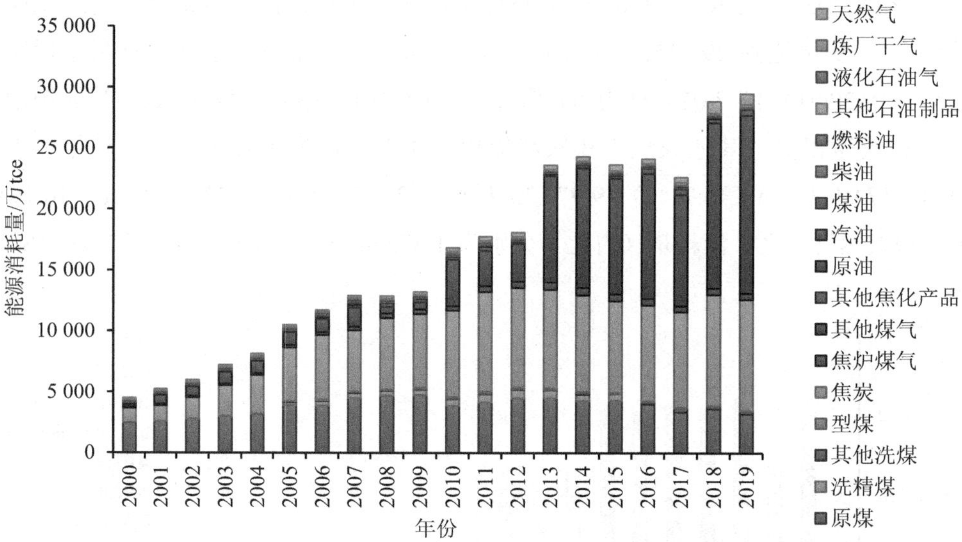
35 000
30 000
25 000
20 000
15 000
10 000
5 000
0
能源消耗量/万tce
2000
2001
2002
2003
2004
2005
2006
2007
2008
2009
2010
2011
2012
2013
2014
2015
2016
2017
2018
2019
年份
天然气
炼厂干气
液化石油气
其他石油制品
燃料油
柴油
煤油
汽油
原油
其他焦化产品
其他煤气
焦炉煤气
焦炭
型煤
其他洗煤
洗精煤
原煤

（c）河北

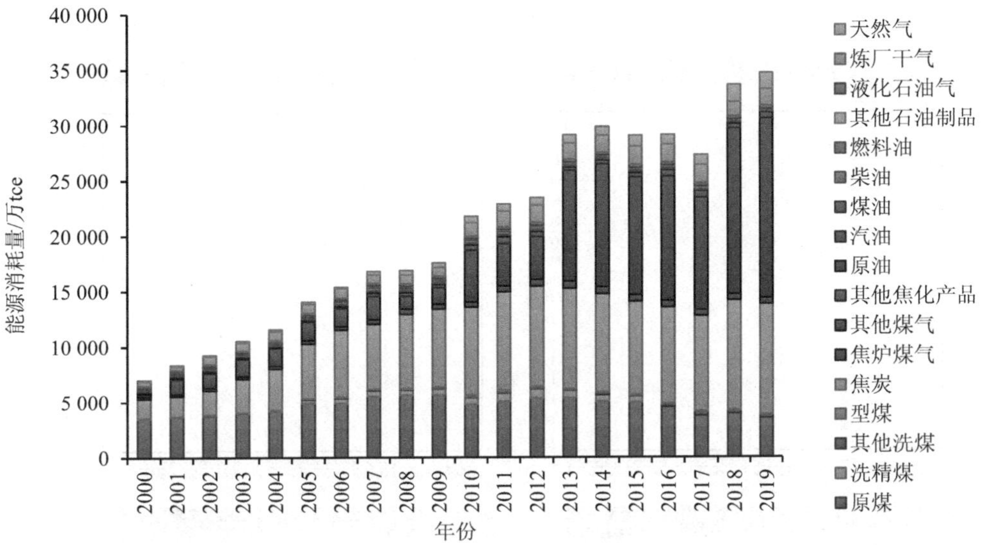

（d）京津冀

图 3-4　京津冀地区工业部门能源消耗结构变化

2000—2019 年，京津冀地区工业部门能源消耗量表现为“个别部门的能源消耗量十分突出”的“星斑状”特征，且能源结构变化明显（图 3-5）。具体来看，京津冀三地的工业能源消耗状况及变化特征如下：①2000 年北京的食品制造业（S9），石油加工、炼焦和核燃料加工业（S20），黑色金属冶炼和压延加工业（S27），通用设备制造业（S30）能源消耗量较大；消耗量最多的能源种类相应为原油、炼厂干气和焦炭。到 2019 年，能源消耗量最多的部门变为石油加工、炼焦和核燃料加工业（S20），电力、蒸汽、热水的生产和供应业（S38）和交通运输设备制造业（S32）；消耗量最多的能源类型相应为炼厂干气、天然气和液化石油气。②对天津来说，2000 年化学原料及化学制品制造业（S21），非金属矿物制品业（S26），黑色金属冶炼和压延加工业（S27），石油加工、炼焦和核燃料加工业（S20）的能源消耗量较大；能源消耗类型主要集中在原煤、焦炭、燃料油。2010 年，石油加工、炼焦和核燃料加工业（S20）消耗量较大，能源消耗类型集中在炼厂干气；黑色金属冶炼和压延加工业（S27）的能源消耗类型集中在焦炭、其他煤气和其他焦化产品。2019 年，黑色金属冶炼和压延加工业（S27）的能源消耗量最为突出，能源消耗类型集中在焦炭和其他煤气。另外，2010 年和 2019 年石油加工、炼焦和核燃料加工业（S20）的液化石油气和天然气消耗量较大。③河北省的工业分行业能源消耗结构较为稳定，在研究期内变化不大，最为突出的是煤炭采选业（S1）和电力、蒸汽、热水的生产和供应业（S38）消耗的原煤。另外，黑色金属冶炼和压延加工业（S27）消耗的焦炭和其他煤气较为突出，且在研究期内增加明显。④综合三个地区的工业能源消

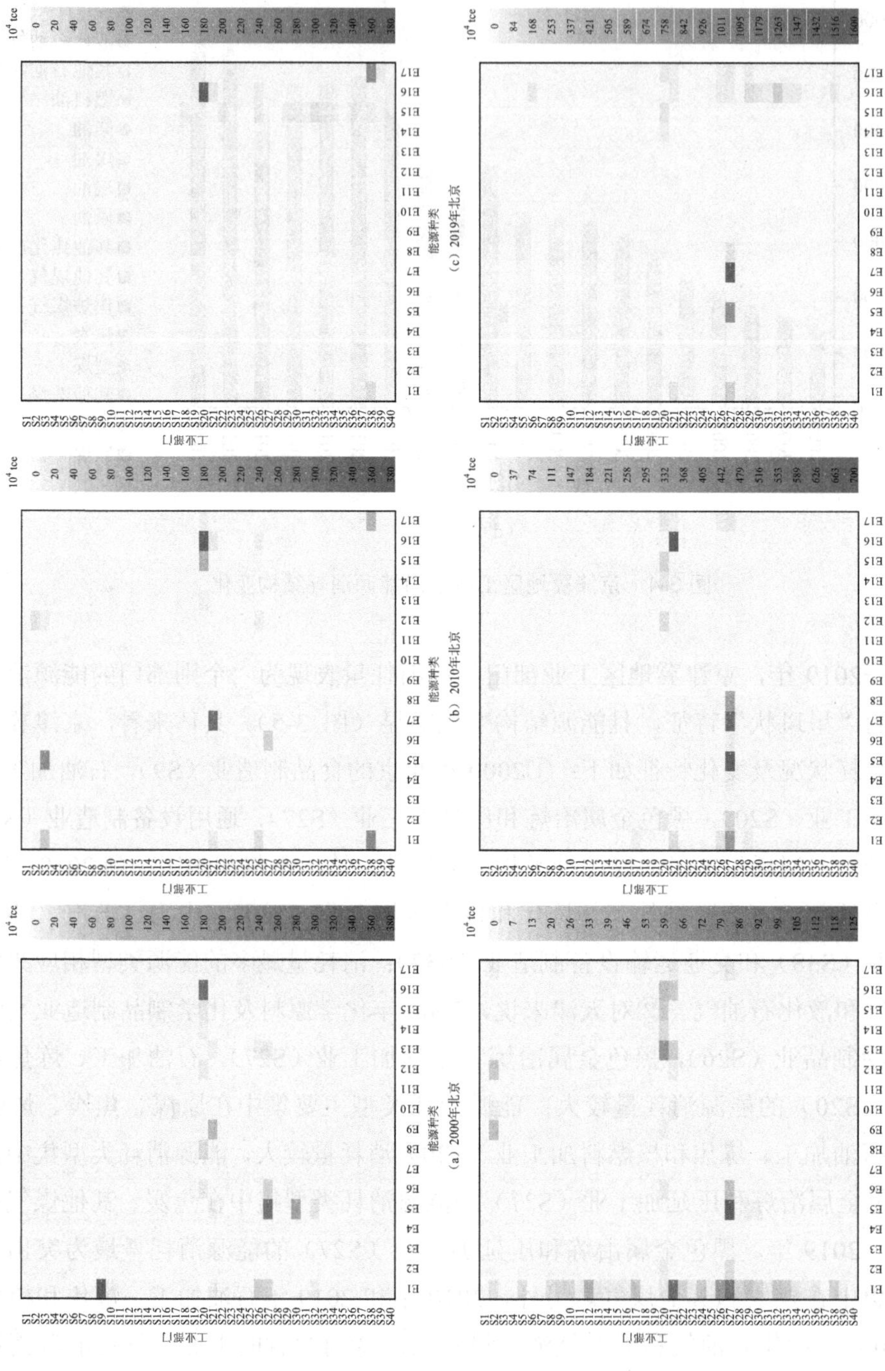
（a）2000年北京
（b）2010年北京
（c）2019年北京
（d）2000年天津
（e）2010年天津
（f）2019年天津
能源种类
工业部门

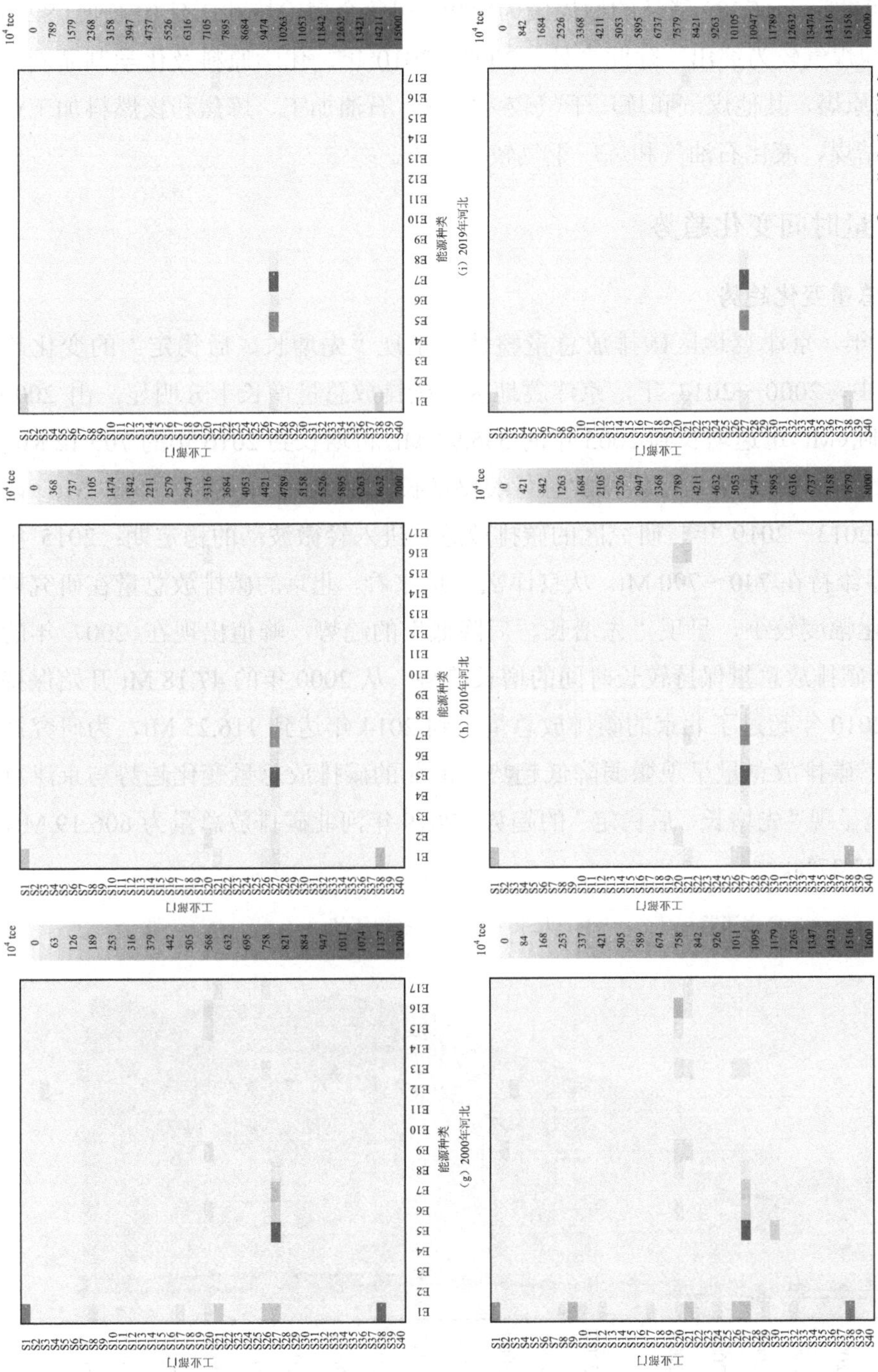

图 3-5　京津冀三地 40 个工业部门的能源消耗量变化

注：S1～S40 分别代表 40 个工业部门，见表 3-3；E1～E17 分别代表 17 种能源类型，见表 3-2。

耗情况，京津冀地区的工业总能源消耗特征与河北相似，煤炭采选业（S1）和电力、蒸汽、热水的生产和供应业（S38）消耗的原煤较为突出，黑色金属冶炼和压延加工业（S27）消耗的焦炭和其他煤气较为突出。除此之外，2000—2010 年，化学原料及化学制品制造业（S21）消耗的原煤、其他煤气和炼厂干气较为突出，石油加工、炼焦和核燃料加工业（S20）消耗的洗精煤、液化石油气和炼厂干气较为突出。

3.1.3 碳排放量时间变化趋势

3.1.3.1 碳排放总量变化趋势

2000—2019 年，京津冀地区碳排放总量整体上呈现“先增长、后稳定”的变化趋势（图 3-6）。其中，2000—2013 年，京津冀地区的碳排放总量增长十分明显，由 2000 年的 334.35 百万吨（Mt）迅速增长到 2005 年的 535.93 Mt，再增长到 2010 年的 709.12 Mt。之后，2010—2013 年，京津冀地区碳排放总量缓慢增长，在 2013 年达到 798.87 Mt（研究期间的峰值）。2013—2019 年，研究区的碳排放总量进入轻微波动的稳定期；2015 年以后，碳排放总量维持在 740～790 Mt。从京津冀三地来看，北京的碳排放总量在研究期内较为平稳，变化幅度较小，呈现“先增长、后降低”的趋势，峰值出现在 2007 年的 89.50 Mt。天津的碳排放总量保持较长时间的增长趋势，从 2000 年的 47.18 Mt 开始保持长期增长趋势，2010 年超过了北京的碳排放总量，到 2014 年达到 116.25 Mt，为研究期间的峰值；之后，碳排放总量呈现微弱降低趋势。河北的碳排放总量变化趋势与京津冀地区一致，整体上呈现“先增长、后稳定”的趋势。2019 年河北碳排放总量为 606.19 Mt，占京津冀地区的 77.27%。

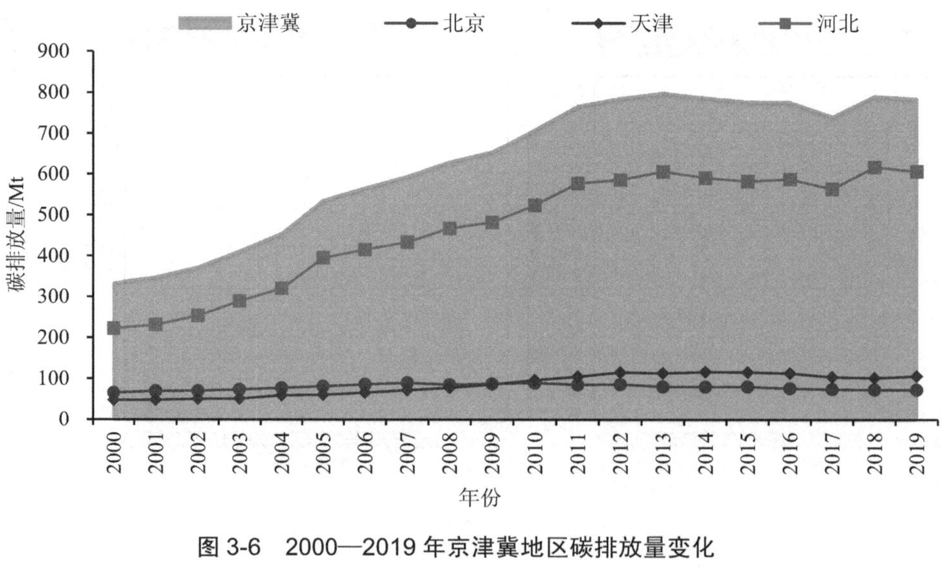

图 3-6　2000—2019 年京津冀地区碳排放量变化

从三类碳排放清单来看，京津冀地区的碳排放总量主要来源于能源消耗的碳排放（表 3-7）。研究期内，能源消耗的碳排放占总碳排放的比重最大且逐渐增加，2019 年占比为 86.63%。其他碳排放占比次之，2019 年占比为 9.30%。生产过程相关的碳排放占比最小，且在研究期间逐渐降低，2019 年占比为 4.07%。从绝对量上看，2000—2019 年，能源消耗的碳排放和生产过程相关的碳排放呈现明显的增加趋势，增长率分别为 176.39% 和 89.95%。其他碳排放变化较小。另外，在能源消耗的碳排放中，产业能源消耗的碳排放量远超过居民能源消耗的碳排放量，2019 年两者的比例约为 9∶1。其他碳排放中，三类碳排放占比较少，2019 年农业种植、牲畜养殖与人类呼吸三类碳排放量的比例约为 2∶2∶3。

表 3-7　2000—2019 年京津冀地区各类碳排放量变化　单位：$MtCO_2$

年份	能源消耗的碳排放		生产过程相关的碳排放	其他碳排放			碳排放总量
	产业能源消耗	居民能源消耗		农业种植	牲畜养殖	人类呼吸	
2000	210.93	34.86	16.82	18.69	26.86	26.18	334.35
2001	222.56	33.78	17.51	18.96	29.01	26.32	348.14
2002	243.94	32.15	20.43	19.15	30.80	26.55	373.01
2003	275.23	33.38	24.01	19.46	33.64	26.75	412.48
2004	311.72	33.70	27.58	20.15	35.61	27.01	455.77
2005	387.52	35.49	27.28	20.95	37.37	27.32	535.93
2006	429.04	33.76	30.53	21.04	24.21	27.73	566.31
2007	452.90	34.68	33.54	21.37	24.13	28.20	594.81
2008	485.71	38.58	30.12	21.52	24.92	28.78	629.63
2009	501.54	40.46	36.22	21.70	25.28	29.32	654.52
2010	541.76	47.00	42.63	21.83	25.62	30.28	709.12
2011	593.08	48.40	47.66	22.02	24.90	30.75	766.80
2012	611.82	52.18	43.19	22.20	25.58	31.20	786.17
2013	614.05	63.20	42.43	22.11	25.45	31.63	798.87
2014	606.80	63.57	36.31	22.21	25.97	32.01	786.88
2015	595.30	71.35	30.56	22.05	26.01	32.27	777.55
2016	589.27	73.99	32.54	21.89	26.04	32.46	776.18
2017	562.20	72.03	27.26	21.08	25.82	32.58	740.97
2018	611.66	71.84	29.82	19.99	25.39	32.65	791.34
2019	610.67	68.99	31.95	19.18	21.00	32.76	784.56

3.1.3.2　能源消耗的碳排放变化

能源消耗的碳排放是区域碳排放的主要来源，本书进一步分析 8 个部门能源消耗的碳排放量变化（图 3-7）。北京、天津、河北的碳排放结构与能源消耗结构相似，但变化趋势不同。①2000—2019 年，北京能源消耗的碳排放总量呈现“先增加、后降低”的变化趋势，碳排放结构变化明显。工业部门产生碳排放量逐渐降低，从 2000 年的 35.24 Mt 降至 2019 年的 12.40 Mt，降低了 64.81%。交通运输和仓储邮政业的碳排放量逐渐增加，从 2000 年的 5.14 Mt 增长到 2019 年的 27.00 Mt，增长了 425.29%。另外，相对天津和河北来说，北京的交通运输和仓储邮政业、其他服务业和城镇生活 3 个部门所占比重相对较大。②天津市能源消耗的碳排放总量呈现“增加—降低—增加”的变化趋势，从 2000 年的 41.05 Mt 增长到 2015 年的 105.82 Mt，然后降至 2018 年的 92.82 Mt，再增加到 2019 年的 96.93 Mt。天津工业部门能源消耗碳排放的变化趋势与碳排放总量一致，在 2014 年达到了研究期间的峰值（79.57 Mt）。交通运输和仓储邮政业的碳排放量次之，所占比重约为 10%（2000 年为 11.66%，2019 年为 9.07%）。城镇生活部门所占比重微弱增加，从 2000 年的 5.42%增长到 2019 年的 8.07%。2019 年，以上 3 个部门的碳排放量占天津能源消耗碳排放总量的比重达到 87.26%。③2000—2019 年，河北能源消耗碳排放总量变化表现为“先增加、后稳定”的变化趋势，2019 年碳排放总量为 517.10 Mt。工业部门的碳排放所占比重最大，2019 年达到 85.15%，其变化趋势与碳排放总量较为一致。乡村生活与交通运输和仓储邮政业两个部门所占比重次之，2019 年分别为 5.98%和 3.71%。④京津冀的能源消耗碳排放结构与河北相似，呈现“先增加、后稳定”的变化趋势。2019 年，碳排放总量为 679.67 Mt，工业、交通运输和仓储邮政业、城镇生活和乡村生活 4 个部门所占比重较高，分别为 76.31%、8.09%、5.16%和 4.99%，四者之和达 94.55%。

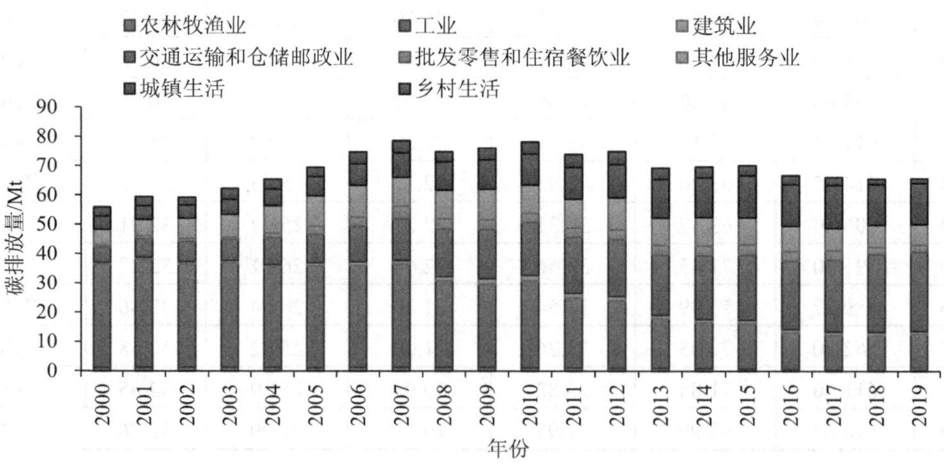

（a）北京

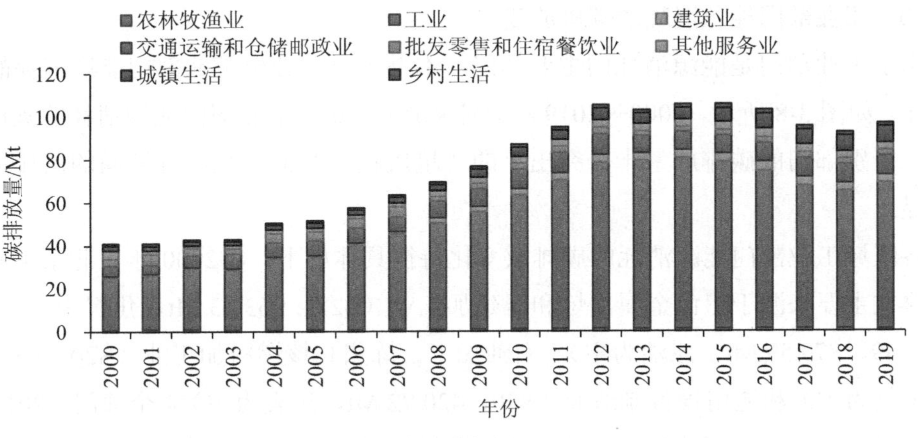

（b）天津

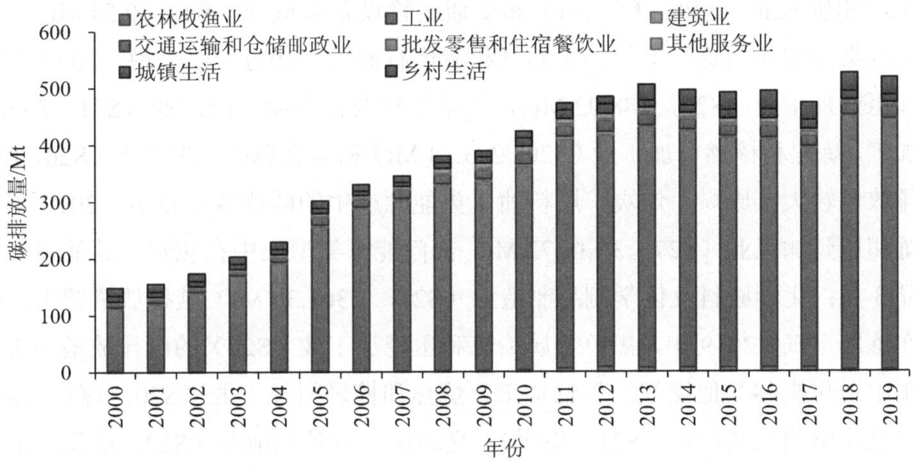

（c）河北

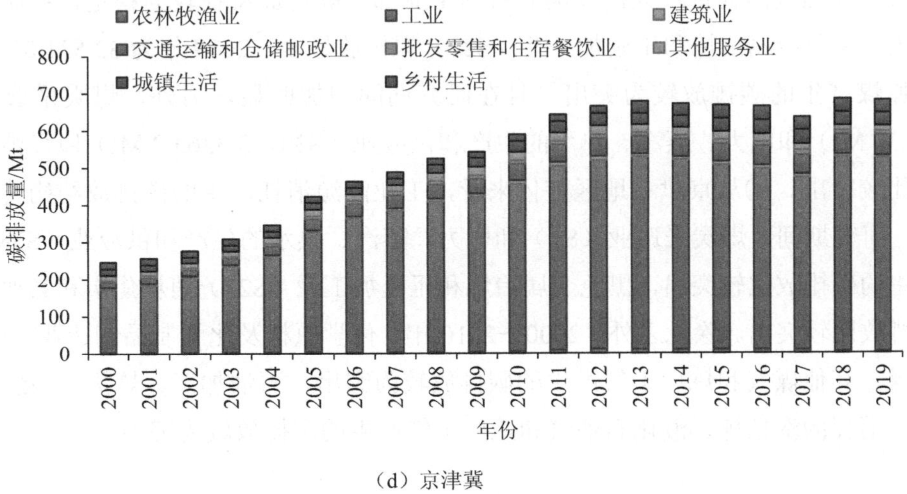

（d）京津冀

图 3-7　2000—2019 年京津冀地区能源消耗碳排放量变化

3.1.3.3 工业部门能源消耗的碳排放变化

由于工业部门是能源消耗的主要部门，本书进一步分析工业部门能源消耗的碳排放量变化。如图 3-8 所示，2000—2019 年京津冀地区 40 个工业部门能源消耗的碳排放量表现为“个别部门的碳排放量十分突出”的“星斑状”特征，且研究期间的碳排放结构变化明显。

各区域工业部门能源消耗的碳排放变化特征具体如下：①2000 年，北京工业部门能源碳排放主要来源于黑色金属冶炼和压延加工业（S27，963.13 Mt，焦炭为主），食品制造业（S9，879.59 Mt，原油为主），石油加工、炼焦和核燃料加工业（S20，633.05 Mt，炼厂干气为主）和通用设备制造业（S30，420.72 Mt，焦炭为主）4 个部门。2019 年，碳排放最多的部门变为石油加工、炼焦和核燃料加工业（S20，5.11 Mt），电力、蒸汽、热水的生产和供应业（S38，3.55 Mt）和交通运输设备制造业（S32，0.54 Mt）；消耗量最多的能源类型相应为炼厂干气、天然气和液化石油气。②对天津来说，2000 年黑色金属冶炼和压延加工业（S27，688.02 Mt），化学原料及化学制品制造业（S21，345.02 Mt），石油加工、炼焦和核燃料加工业（S20，283.54 Mt）和非金属矿物制品业（S26，160.18 Mt）的碳排放量较大；原煤、焦炭、燃料油 3 类能源产生的碳排放量较多。2010 年，黑色金属冶炼和压延加工业（S27，3 616.72 Mt）部门能源类型集中在焦炭、其他煤气、其他焦化产品 3 类；化学原料及化学制品制造业（S21，1 361.36 Mt）碳排放量较大，能源类型集中在炼厂干气。2019 年，黑色金属冶炼和压延加工业（S27）的碳排放最为突出，能源类型集中于焦炭和其他煤气；石油加工、炼焦和核燃料加工业（S20，液化石油气），化学原料及化学制品制造业（S21，原煤），交通运输设备制造业（S32，液化石油气）产生的碳排放次之。另外，2010 年和 2019 年石油加工、炼焦和核燃料加工业（S20）的液化石油气和天然气消耗量较大。③河北省的工业部门碳排放特征较为稳定，在研究期间变化不大。黑色金属冶炼和压延加工业（S27）碳排放最多，2019 年为 32 531.07 Mt，其焦炭和原煤产生的碳排放较为突出，且在研究期间增加明显。另外，煤炭采选业（S1，3 175.30 Mt）和电力、蒸汽、热水的生产和供应业（S38，3 336.02 Mt）原煤消耗的碳排放量比较突出。④从京津冀地区整体来看，工业能源消耗产生的碳排放结构特征与河北相似。研究期间，煤炭采选业（S1）和电力、蒸汽、热水的生产和供应业（S38）消耗原煤产生的碳排放比较突出，黑色金属冶炼和压延加工业（S27）消耗焦炭和其他煤气产生的碳排放比较突出。除此之外，2000—2010 年，化学原料及化学制品制造业（S21）消耗的原煤、其他煤气和炼厂干气产生的碳排放较为突出，石油加工、炼焦和核燃料加工业（S20）消耗的洗精煤、液化石油气和炼厂干气产生的碳排放较为突出。

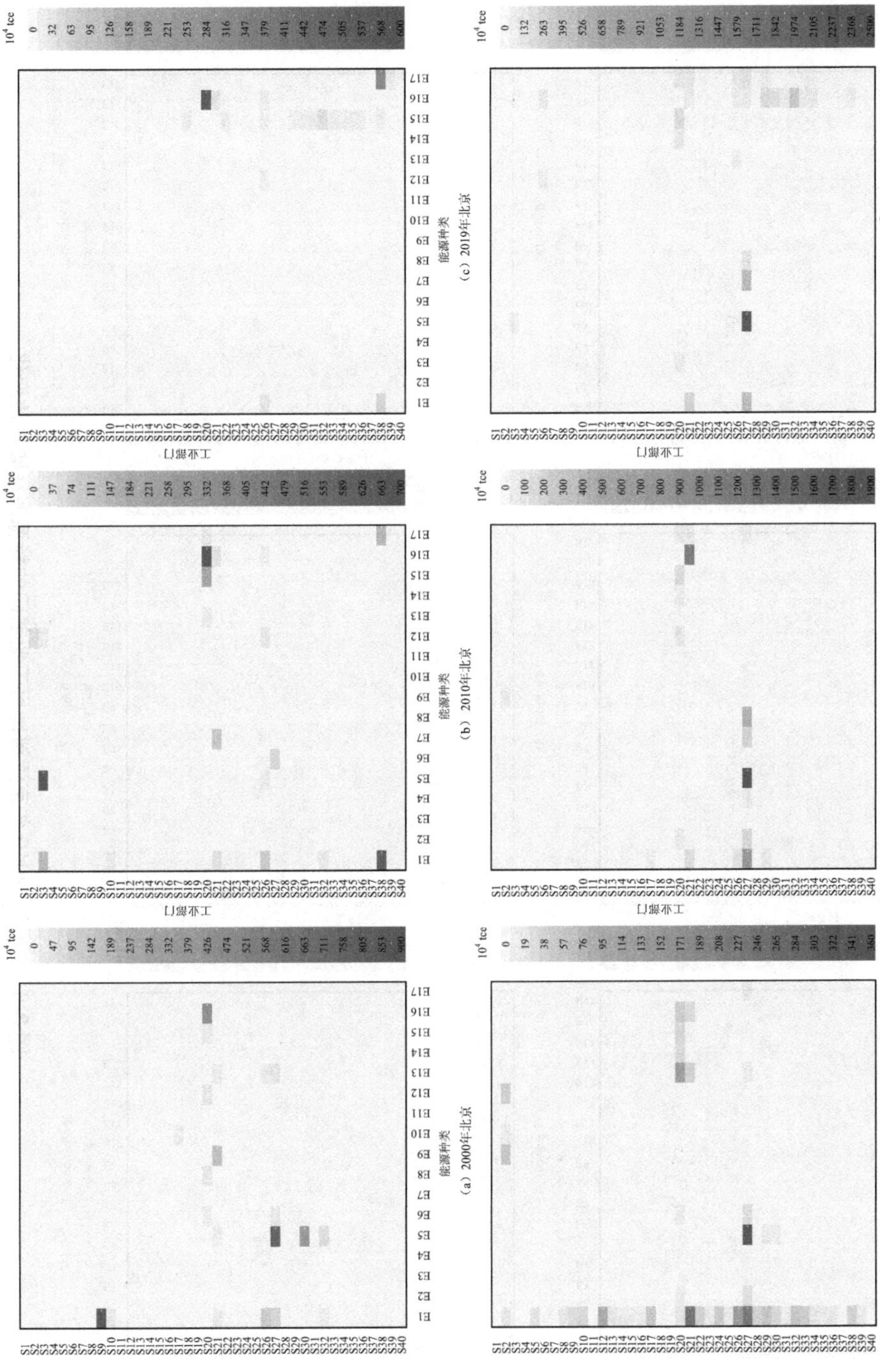

（a）2000年北京

（b）2010年北京

（c）2019年北京

（d）2000年天津

（e）2010年天津

（f）2019年天津

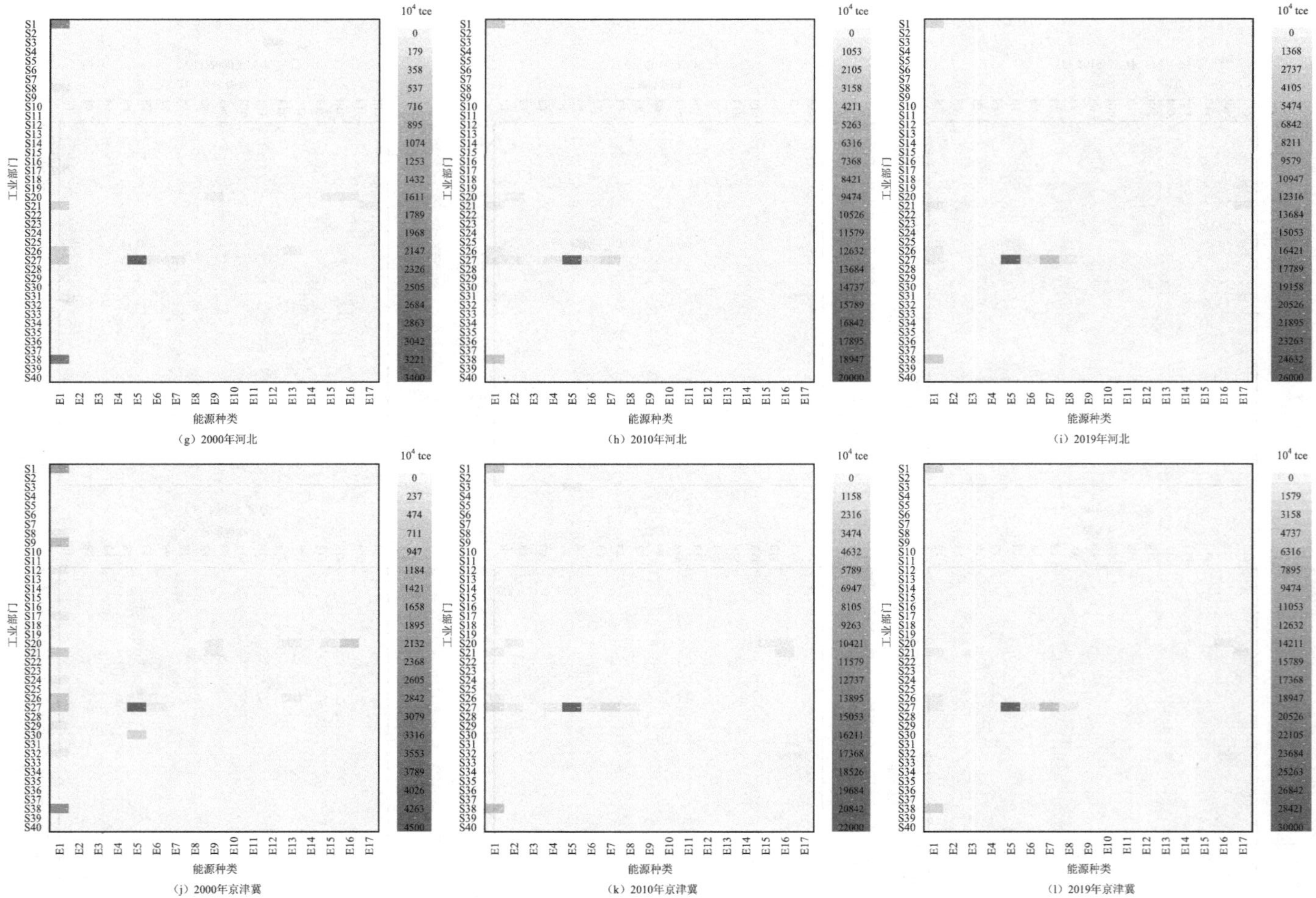

图 3-8　2000—2019 年京津冀地区工业部门的能源消耗碳排放变化

注：S1～S40 分别代表 40 个工业部门，见表 3-3；E1～E17 分别代表 17 种能源类型，见表 3-2。

3.2　碳排放变化的因素分解分析

3.2.1　结构分解分析方法

结构分解分析（Structural Decomposition Analysis，SDA）一般通过因素分解定量来分析能源消耗以及生态环境等影响因素的贡献率，目前已被广泛应用（朱勤等，2013；姚亮等，2011；Zhang et al.，2009）。本书利用 SDA 方法定量分解分析能源消耗碳排放变化的驱动因素。结合经典的 Kaya 公式，将区域能源消耗产生的碳排放进行分解。

$$\mathrm{CE}=\sum_{ij}\mathrm{CE}_{ij}=\sum_{ij}\frac{\mathrm{CE}_{ij}}{E_{ij}}\times\frac{E_{ij}}{E_j}\times\frac{E_j}{\mathrm{gdp}_j}\times\frac{\mathrm{gdp}_j}{\mathrm{gdp}}\times\frac{\mathrm{gdp}}{\mathrm{pop}}\times\mathrm{pop}$$

$$=\sum_{ij}T_{ij}\times e_{ij}\times I_j\times S_j\times q\times p \tag{3-7}$$

其中，相关变量及其含义见表 3-8。

表 3-8　碳排放量变化的因素分解相关变量

变量	变量描述	单位
i	能源种类 i=1，…，17	量纲一
j	产业部门 j=1，…，47	量纲一
T_{ij}	i 类能源的碳排放系数	tCO_2/tce
E_{ij}	i 类能源在 j 部门的消耗量	万 tce
E_j	j 部门的能源消耗量	万 tce
gdp_j	j 部门的 GDP	亿元
gdp	区域的 GDP	亿元
pop	年末常住人口	万人
e_{ij}	j 行业中 i 类能源所占比重（能源结构）	%
I_j	j 行业的能源强度	tce/万元
S_j	j 行业 GDP 所占比重（产业结构）	%
q	人均 GDP	万元
p	人口规模	万人
CE	碳排放量	万 t
$\mathrm{CE_T}$	期末 T 年份的碳排放量	万 t
$\mathrm{CE_O}$	期初 O 年份的碳排放量	万 t

研究期始末时间产业部门能源消耗的碳排放变化量值可以表示为

$$\Delta CE = CE_T - CE_O = \Delta CE_t + \Delta CE_e + \Delta CE_i + \Delta CE_s + \Delta CE_q + \Delta CE_p \quad (3\text{-}8)$$

式中，ΔCE 表示研究期始末时间碳排放量的变化值，其他变量及含义见表 3-8。考虑研究期间碳排放系数不发生变化，即碳排放系数效应为零（$T_{ij}^{T} = T_{ij}^{O}$，即 $\Delta CE_e = 0$）。所以，定量分解京津冀地区碳排放量变化为 5 个驱动因素的作用效应：能源结构效应（ΔCE_e）、能源强度效应（ΔCE_i）、产业结构效应（ΔCE_s）、经济增长效应（ΔCE_q）和人口增长效应（ΔCE_p）。

SDA 因素分解过程中对自变量交叉项的分解方法会直接影响计算结果。目前两极分解法相对成熟，而且表达直观、方法简便，应用也比较广泛（吴开亚等，2013）。因此，本书采用两极分解法，将 O—T 期间的碳排放量变化总效应 ΔCE 分解为排放系数效应 ΔCE_t、能源结构效应 ΔCE_e、能源强度效应 ΔCE_i、产业结构效应 ΔCE_s、经济增长效应 ΔCE_q 和人口增长效应 ΔCE_p，具体计算公式如下。

$$\Delta CE_e = \frac{1}{2}\sum_{ij} T_{ij} \times \Delta e_{ij} \times I_j^O \times S_j^O \times q^O \times p^O + \frac{1}{2}\sum_{ij} T_{ij} \times \Delta e_{ij} \times I_j^T \times S_j^T \times q^T \times p^T \quad (3\text{-}9)$$

$$\Delta CE_i = \frac{1}{2}\sum_{ij} T_{ij} \times e_{ij}^T \times \Delta I_j \times S_j^O \times q^O \times p^O + \frac{1}{2}\sum_{ij} T_{ij} \times e_{ij}^O \times \Delta I_j \times S_j^T \times q^T \times p^T \quad (3\text{-}10)$$

$$\Delta CE_s = \frac{1}{2}\sum_{ij} T_{ij} \times e_{ij}^T \times I_j^T \times \Delta S_j \times q^O \times p^O + \frac{1}{2}\sum_{ij} T_{ij} \times e_{ij}^O \times I_j^O \times \Delta S_j \times q^T \times p^T \quad (3\text{-}11)$$

$$\Delta CE_q = \frac{1}{2}\sum_{ij} T_{ij} \times e_{ij}^T \times I_j^T \times S_j^T \times \Delta q \times p^O + \frac{1}{2}\sum_{ij} T_{ij} \times e_{ij}^O \times I_j^O \times S_j^O \times \Delta q \times p^T \quad (3\text{-}12)$$

$$\Delta CE_p = \frac{1}{2}\sum_{ij} T_{ij} \times e_{ij}^T \times I_j^T \times S_j^T \times q^T \times \Delta p + \frac{1}{2}\sum_{ij} T_{ij} \times e_{ij}^O \times I_j^O \times S_j^O \times q^O \times \Delta p \quad (3\text{-}13)$$

3.2.2 碳排放量变化的因素分解分析

3.2.2.1 北京各行业碳排放因素分解

研究期间，北京的碳排放呈现“先增加、后降低”的趋势。工业（I1）的碳排放呈现降低的趋势，交通运输和仓储邮政业（T1）的碳排放呈现增加的趋势（图 3-9）。4 个时间段内，5 个驱动因素的贡献作用较为一致。经济增长是北京行业部门碳排放变化的主要正向驱动因素，能源强度和产业结构是主要的负向驱动因素。2000—2005 年，5 个驱动因素在工业部门的贡献程度最为明显，经济增长和人口增长在工业部门（I1）的碳排放增加中分别贡献了 25.85 Mt 和 4.21 Mt；能源结构、能源强度和产业结构在碳排放减少过程中分别贡献了−12.19 Mt、−10.71 Mt 和−7.72 Mt。2005—2010 年、2010—2015 年和 2015—2019 年，能源强度和产业结构对碳排放增加中起到明显的抑制作用；经济增长和人口增长起到明显的促进作用；能源结构先发挥了微弱的促进作用，后发挥了微弱的抑制作用。

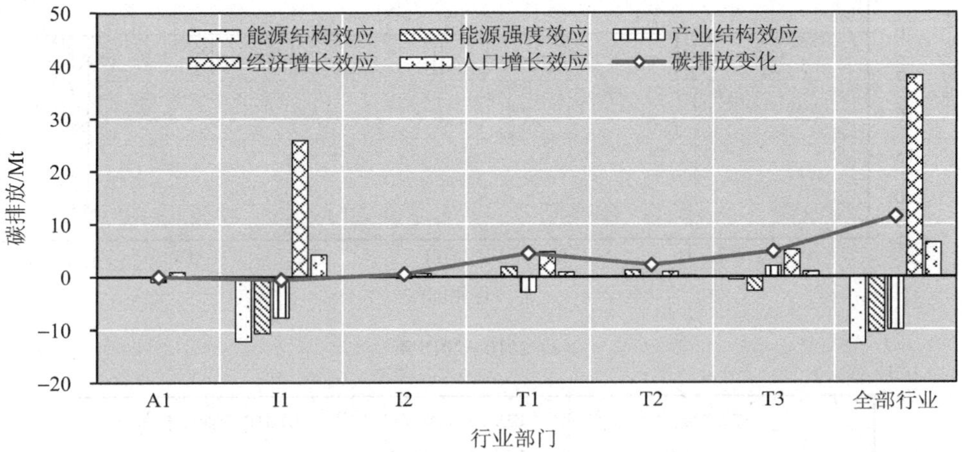

（a）2000—2005 年

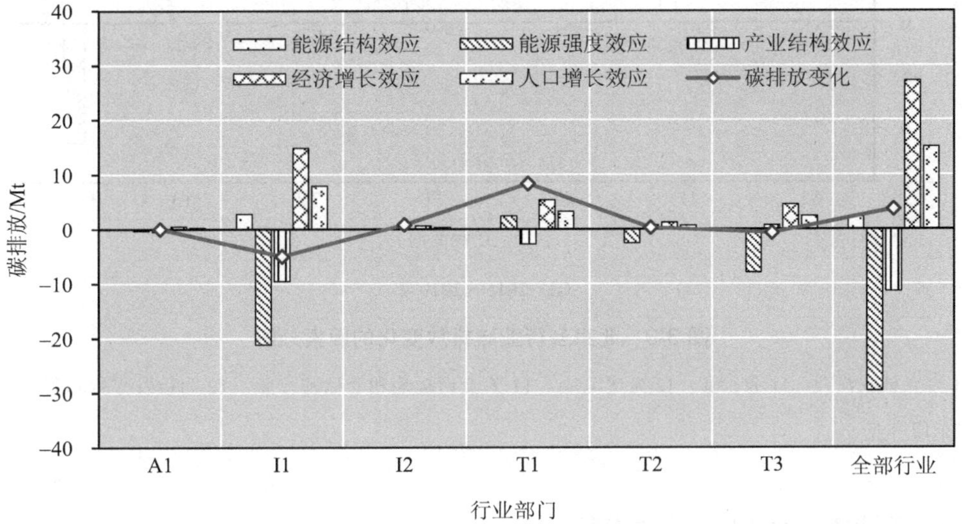

（b）2005—2010 年

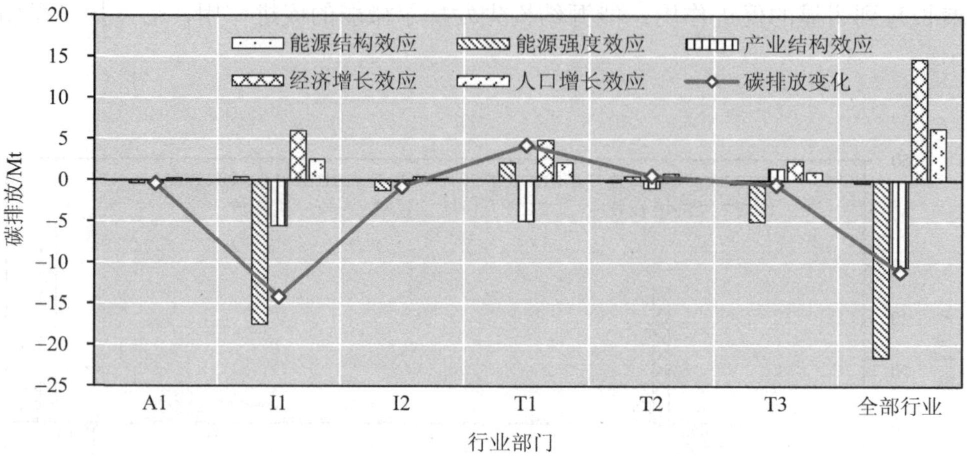

（c）2010—2015 年

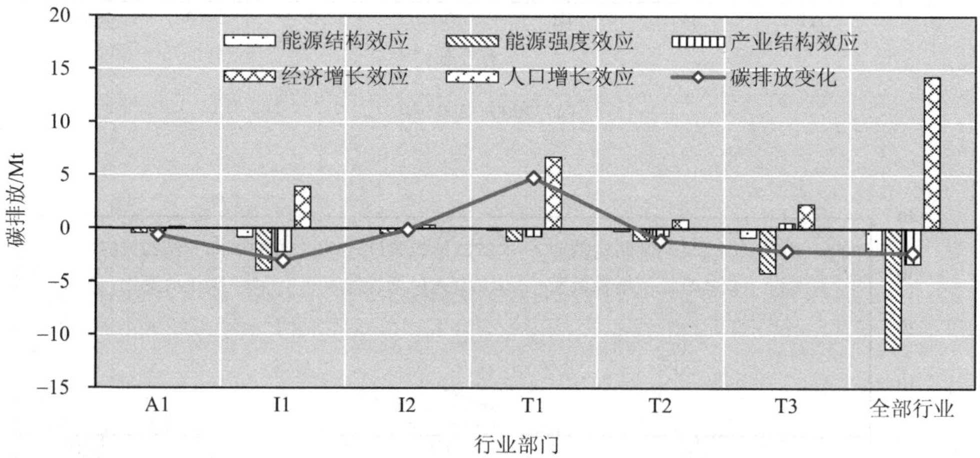

（d）2015—2019 年

图 3-9　北京各行业碳排放变化的因素分解

注：A1 为农林牧渔业，I1 为工业，I2 为建筑业，T1 为交通运输和仓储邮政业，T2 为批发零售和餐饮住宿业，T3 为其他服务业。

3.2.2.2　天津各行业碳排放因素分解

研究期间，天津的行业能源碳排放呈现“先增长、后微弱降低”的变化趋势，工业部门（I1）的碳排放变化较为明显，经济增长和人口增长主要促进碳排放增加，能源结构、能源强度和产业结构主要抑制碳排放增加（图 3-10）。经济增长的贡献程度最大，在 4 个研究时段分别促进全行业碳排放增加了 22.75 Mt、26.82 Mt、20.01 Mt、19.24 Mt。人口增长在 2000—2005 年、2005—2010 年、2010—2015 年 3 个时段对碳排放增加有明显的促进作用，效应分别是 5.14 Mt、13.94 Mt、9.13 Mt，但在 2015—2019 年起到微弱的抑制作用，效应为−3.54 Mt。能源强度是明显的抑制因素，在 2000—2005 年、2015—2019 年两个时段对全行业的作用十分明显，分别为−15.78 Mt、−6.89 Mt。能源结构和产业结构起到明显的负向驱动作用，在 2005—2019 年的作用十分明显。

在不同行业中，5 个驱动因素的作用方向与程度均不同，各驱动因素在工业（I1）的作用最为明显，在农林牧渔业（A1）的作用最为微弱。经济增长在所有行业部门中均发挥正向驱动作用。其他 4 个驱动因素在不同部门的驱动作用稍有差异，能源强度一直发挥负向作用，但在 2005—2010 年的农林牧渔业（A1）、工业（I1）和建筑业（I2）起到促进碳排放增加的作用，效应分别为 0.17 Mt、13.94 Mt 和 0.91 Mt。人口增长在 2000—2015 年对各个部门均发挥正向驱动作用，但在 2015—2019 年对各个行业部门均发挥负向抑制作用。

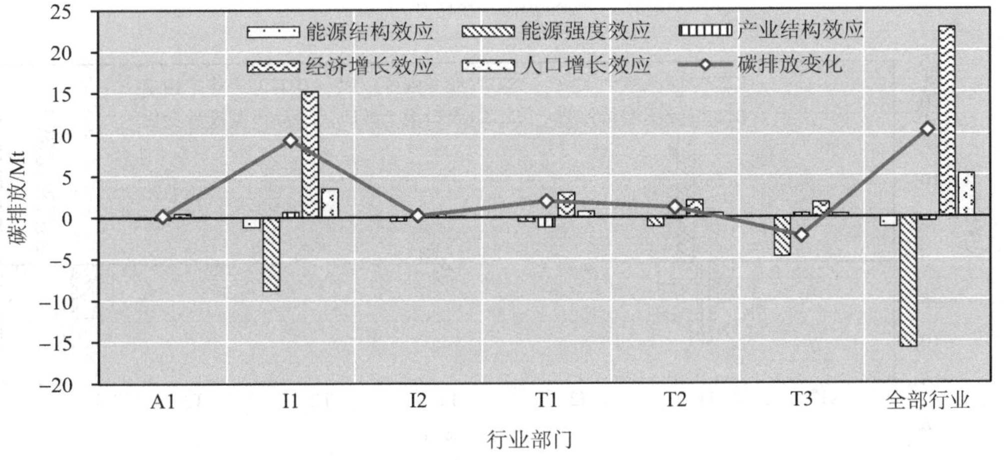

（a）2000—2005 年

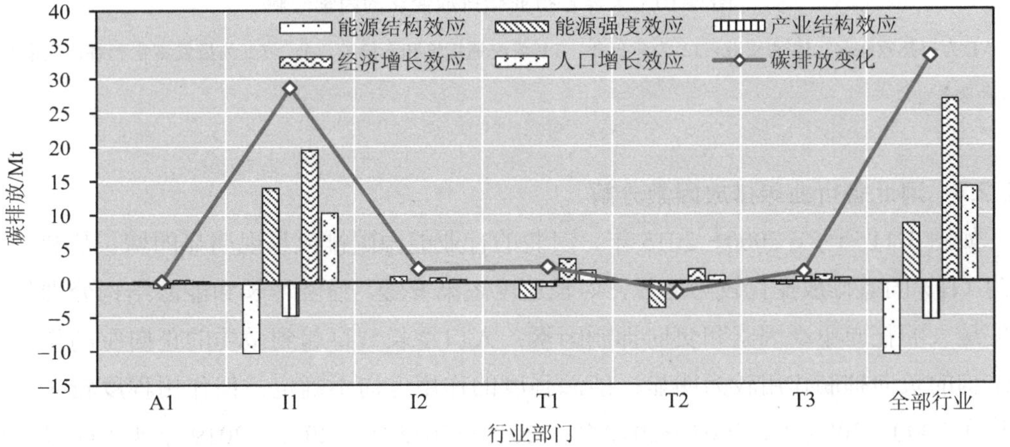

（b）2005—2010 年

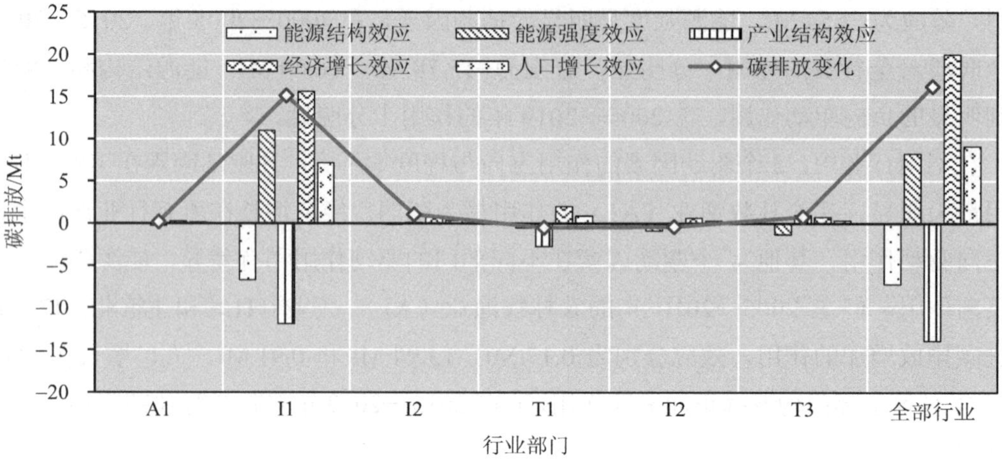

（c）2010—2015 年

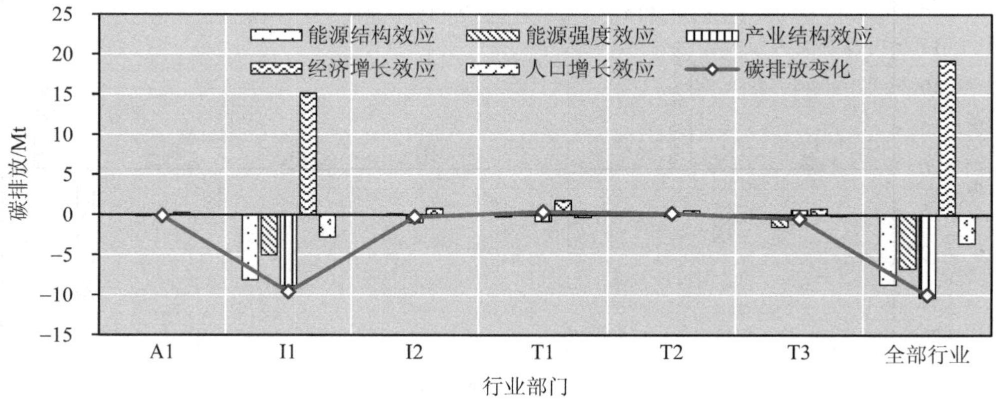

（d）2015—2019 年

图 3-10　天津各行业碳排放变化的因素分解

注：A1 为农林牧渔业，I1 为工业，I2 为建筑业，T1 为交通运输和仓储邮政业，T2 为批发零售和餐饮住宿业，T3 为其他服务业。

3.2.2.3　河北各行业碳排放因素分解

如图 3-11 所示，2000—2015 年，河北的行业能源碳排放呈现明显的增长趋势，工业部门（I1）的碳排放变化较为明显，增长速度逐渐变缓。经济增长和能源结构分别是作用强度最大的正向驱动因素和负向抑制因素；人口增长一直起到微弱的正向驱动作用；产业结构的负向抑制作用较为明显；能源强度的作用方向不确定，但作用程度较大。经济增长在 2000—2005 年、2005—2010 年、2010—2015 年、2015—2019 年 4 个时段内均促进碳排放增加，在全行业的贡献量分别为 101.99 Mt、177.97 Mt、95.26 Mt、84.16 Mt。相较而言，2000—2005 年其他各驱动因素对碳排放的抑制作用十分微弱，只有能源结构起到了−2.02 Mt 的抑制效应。能源结构在 2005—2010 年、2010—2015 年、2015—2019 年 3 个时段分别贡献了 39.50 Mt、86.06 Mt、58.74 Mt 的碳排放减少量。产业结构在 2000—2005 年、2005—2010 年两个时段起到微弱的促进作用（4.49 Mt、2.42 Mt），但在 2010—2015 年和 2015—2019 年起到明显的抑制作用（−35.23 Mt、−68.36 Mt）。人口增长在研究期间的作用一直较弱，4 个时段的促进碳排放增加量分别为 5.26 Mt、16.46 Mt、8.74 Mt、6.33 Mt。

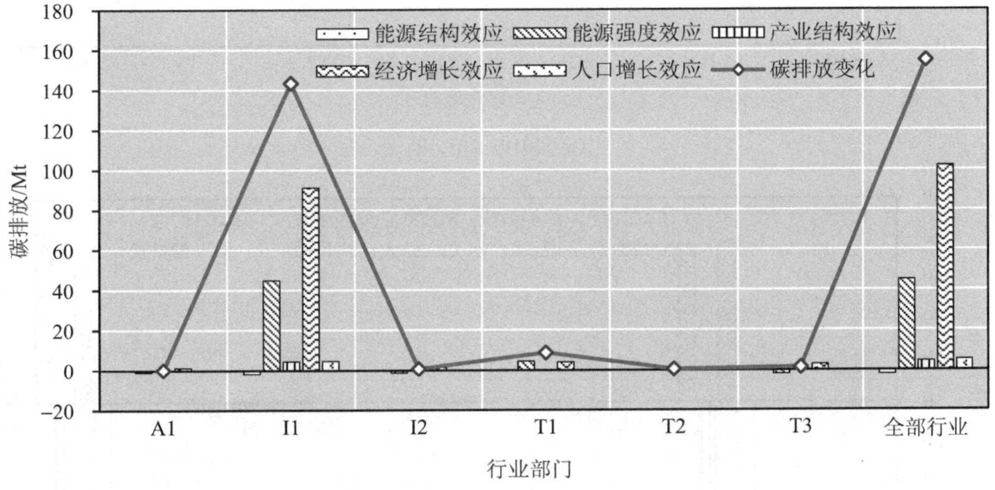

（a）2000—2005 年

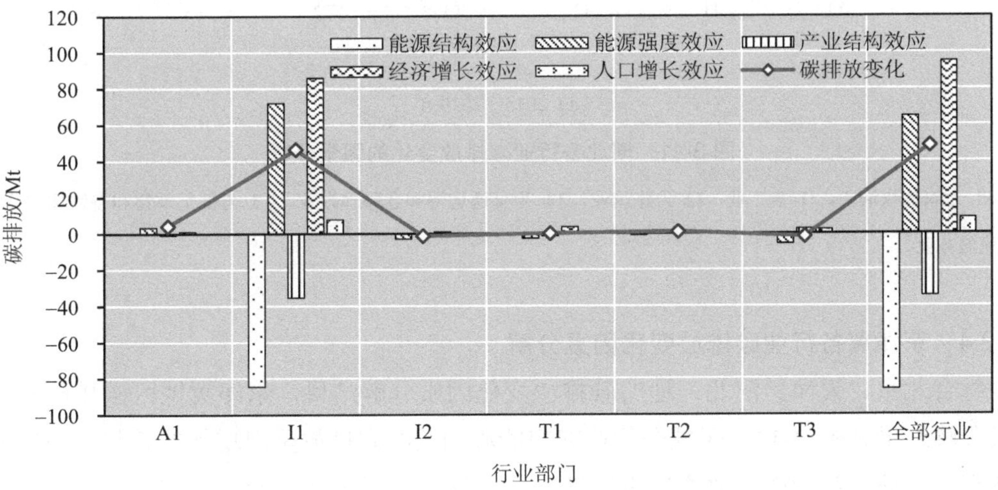

（b）2005—2010 年

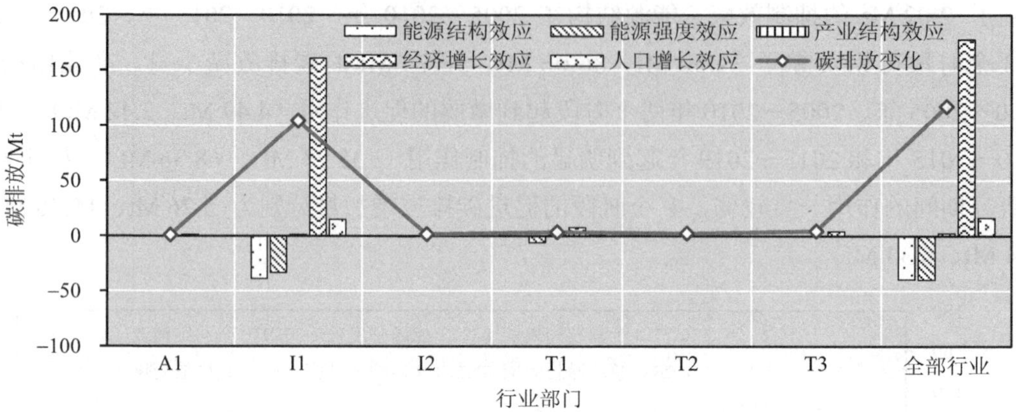

（c）2010—2015 年

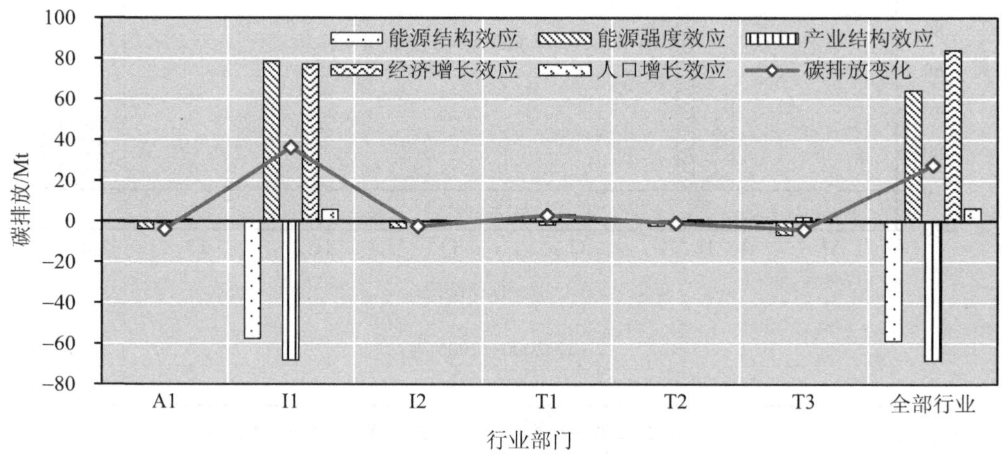

（d）2015—2019 年

图 3-11　河北各行业碳排放变化的因素分解

注：A1 为农林牧渔业，I1 为工业，I2 为建筑业，T1 为交通运输和仓储邮政业，T2 为批发零售和餐饮住宿业，T3 为其他服务业。

3.2.2.4　京津冀各行业碳排放变化因素分解

综合北京、天津、河北三地的碳排放变化因素分解结果，京津冀地区碳排放变化的因素分解结果见图 3-12。区域全行业部门能源相关的碳排放呈现增加的趋势，但增速逐渐变缓，工业部门的碳排放增速也逐渐变缓，这是各项驱动因素综合作用的结果。研究期间，经济增长对碳排放增加的促进作用较强，但是能源结构、产业结构等负向抑制作用逐渐加强，抵消了经济增长的部分正向驱动作用，所以研究期间碳排放量增速逐渐变缓。

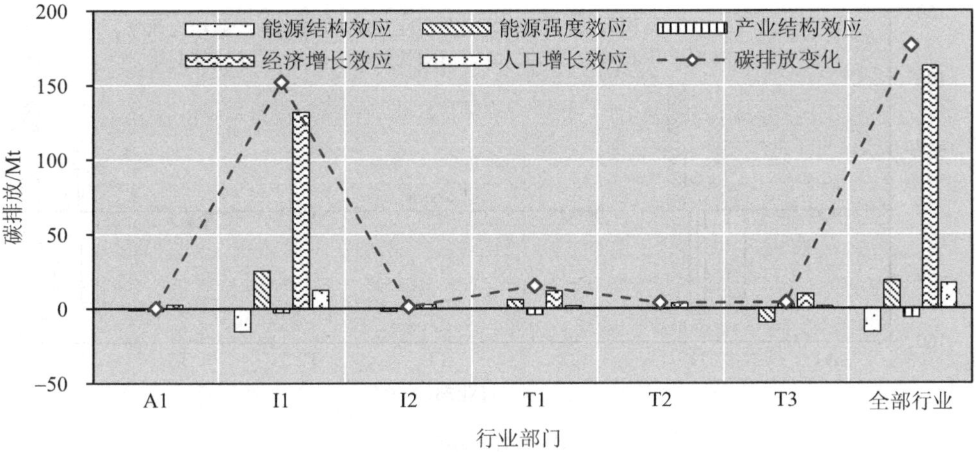

（a）2000—2005 年

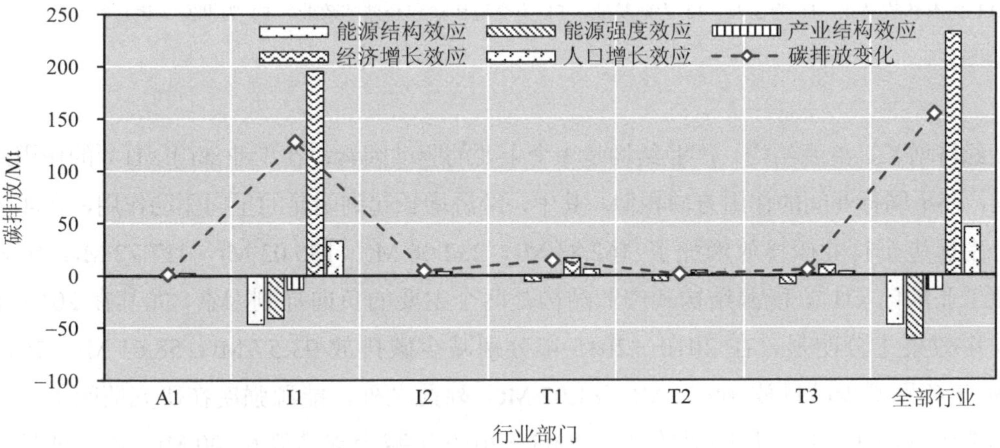

（b）2005—2010 年

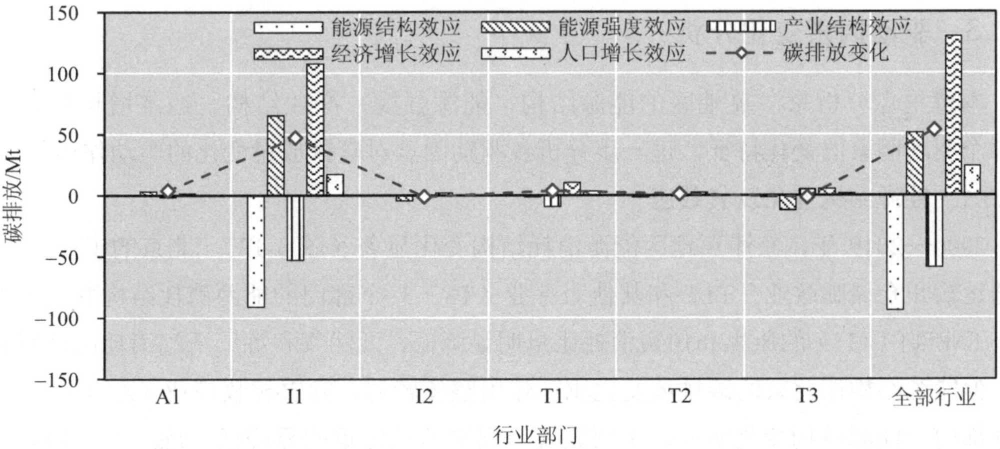

（c）2010—2015 年

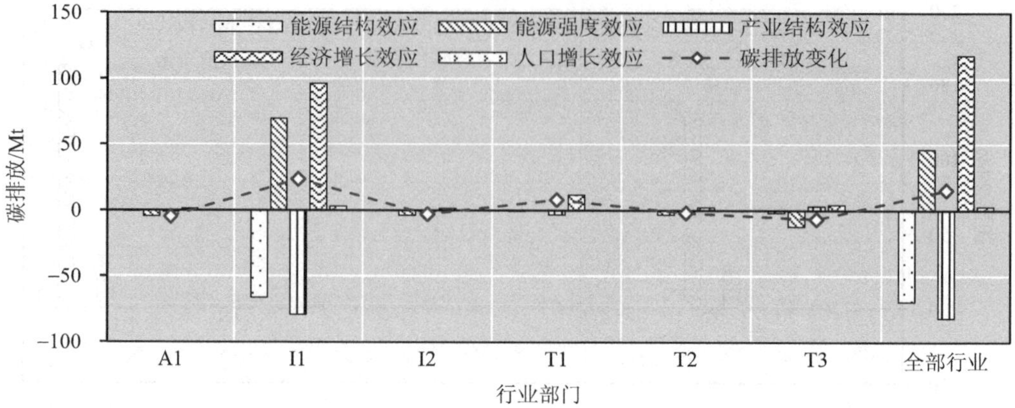

（d）2015—2019 年

图 3-12　京津冀地区各行业碳排放变化的因素分解

注：A1 为农林牧渔业，I1 为工业，I2 为建筑业，T1 为交通运输和仓储邮政业，T2 为批发零售和餐饮住宿业，T3 为其他服务业。

经济增长、能源结构、产业结构是 3 个主要的驱动因素，在工业部门（I1）的作用最为明显，在不同行业间的作用方向相似。其中，经济增长起到明显的正向驱动作用，在 4 个时段分别促进全行业碳排放增加了 162.83 Mt、232.06 Mt、130.03 Mt、117.72 Mt，主要发生在工业部门（I1）。能源结构和产业结构是两个主要的负向抑制因素，尤其在 2010 年以后作用效果十分明显，在 2010—2015 年分别减少碳排放 93.57 Mt、58.61 Mt，2015—2019 年分别减少碳排放 69.51 Mt、81.97 Mt。除此之外，能源强度在研究期间主要起到抑制碳排放增加作用，最明显的是在 2005—2010 年减少碳排放 61.00 Mt。人口增长在研究期内对全行业的碳排放增加起到微弱的抑制作用。

3.2.3　驱动因素变化分析

本节重点分析京津冀地区的能源结构、能源强度、产业结构、经济增长和人口规模 5 个驱动因素的变化特征，进一步分析各驱动因素对碳排放量变化的驱动作用。

3.2.3.1　能源结构变化及其效应

2000—2019 年，京津冀地区能源消耗结构变化显著（图 3-13）。北京的工业（I1）、交通运输和仓储邮政业（T1）和其他服务业（T3）3 个部门的能源消耗结构变化最为显著，工业部门（I1）的原煤和焦炭消耗比重明显降低，天然气和炼厂干气消耗比重明显增加，但能源结构在北京的碳排放变化驱动作用整体较弱。除农林牧渔业（A1）外，天津其他部门的能源结构变化明显，主要表现为煤炭消耗比重明显降低，炼厂干气和天然气消耗量比重逐渐增加，在工业部门（I1）的焦炭和其他煤气消耗比重有所增加。清洁能源消耗比重逐渐增加，在天津起到了明显地降低碳排放量的作用。河北的能源消耗结构变化明显，尤其是各部门的原煤消耗比重下降，天然气消耗比重增加，能源消耗结构整体优化，降低碳排放量的效果明显。对京津冀地区来说，能源结构变化与河北相似，能源结构在碳排放变化中也起到了明显的负向作用，尤其是在工业部门（I1）的碳排放抑制作用最为明显。这说明优化能源结构是有效的减排途径，京津冀三地在通过能源结构改善实现减碳方面均存在较大的提升空间。

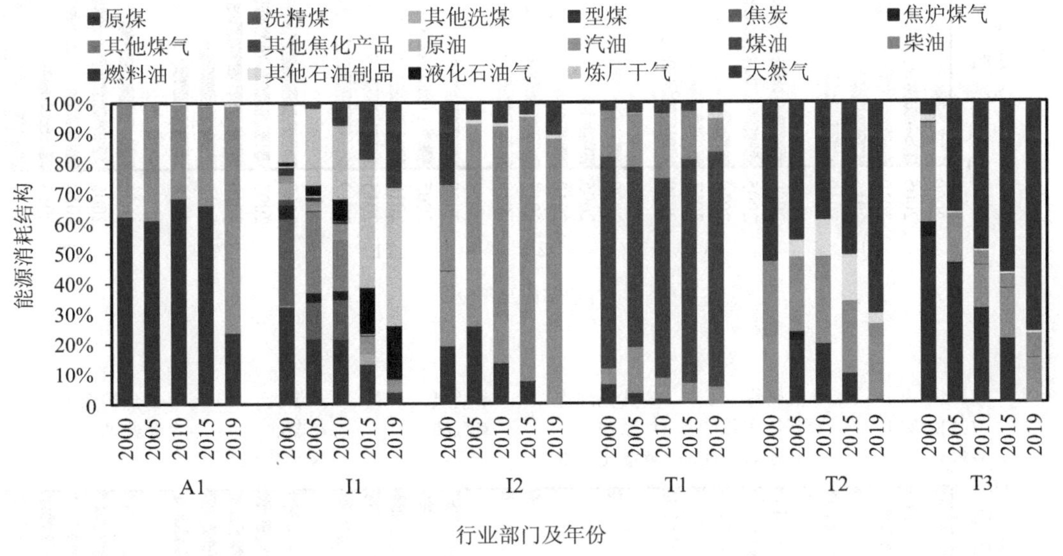

（a）北京

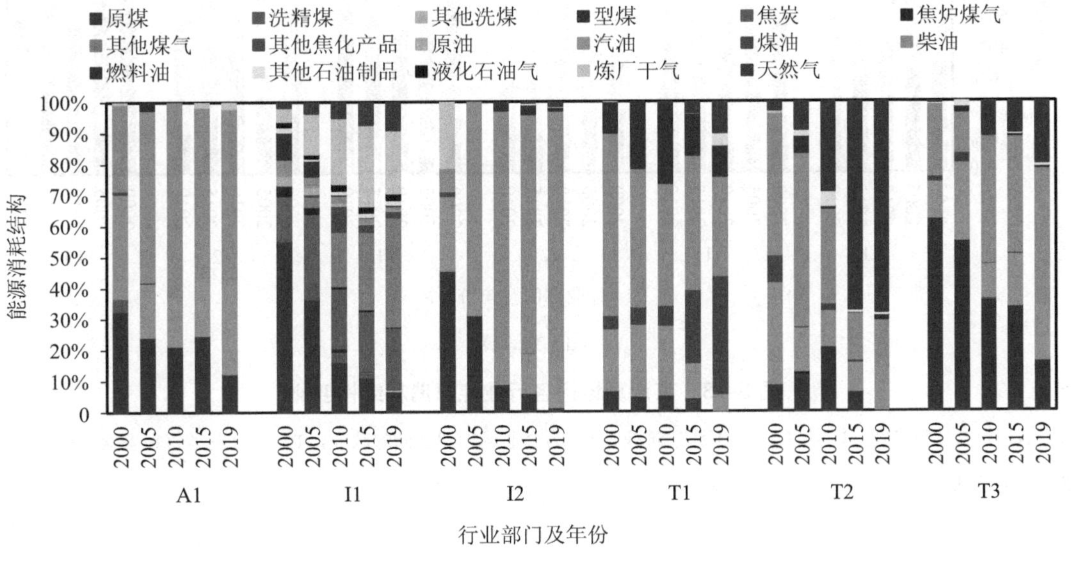

（b）天津

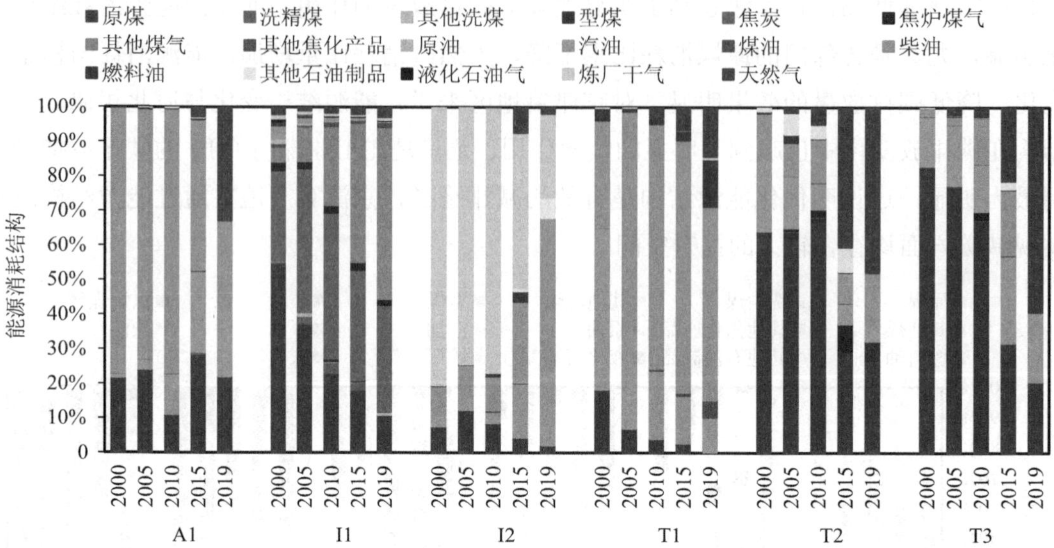

（c）河北

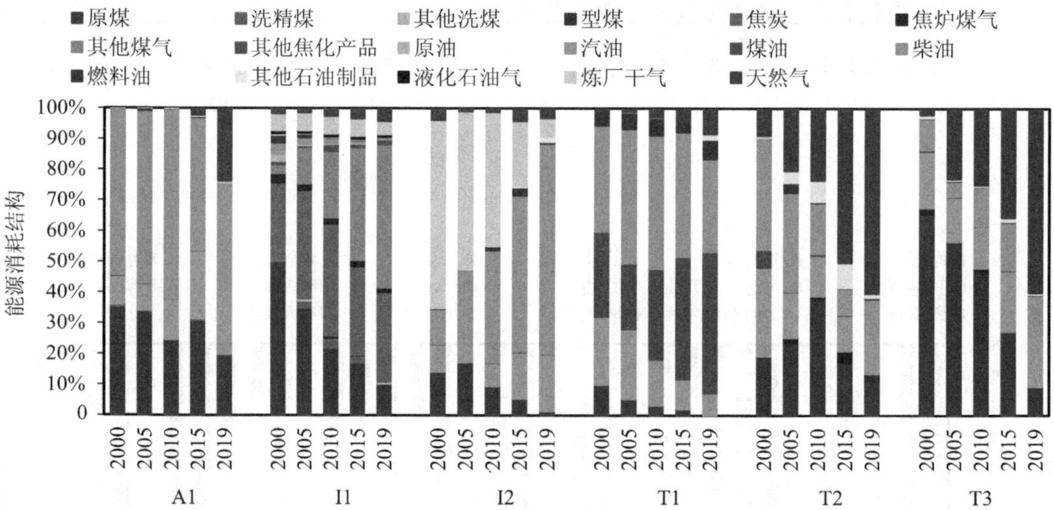

（d）京津冀

图 3-13　京津冀地区各行业能源消耗结构变化

注：A1 为农林牧渔业，I1 为工业，I2 为建筑业，T1 为交通运输和仓储邮政业，T2 为批发零售和餐饮住宿业，T3 为其他服务业。

3.2.3.2　能源强度变化及其效应

整体上看，京津冀三地能源强度的排序为河北＞京津冀＞北京＞天津（图 3-14）。从不同行业部门的能源强度来看，北京的交通运输和仓储邮政业（T1）能源强度最高。天津各部门的能源强度相对均衡，工业（I1）与交通运输和仓储邮政业（T1）的能源强度较高。河北的工业部门（I1）能源强度最高，远超其他部门。2000—2019 年，除交通运输和仓储邮政业（T1）及工业部门（I1）外，京津冀地区其他部门能源强度整体上都呈现下降的趋势，工业部门（I1）的能源强度呈现“波动增加”的趋势。能源强度在研究期间体现出了明显抑制碳排放增加的作用，尤其是在北京和天津。河北工业部门的能源强度呈现“波动性增加”的变化趋势，2010 年以后，工业部门（I1）的能源强度表现为快速增加的趋势，导致河北 2010 年以后的能源强度效应表现为明显的正向驱动作用。这说明降低能源强度是河北未来碳减排工作的重要突破口。

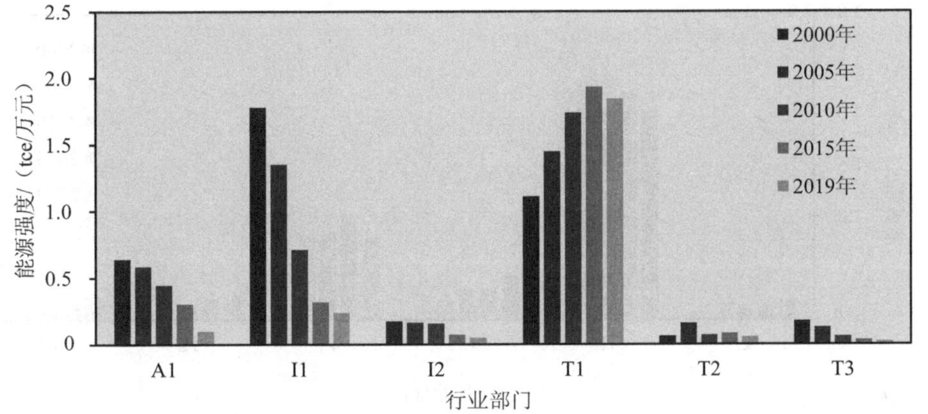

（a）北京

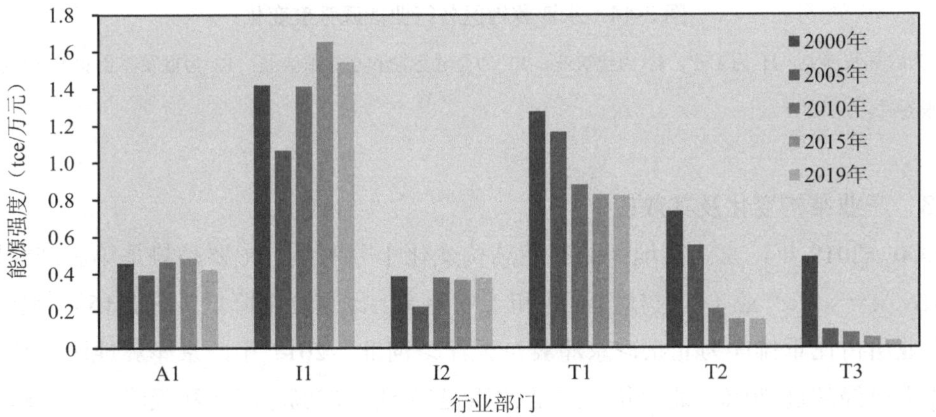

（b）天津

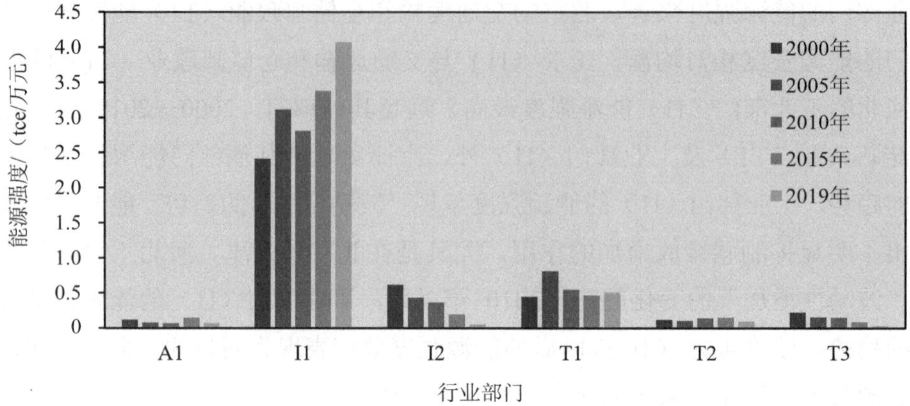

（c）河北

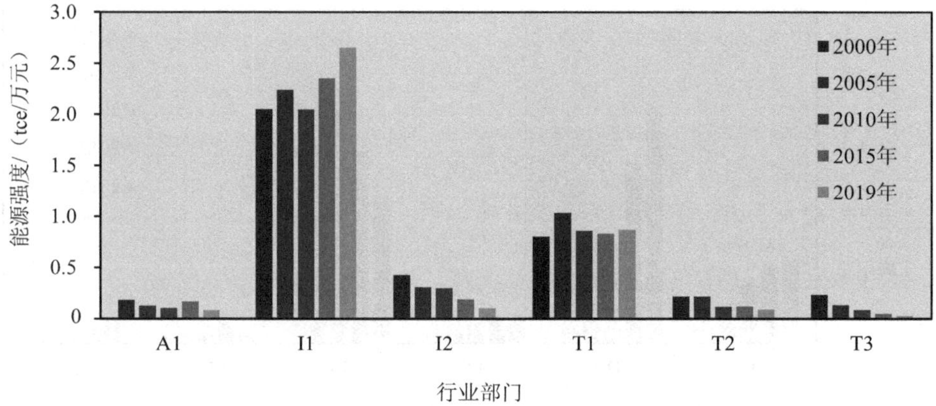

（d）京津冀

图 3-14 京津冀地区各行业能源强度变化

注：A1 为农林牧渔业，I1 为工业，I2 为建筑业，T1 为交通运输和仓储邮政业，T2 为批发零售和餐饮住宿业，T3 为其他服务业。

3.2.3.3 产业结构变化及其效应

2000—2019 年，京津冀地区的产业结构变化十分明显，主要趋势是第三产业比重逐渐增加，第一、二产业（以农林牧渔业和工业为主）比重逐渐降低（图 3-15）。整体上看，第三产业所占比重排序为北京＞京津冀＞天津＞河北。2017 年，京津冀地区整体的第三产业比重已经超过 70%，北京第三产业比重已经超过 85%。河北和天津在产业转型升级以及产业结构调整方面还有较大的进步空间。京津冀地区的产业结构在研究期间对碳排放变化起到了较为明显的负向驱动作用，在 2000—2010 年的作用程度较为微弱，在 2010—2019 年的作用程度较为显著，尤其在 2015—2019 年发挥较为突出的负向驱动作用，与在河北发挥的作用特征一致。天津的产业结构变化在 2005—2019 年一直发挥比较显著的负向驱动作用，2015—2019 年是 5 个驱动因素中的第二大负向驱动因素。北京的产业结构也一直发挥负向驱动作用，但产业结构低于经济增长的正向驱动作用。综上可知，在未来的碳减排工作中，河北的产业结构优化是重要的突破口。

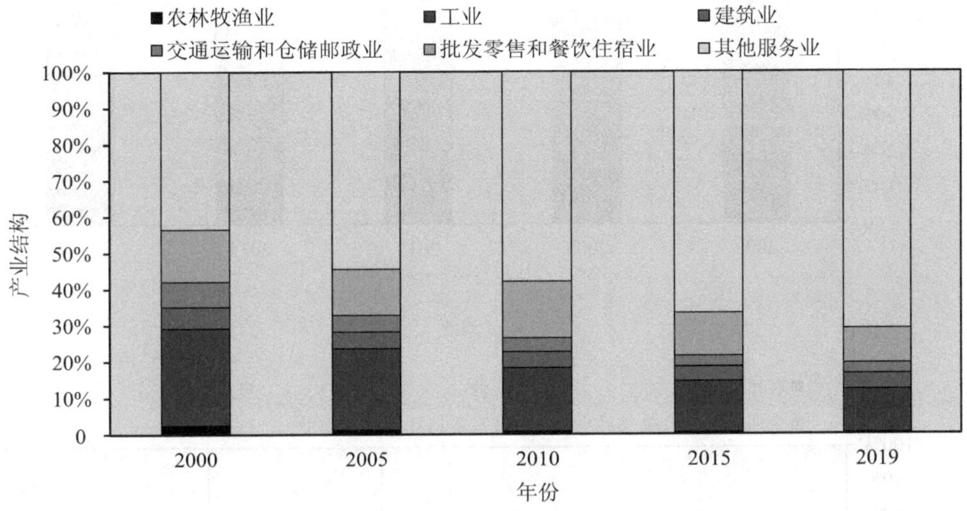

（a）北京

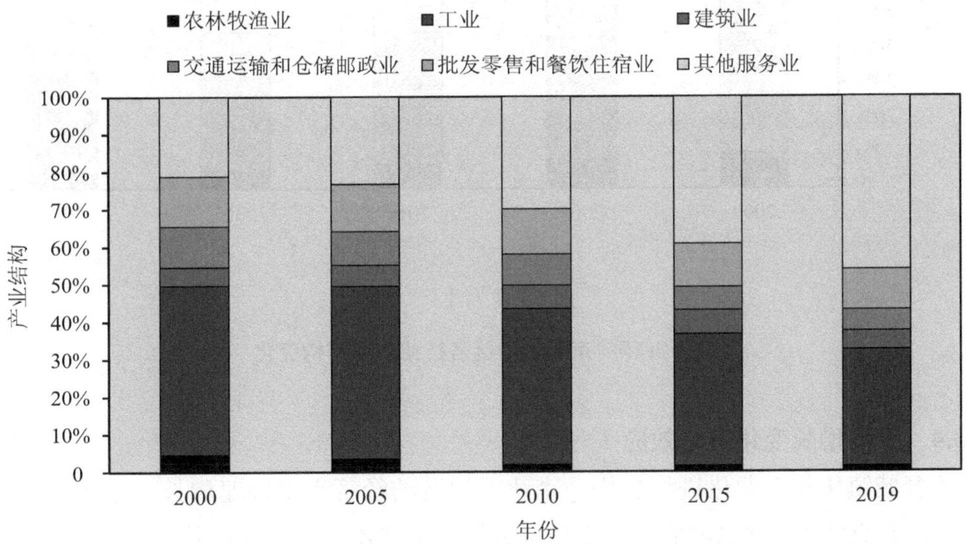

（b）天津

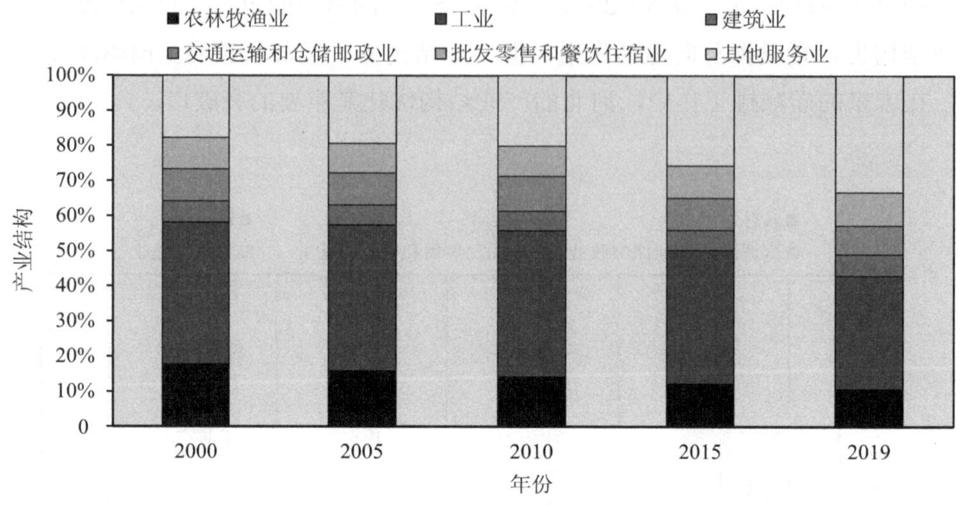

（c）河北

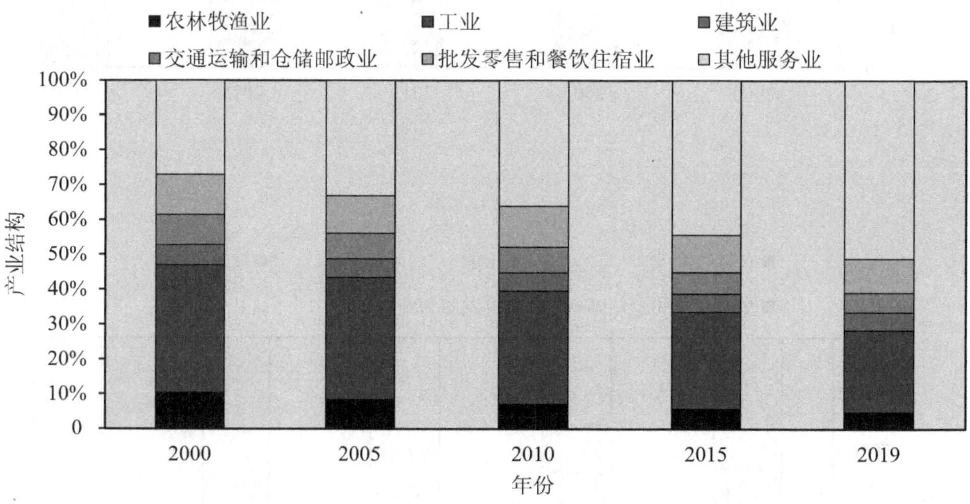

（d）京津冀

图 3-15　京津冀地区各行业产业结构变化

3.2.3.4　经济增长变化及其效应

随着城镇化和工业化进程加快，京津冀地区的经济水平快速增长。京津冀三地相比较而言，北京的人均 GDP 最高，增长也最快；天津次之；河北最慢（图 3-16）。研究期间，京津冀三地的经济水平差距也逐渐拉大。虽然经济增长在很大程度上促进碳排放增加，但发展是硬道理，为实现现代化强国的建设目标，经济发展是“双碳”目标的前提条件，为了保证社会发展，不能通过简单地控制经济增长来控制碳排放。

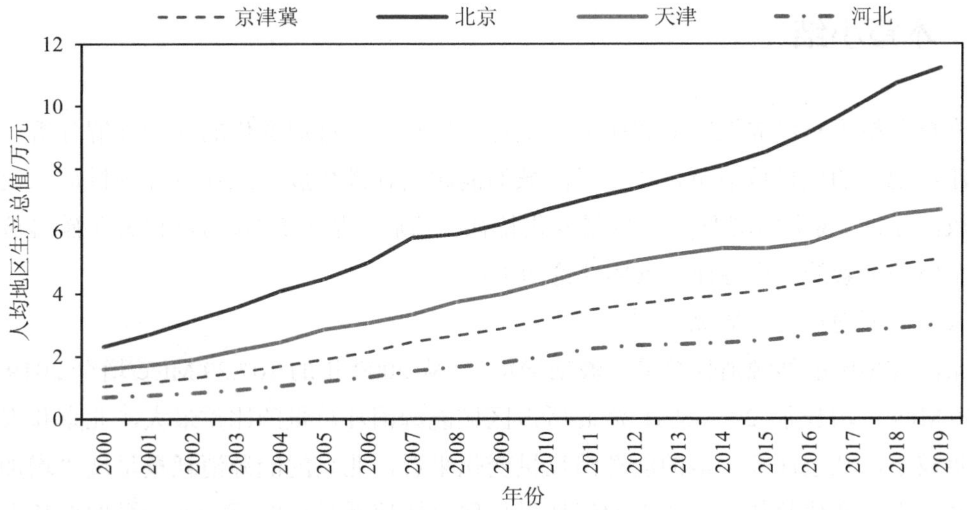

图 3-16　京津冀地区的人均地区生产总值变化

3.2.3.5　人口增长变化及其效应

研究期间，京津冀的人口增长较为缓慢，整体呈现“先缓慢增长、后趋于稳定”的变化趋势（图 3-17）。除了 2015—2019 年，天津人口增长在研究期内一直是促进碳排放增长的作用，且作用强度稍有变化；但整体上看，人口规模对碳排放的作用强度不大。立足当下人口政策，通过控制人口规模来控制碳排放不现实。

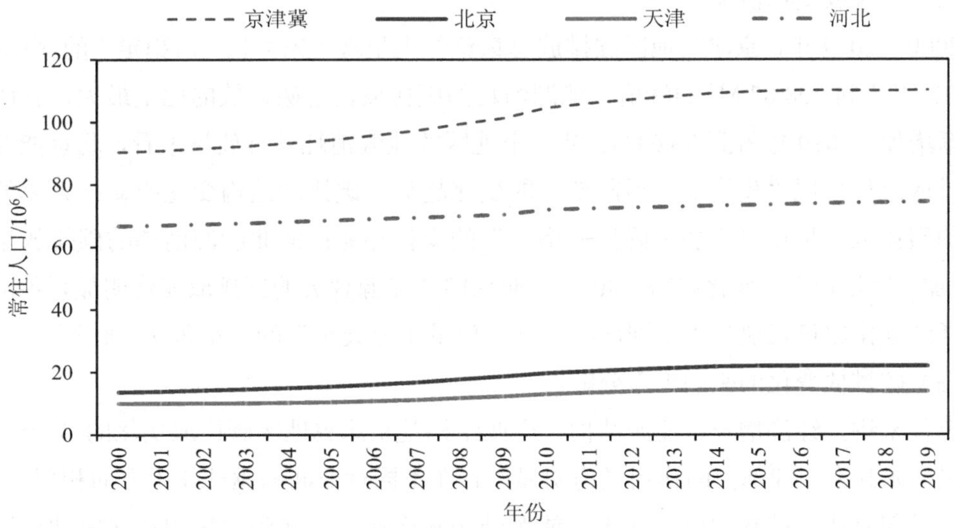

图 3-17　京津冀地区的年末常住人口变化

3.3 本章小结

本章分析了京津冀地区的碳排放量变化，进行了碳排放变化的因素分解分析。构建了京津冀地区的碳排放清单，核算了区域的能源消耗碳排放、工业过程碳排放以及其他碳排放，分析了京津冀地区碳排放量变化特征。然后，基于 SDA 方法探究了碳排放变化的 5 个驱动因素的作用特征。具体结论如下：

（1）能源消耗变化情况。

京津冀地区的能源消耗总量“波动增加”，从 2000 年的 107.29 Mtce 增至 2019 年的 425.36 Mtce，增长了 296.46%。河北所占区域能源消耗总量的比重最大，北京和天津所占比重较小。从京津冀三地的能源消耗量变化来看，北京的能源消耗量呈现“增加—降低—稳定”的变化趋势，天津能源消耗量呈现“快速增长—明显降低—微弱增长”的变化趋势，河北的能源消耗量呈现“波动增长”的变化趋势。从行业部门的能源消耗来看，工业（I1）、交通运输和仓储邮政业（T1）、城镇居民生活（R1）与乡村居民生活部门（R2）的能源消耗所占比重较高，2019 年所占比重分别为 81.53%、6.29%、4.25%、3.63%。北京的工业部门能源消耗所占比重相对较小，天津和河北的工业部门能源消耗所占比重较大。从工业部门的能源消耗结构来看，原煤、焦炭、原油、其他煤气和炼厂干气是京津冀地区主要的 5 种能源消耗类型。40 个工业部门的能源消耗结构变化明显，能源消耗量表现为“个别部门的能源消耗量十分突出”的“星斑状”特征。

（2）碳排放变化情况。

2000—2019 年，京津冀地区碳排放总量整体上呈现“先增长、后稳定”的变化趋势，在 2013 年达到 798.87 Mt 的峰值。能源消耗的碳排放占总碳排放的比重最大，且所占比重逐渐增加，2019 年占到 86.63%。从三个地区的能源消耗碳排放量来看，北京能源消耗的碳排放总量呈现“先增加、后降低”的变化趋势，碳排放结构变化明显；天津的能源消耗的碳排放量呈现“增加—降低—增加”的变化趋势；河北能源消耗的碳排放量呈现“先增加、后稳定”的变化趋势。40 个工业部门各能源种类的碳排放变化明显，各部门能源消耗的碳排放量表现为“个别部门的碳排放量十分突出”的“星斑状”特征。

（3）碳排放变化的驱动因素分解。

总体来讲，经济增长、能源结构、产业结构是京津冀地区碳排放变化的 3 个主要驱动因素，尤其在工业部门的作用最为明显，且在不同行业间的驱动作用方向相似。其中，经济增长起到明显的正向驱动作用；能源结构和产业结构起到明显的负向驱动作用，尤其在 2010 年以后作用较为突出。从各地区来看，经济增长是北京行业部门碳排放变化的主要促进因素，能源强度和产业结构是主要的抑制因素，5 个驱动因素在工业部门的作用强度最为显著。天津的经济增长和人口增长主要促进碳排放增加，能源结构、能源强度和产业结构主要抑制碳排放增加。河北的经济增长和能源结构分别是最明显的促进和抑制因素，人口增长一直起到微弱的促进作用，产业结构的抑制作用较为明显，能源强度的作用方向不确定，但作用强度较大。

第 4 章
碳排放空间分布及关联机制

基于碳排放核算结果，本章首先制备了 2000—2019 年连续性夜间灯光数据，基于土地利用和夜间灯光数据进行了碳排放的空间反演。其次，利用重心和标准差椭圆方法分析了京津冀地区栅格尺度和地级市尺度的碳排放空间分布格局及演化特征，并利用基尼系数和 Theil 指数方法分析了区域碳排放的不平等性。最后，通过碳排放空间引力模型厘清了京津冀地区碳排放的空间关联特征，为区域碳减排的空间调控策略提供政策建议。

4.1 研究方法与数据处理

4.1.1 夜间灯光遥感数据连续性校正

图 4-1 的技术路线为夜间灯光数据的校正流程。首先校正 2000—2013 年 DMSP-OLS 影像和 2012—2019 年 NPP-VIIRS 影像；然后，通过拟合 DMSP-OLS 和 NPP-VIIRS 两类遥感数据，得到 2000—2019 年的连续性夜间灯光数据；最后，通过定性、定量以及与社会经济参量的相关性结果验证所得数据的精度。

4.1.1.1 DMSP-OLS 数据校正

DMSP-OLS 数据未经过辐射校正，存在多传感器采集的数据不连续的问题。如图 4-2 所示，不同传感器采集的亮度值有所差异，1992—2013 年我国区域的亮度值像元总数和亮度值总和在时间上不连续，且呈现波动性变化。因此，在开展社会经济分析之前，需要对夜间灯光数据进行连续性校正。

（1）重投影、重采样和裁剪。

为保证数据的参考系和投影一致，将夜间灯光影像与行政区划数据的坐标系统一为 WGS-84 地理坐标系、兰伯特等面积投影坐标系（Lambert Azimuthal Equal Area Project）。用我国行政区划矢量数据裁剪灯光影像，将其重采样至 1 km×1 km 空间分辨率。

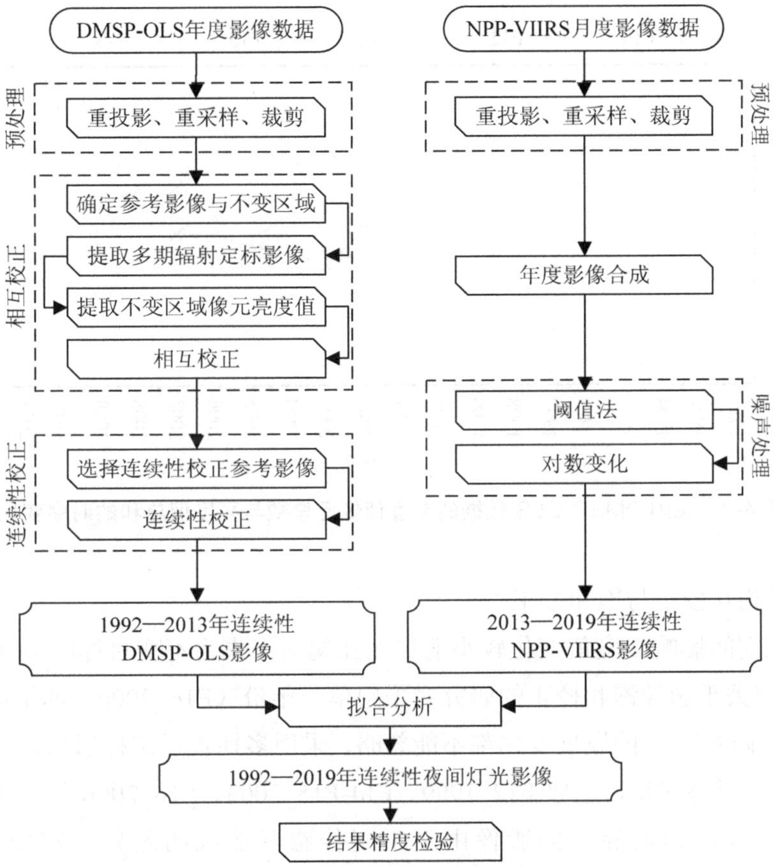

图 4-1　连续性夜间灯光数据制备技术路线

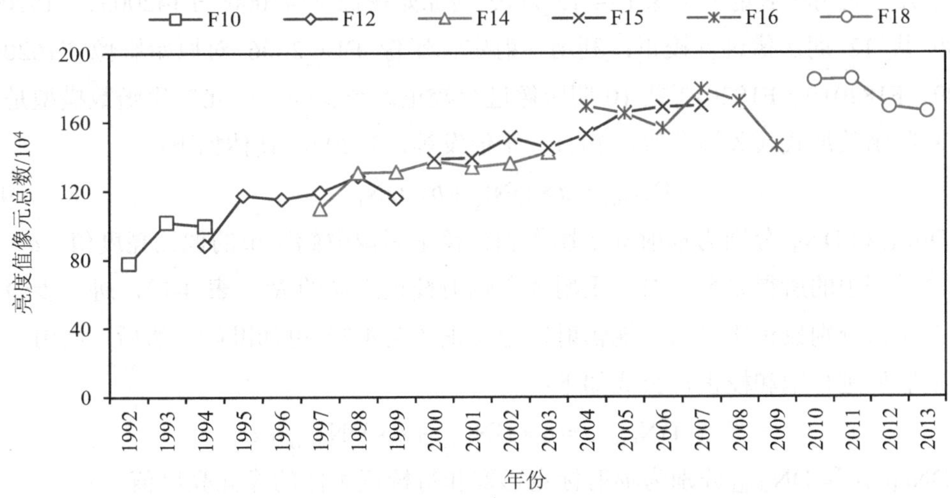

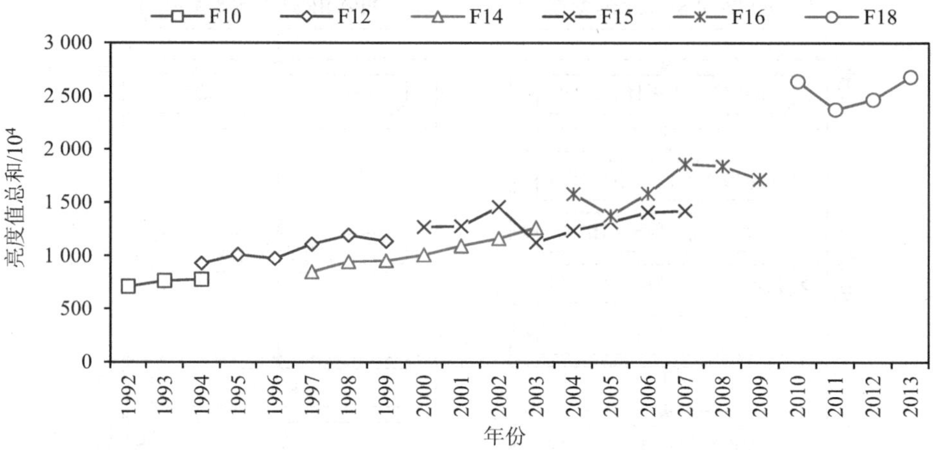

图 4-2　我国 DMSP-OLS 数据的亮度值像元总数与亮度值总和的时序变化

（2）影像相互校正与饱和校正。

选取研究期间影响亮度值变化较小的黑龙江鹤岗市作为不变目标区域（张佰发等，2020）。目前，关于影像饱和校正的研究多采用单一年份（F16_2006）的辐射定标影像。考虑任何一个地区 22 年的发展变化都不能忽略，采用多期辐射定标影像，分阶段对影像进行饱和校正。具体来讲，选取 F12_1999、F14-F15_2003、F16_2006 共 3 期辐射定位影像进行辐射定标。为消除不同影像由于不同传感器造成的差异，需要根据 NGDC（https://ngdc.noaa.gov/eog/dmsp）关于辐射定标影像的数据说明对 F12_1999 影像进行修正，乘以 0.96 将 F12_1999 数据校正至 F16 传感器可比值，消除 3 期辐射定标影像之间的传感器差异。利用辐射定标影像 F14-15_2003 对原始影像 F142000—F142003、F152000—F152006 共 12 期影像进行校正；利用辐射定标影像 F16_2006 对原始影像 F162004—F162009、F182010—F182013 共 10 期影像进行校正。经验证，一元二次函数模型是较好的校正回归函数形式（关靖云等，2021；张佰发等，2020），具体如下：

$$DN_{HG} = a \times DN_{hg}^2 + b \times DN_{hg} + c \tag{4-1}$$

式中，DN_{HG} 和 DN_{hg} 分别为辐射标定影像和待校正影像中鹤岗市的像元亮度值；a、b、c 均为拟合过程中的所得参数。对比采用 3 期辐射校正产品的 R^2（表 4-1），进一步验证了使用 3 期影像分别校正比只用一期辐射影像校正（表 4-2）更加准确。然后，利用所得参数对各期影像进行饱和校正，公式如下：

$$DN_{CHINA} = a \times DN_{china}^2 + b \times DN_{china} + c \tag{4-2}$$

式中，DN_{CHINA} 和 DN_{china} 分别为辐射标定影像和待校正影像的像元亮度值；a、b、c 均为拟合过程中的所得参数。

（3）影像连续性校正。

影像数据的不连续会导致灯光数据无法进行年际比较，不同传感器在同一年度获取的影像也存在不一致的问题，故需要消除不同传感器对数据带来的影响，本书采用式(4-3)对影像数据进行统一校正。

$$\mathrm{DN}_{(n,i)}=\begin{cases}0 & \mathrm{DN}^{a}_{(n,i)}=0\text{且}\mathrm{DN}^{b}_{(n,i)}=0\\ \dfrac{1}{2}\times\left[\mathrm{DN}^{a}_{(n,i)}+\mathrm{DN}^{b}_{(n,i)}\right] & \text{其他}\end{cases}\tag{4-3}$$

式中，$\mathrm{DN}_{(n,i)}$ 为第 n 年 i 像元的灯光亮度值；$\mathrm{DN}^{a}_{(n,i)}$ 和 $\mathrm{DN}^{b}_{(n,i)}$ 分别为相同年份传感器 a 和 b 的对应像元亮度值。

通过多传感器连续性校正的影像依然存在个别像元亮度值异常波动的情况，考虑研究区在研究期间一直处于快速的经济发展与社会进步过程中，本方法认为后一年像元的亮度值应该不小于前一年对应像元的亮度值。基于此，连续性校正的公式如下：

$$\mathrm{DN}_{n+1}=\begin{cases}\mathrm{DN}_{n} & \mathrm{DN}_{n}>\mathrm{DN}_{n+1}\\ \mathrm{DN}_{n+1} & \text{其他}\end{cases}\quad(n+1=1993,\ \cdots,\ 2013)\tag{4-4}$$

式中，DN_{n+1}、DN_{n} 分别为第 n+1 年和第 n 年的影像亮度值。

表 4-1　DMSP-OLS 影像的相互校正模型参数

参考影像	校正影像	a	b	c	R^2
F12_1999	F101992	0.025 96	0.554 2	0.396 7	0.861 3
	F101993	0.031 96	0.679 1	0.172 8	0.889 2
	F101994	0.027 21	0.696 2	0.221 4	0.900 4
	F121994	0.022 36	0.731 7	0.518 5	0.858 9
	F121995	0.022 80	0.586 8	0.287 6	0.887 5
	F121996	0.022 72	0.622 3	0.396 0	0.882 3
	F121997	0.025 67	0.557 6	0.259 0	0.885 2
	F121998	0.021 85	0.471 4	0.256 7	0.902 6
	F121999	0.022 38	0.546 8	0.259 6	0.906 8
F14-15_2003	F141997	0.087 97	1.024	0.734 2	0.925 8
	F141998	0.084 45	0.604 7	0.516 0	0.928 3
	F141999	0.080 25	0.931 1	0.482 1	0.951 0
	F142000	0.067 81	0.515 7	0.604 2	0.931 9
	F142001	0.062 98	0.451 6	0.534 2	0.940 2
	F142002	0.052 60	0.484 3	0.586 1	0.845 5
	F142003	0.050 22	0.576 6	0.439	0.914 3
	F152000	0.062 98	0.359 8	0.667 4	0.847 7

参考影像	校正影像	a	b	c	R^2
F14-15_2003	F152001	0.064 86	0.375 5	0.641 2	0.876 6
	F152002	0.061 02	0.096 15	0.515 9	0.917 7
	F152003	0.061 80	0.588 7	0.721 0	0.907 3
	F152004	0.060 43	0.244 4	0.745 1	0.904 8
	F152005	0.061 17	0.328 0	0.638 7	0.831 6
	F152006	0.067 36	0.000 306	0.791 9	0.890 0
	F152007	0.066 78	0.230 6	0.674 7	0.878 7
F16_2006	F162004	0.032 72	0.388 1	0.340 1	0.850 0
	F162005	0.036 01	0.597 7	0.348 4	0.907 7
	F162006	0.036 67	0.583 8	0.256 3	0.926 1
	F162007	0.036 80	0.352 0	0.334 6	0.893 8
	F162008	0.037 78	0.177 1	0.233 0	0.836 3
	F162009	0.034 66	0.005 22	0.412 0	0.798 3
	F182010	0.030 25	−0.157 8	0.430 2	0.749 0
	F182011	0.029 54	0.131 0	0.333 3	0.735 7
	F182012	0.034 34	−0.141 3	0.510 3	0.796 6
	F182013	0.026 69	−0.110 7	0.451 6	0.685 9

表 4-2　DMSP-OLS 影像的相互校正模型参数（F16_2006 单期参考校正）

参考影像	校正影像	a	b	c	R^2
F16_2006	F101992	0.049 86	0.634 6	0.546 1	0.858 4
	F101993	0.061 50	0.786 4	0.264 2	0.867 7
	F101994	0.053 64	0.053 64	0.334 6	0.884 2
	F121994	0.043 57	0.929 8	0.691 5	0.848 7
	F121995	0.043 67	0.709 3	0.388 4	0.877 1
	F121996	0.044 71	0.725 3	0.544 1	0.870 1
	F121997	0.050 04	0.617 4	0.373 5	0.879 5
	F121998	0.042 52	0.485 5	0.393 0	0.885 4
	F121999	0.043 72	0.580 0	0.413 4	0.873 5
	F141997	0.048 17	1.367 0	0.501 0	0.892 4
	F141998	0.048 77	0.948 2	0.241 8	0.883 5
	F141999	0.047 04	1.168 0	0.264 2	0.923 1
	F142000	0.039 82	0.850 0	0.300 3	0.920 8
	F142001	0.037 81	0.743 7	0.231 1	0.920 8
	F142002	0.028 68	0.828 0	0.240 6	0.822 6
	F142003	0.031 74	0.677 7	0.316 3	0.881 7
	F152000	0.034 69	0.761 9	0.344 6	0.814 3
	F152001	0.035 85	0.769 3	0.340 6	0.831 9
	F152002	0.037 70	0.408 7	0.144 3	0.880 3

参考影像	校正影像	a	b	c	R^2
F16_2006	F152003	0.032 20	1.002 0	0.427 9	0.866 4
	F152004	0.033 56	0.693 9	0.381 2	0.884 1
	F152005	0.032 97	0.763 2	0.240 3	0.804 1
	F152006	0.038 67	0.525 1	0.276 9	0.889 4
	F152007	0.041 73	0.586 6	0.292 0	0.914 7
	F162004	0.032 72	0.388 1	0.340 1	0.850 0
	F162005	0.036 01	0.597 7	0.348 4	0.907 7
	F162006	0.036 67	0.583 8	0.256 3	0.926 1
	F162007	0.036 80	0.352 0	0.334 6	0.893 8
	F162008	0.037 78	0.177 1	0.233 0	0.836 3
	F162009	0.034 66	0.005 22	0.412 0	0.798 3
	F182010	0.030 25	−0.157 8	0.430 2	0.749 0
	F182011	0.029 54	0.131 0	0.333 3	0.735 7
	F182012	0.034 34	−0.141 3	0.510 3	0.796 6
	F182013	0.026 69	−0.110 7	0.451 6	0.685 9

4.1.1.2　NPP-VIIRS 数据校正

虽然 NPP-VIIRS 数据的分辨率较高、辐射校正相对良好，但作为初级的夜间灯光数据，仍存在未经处理的背景噪声及短暂光源影响的问题，需要去除噪声以提高其准确性。另外，考虑 DMSP-OLS 和 NPP-VIIRS 两种传感器性能的差异，由于 NPP-VIIRS 影像的高值与低值差异较大，采用对数变换的方式对 NPP-VIIRS 影像进行校正。

（1）重投影、重采样和裁剪。

将夜间灯光影像与行政区划数据的坐标系统一为 WGS-84 地理坐标系、兰伯特等面积投影坐标系（Lambert Azimuthal Equal Area Project）。用我国行政区划矢量数据裁剪灯光影像，并将其重采样至 1 km×1 km 空间分辨率。

（2）去除噪声。

首先，将 NPP-VIIRS 数据中所有负值用零值替代。然后，用 2013 年校正好的 DMSP-OLS 稳定灯光影像中亮度值为 0 的区域作为掩膜提取 2013 年 NPP-VIIRS 影像，结果发现，超过 99.51%的像元亮度值小于 0.3。因此，采用 0.3 为最低阈值，将亮度值小于 0.3 的像元赋值为 0，作为非亮值区域处理。最后，选取北京、上海、广州三地最大的亮度值作为最高阈值对 NPP-VIIRS 数据的异常高值进行处理，选择 400 为最高阈值，超过 400 的像元值用周围 8 个邻域像元的最大亮度值代替。

（3）对数变换。

为消除 NPP-VIIRS 数据最高值与最低值的差异，使 NPP-VIIRS 数据贴近 DMSP-OLS 数据，通过对数变化对 NPP-VIIRS 数据进行校正（关靖云等，2021）。

$$\mathrm{lnNPP} = \ln(\mathrm{NPP}+1) \tag{4-5}$$

式中，lnNPP和NPP分别为对数转换之后和对数转换之前的灯光值，为了避免由于对数变换生成的无效值，增加了常数 1。

以北京市为例，图 4-3 展示了 2013 年校正后 DMSP-OLS 影像、对数转换前 NPP-VIIRS 影像和对数转换后 NPP-VIIRS 影像的同纬度像元亮度值变化对比。可以发现，相较于 DMSP-OLS 数据，NPP-VIIRS 影像对数转换前的亮度值变化十分剧烈。而对数转换后的 NPP-VIIRS 影像亮度值变化相对平衡，更加贴近于 DMSP-OLS 数据，且可以很好地区别城市、城郊和农村地区夜间灯光，这也验证了本书采取的对数变换有利于进行夜间灯光数据的连续性分析。

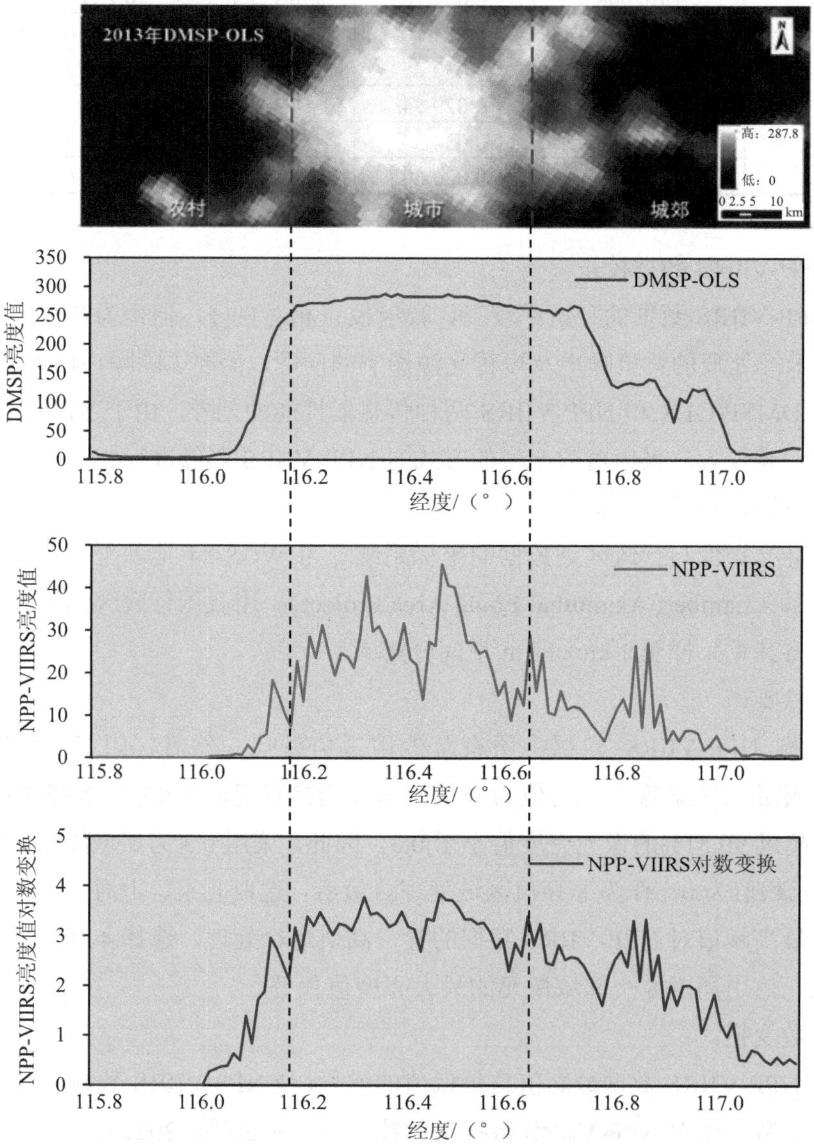

图 4-3　2013 年北京市不同夜间灯光数据亮度值剖面对比分析

4.1.1.3 夜间灯光数据拟合

NPP-VIIRS 与 DMSP-OLS 数据的亮度值呈明显且相似的对应分布模式，所以，通过回归模型构建数据之间的函数关系，利用 NPP-VIIRS 影像来模拟 2014—2019 年 DMSP-OLS 影像。考虑 NPP-VIIRS 影像从 2013 年开始涵盖全年 12 个月份，本书通过建立 2013 年的两个传感器像元亮度值之间的函数关系，利用所得参数进行影像拟合。通过对比其他研究（朱恩燕，2020），发现利用对数函数模型来拟合两个传感器数据的效果最佳。

$$Y = a \times X^b \tag{4-6}$$

式中，Y 表示 DMSP-OLS 影像的亮度值；X 表示 NPP-VIIRS 影像的亮度值；a 和 b 为对应系数。将 2013 年京津冀地区的 DMSP-OLS 和 NPP-VIIRS 校正后的数据代入回归方程，得到 a=43.84，b=1.381（R^2=0.707 4）。再将 2014—2019 年 NPP-VIIRS 数据代入公式，得到最终连续的夜间灯光数据。另外，为保证数据的连续性，根据 DMSP-OLS 数据连续性校正的方法，对所得数据进行连续性校正。

4.1.1.4 数据校正结果的精度检验

通过对 DMSP-OLS 影像和 NPP-VIIRS 影像进行校正，得到 1992—2019 年连续的夜间灯光数据（1 km×1 km 分辨率），本书选取 2000—2019 年共 20 年京津冀地区的夜间灯光数据进行后续研究。为保证数据的可靠性，从定性和定量两个方面来检验所得连续性夜间灯光数据的准确性。

（1）影像连续性校正结果的定量分析。

2000—2019 年，京津冀地区的夜间灯光数据的亮度值像元总数与亮度值总和的时序变化如图 4-4 所示。与校正前亮值像元总数与亮度值总和的不连续相比，校正后的亮度值像元总数与亮度值总和呈现连续性增加的趋势，未出现骤增突降、异常波动等现象，与研究区社会经济稳步发展的实际情况相符。由此可知，所选方法可以较好地改善夜间灯光数据，校正后的灯光数据具有良好的连续性和稳定性。

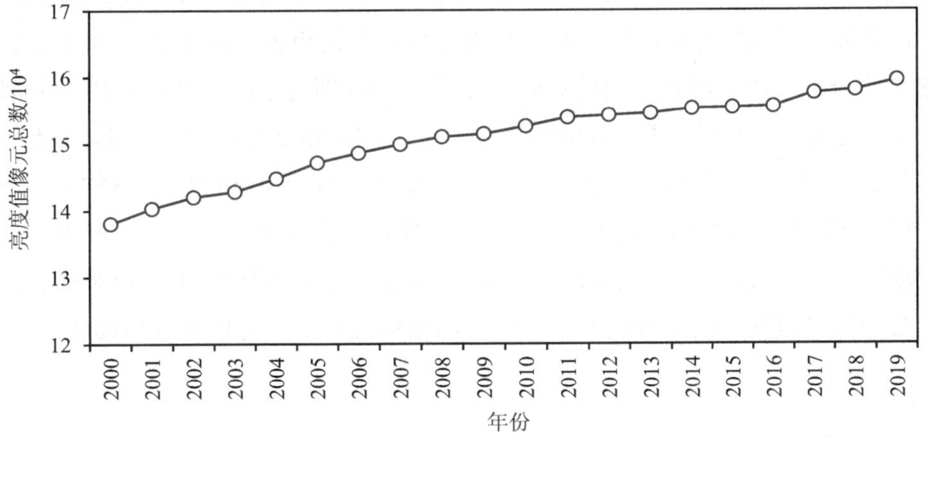

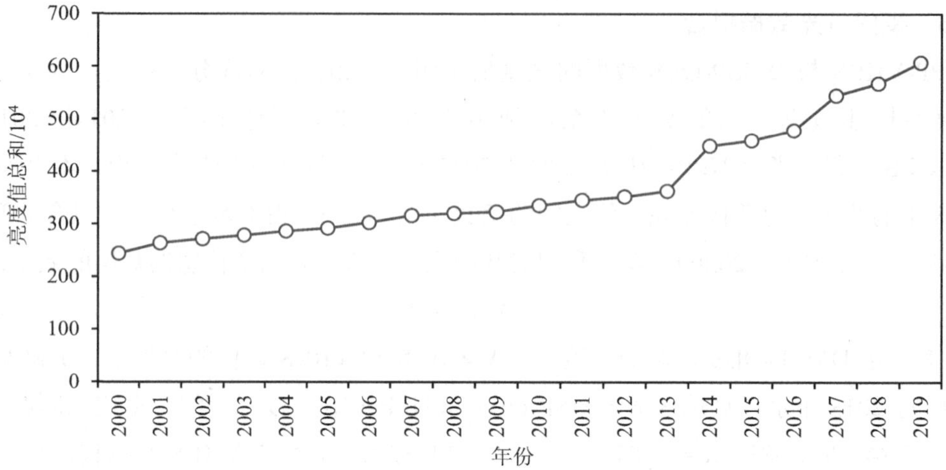

图 4-4　京津冀地区校正后夜间灯光数据的亮度值像元总数与亮度值总和的时序变化

（2）影像连续性校正结果的定性分析。

图 4-5 为 2000—2019 年京津冀地区夜间灯光亮度值的空间分布特征。由图可知，京津冀地区夜间灯光高值连片区集中在北京、天津、石家庄、唐山等大城市；中部腹地和东南部地区的亮度值呈现“星斑状”的空间分布特征。从时间变化来看，京津冀地区的亮度值区域呈现明显的扩张趋势。其中，2010—2019 年亮度值区域形成“网格状”，扩张态势明显。该灯光数据的空间变化以及时间演化规律与京津冀地区的社会经济发展实际情况一致，在一定程度上验证了所得夜间灯光数据的有效性，使其可用于后续分析。

（3）影像校正结果与社会经济参量的相关性。

进一步利用夜间灯光数据与社会经济参数的相关性校验夜间灯光数据的精度。图 4-6 表明校正后的灯光亮度值像元总数和亮度值总和与地区生产总值和电力消费量具有良好的线性相关关系。其中，亮度值像元总数与地区生产总值和电力消费量的相关性系数 R^2 分别达到 0.930 0 和 0.960 6；亮度值总和与两个参量的 R^2 分别为 0.899 2 和 0.776 6。由此可知，夜间灯光数据与区域经济发展呈现相似的变化趋势，具有明显的相关性。

通过北京、天津、河北三地的灯光亮度值总和分别与地区生产总值和电力消费量之间的相关性进行辅助校验，进一步分析夜间灯光数据的精度与有效性。图 4-7 为具体的线性方程与 R^2。北京的 R^2 均达 0.92 以上，天津的 R^2 分别为 0.904 9 和 0.857 4，河北的 R^2 相对较低，分别为 0.792 9 和 0.717 5。这些结果均在一定程度上证明了所得夜间灯光数据的精度较好。与相关研究（曹子阳等，2015）相比，可知该结果的 R^2 相对较高，说明本书对于夜间灯光数据的校正方法有效，校正结果精确有效，可以用于后续研究。

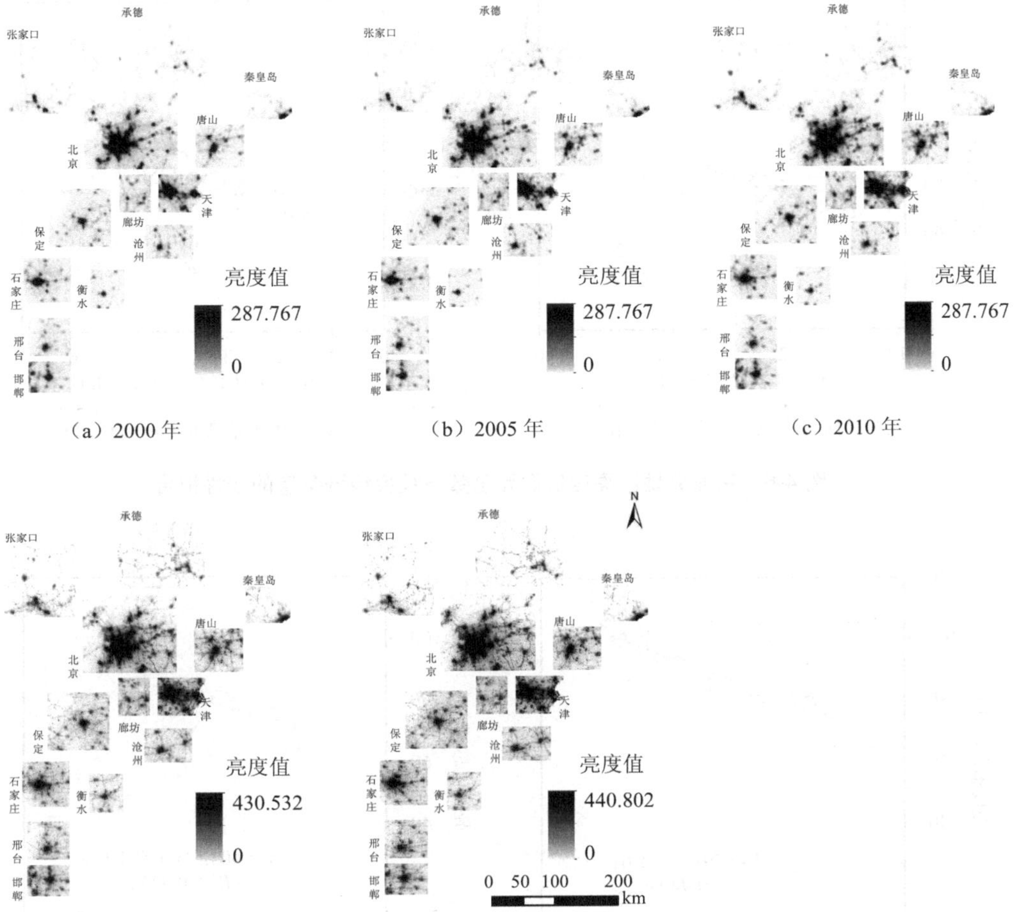

（a）2000 年　（b）2005 年　（c）2010 年

（d）2015 年　（e）2019 年

图 4-5　2000—2019 年京津冀地区夜间灯光的时空变化

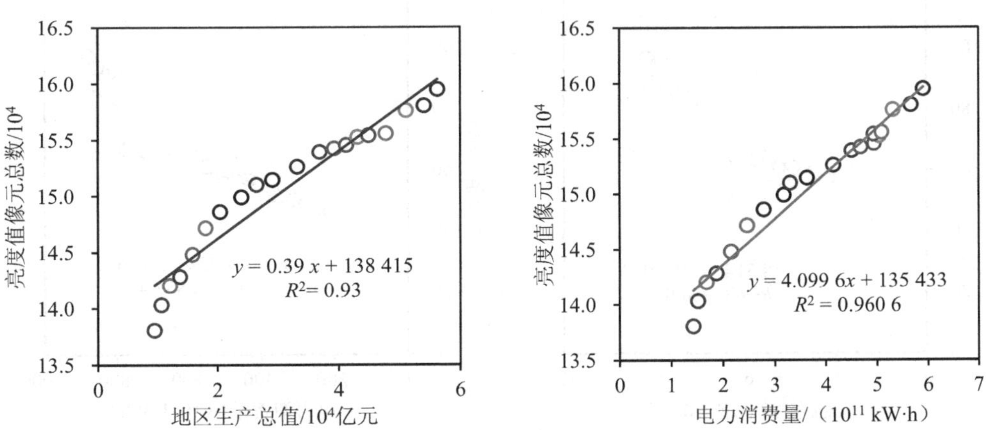

（a）地区生产总值与亮度值像元总数　（b）电力消费量与亮度值像元总数

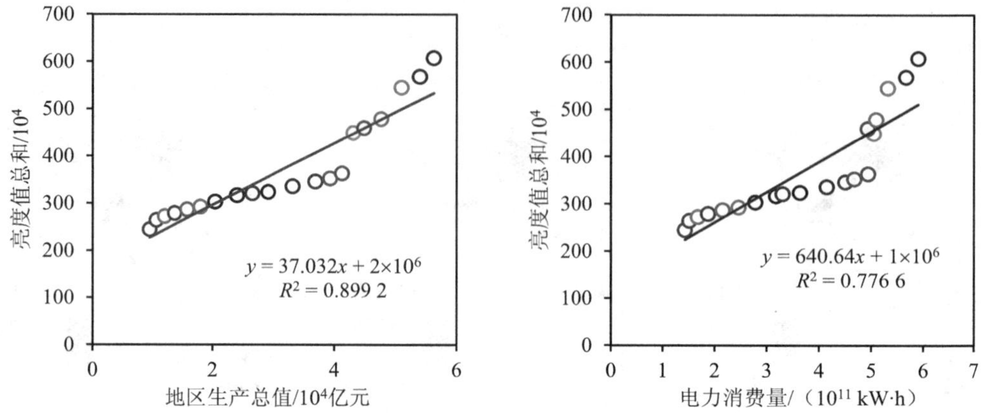

（c）地区生产总值与亮度值总和　　（d）电力消费量与亮度值总和

图 4-6　京津冀地区亮度值像元总数与社会经济参量的线性拟合

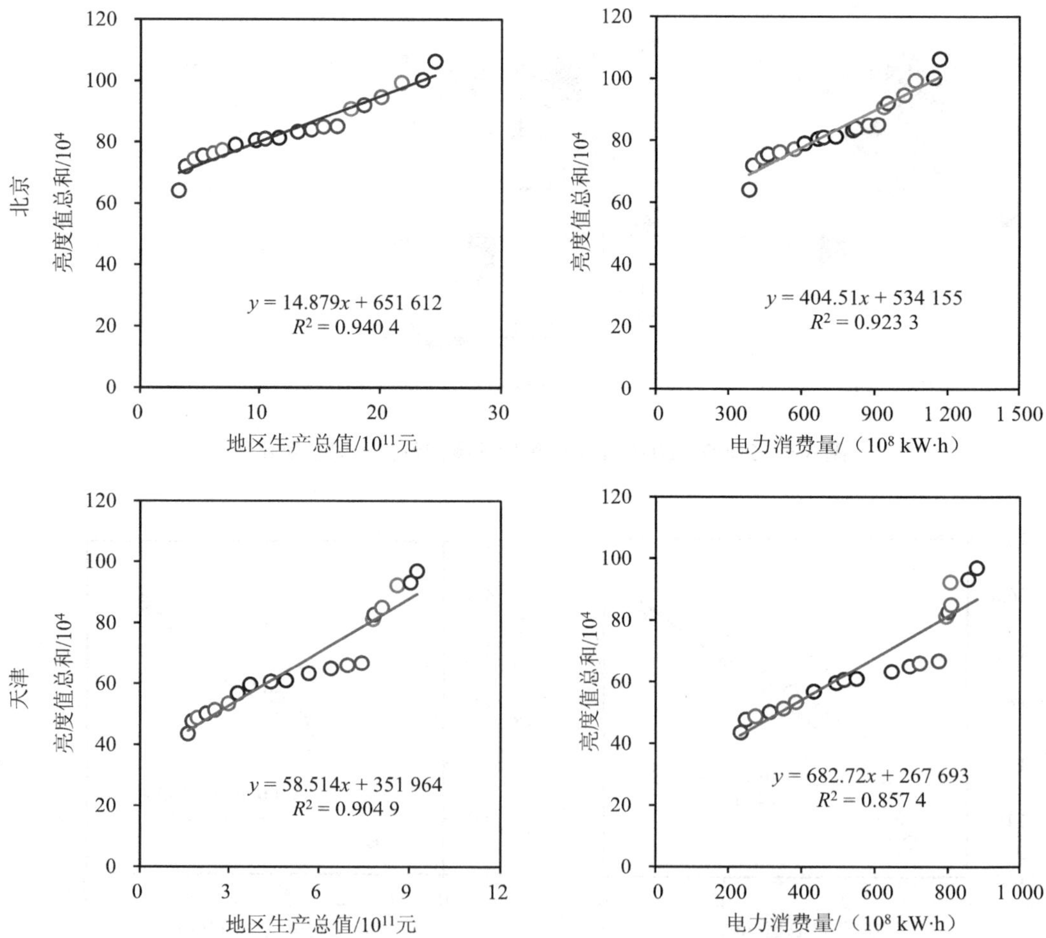

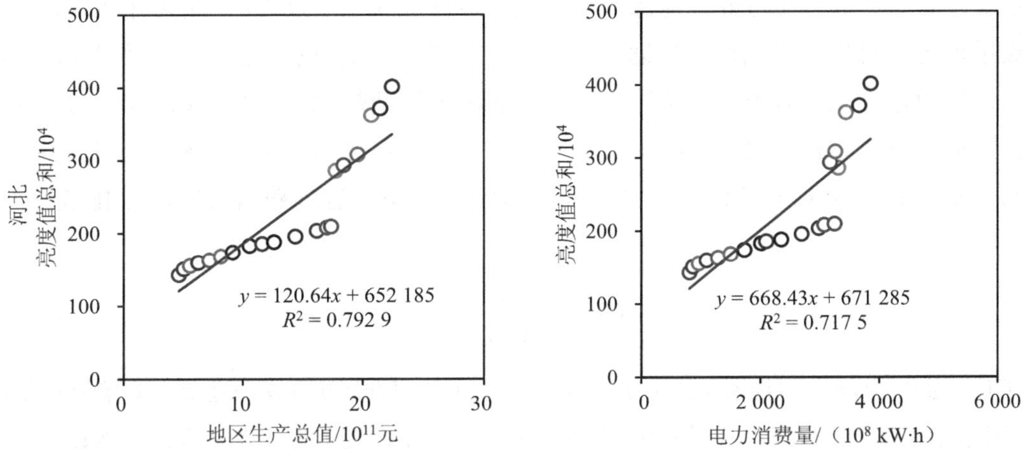

（a）地区生产总值与亮度值总和　　（b）电力消费量与亮度值总和

图 4-7 京津冀地区亮度值总和与社会经济参量的线性拟合

4.1.2 基于土地利用和夜间灯光数据的碳排放空间数据反演方法

考虑土地利用分布格局可以直接反映人类活动（碳排放活动）的空间分布情况，本书在基于夜间灯光数据进行碳排放空间反演的基础上，将土地利用和夜间灯光数据同时纳入碳排放空间反演研究中，经过结果验证可知，纳入土地利用数据可以提高碳排放空间分布分析的精度和研究结果的准确性。

在拟合模型的选择上，采用线性模型反演碳排放的效果比较好（董文奥，2020；Xie et al.，2016；Shi et al.，2016）。在实际研究中，也多采用线性模型进行估算（吕倩等，2019；赵金彩等，2017），具体公式如下：

$$\mathrm{CE}_{pi}=\frac{\mathrm{NL}_{pi}}{\mathrm{TNL}_{p}}\times\mathrm{CE}_{p} \tag{4-7}$$

式中，CE_{pi} 为省/市域 p 中像元 i 的碳排放量；CE_{p} 为省/市域 p 中的碳排放总量；NL_{pi} 为校正后的连续夜间灯光数据在省/市域 p 中像元 i 的灯光亮度值；TNL_{p} 为省/市域 p 中的夜间灯光亮度总和。

按照表 4-3 的土地利用类型与碳排放类型的对应关系进行碳排放空间数据反演，将碳排放清单中的各类碳排放按照其发生的空间特征分配到不同的土地利用类型上，这样可以在一定程度上提高碳排放空间反演的准确度。由于农、林、牧、渔业能源消耗数据不能分别获得，所以本书将通过第一产业能源消耗总量计算而得的碳排放量基于夜间灯光数据分别分配到耕地、林地、草地和水域上。耕地承担着农业种植活动产生的碳排放。建设用地承担着主要的碳排放量，其中非农产业（工业、建筑业、交通运输和仓储邮政业、批发零售业和其他服务业）能源消耗产生的碳排放和生产过程产生的碳排放均发生在建设用地上。对建设用地进一步划分二级地类，其中，城镇居民能源消耗和人口呼吸产生的碳排放量分配在城镇用地范围内，农村居民能源消耗和人口呼吸以及牲畜养殖产生的碳排放分配在农村居民点范围内。据此对应关系，可以得到京津冀地区各土地利用类型与各类碳排放量对应的面板数据。进而利用式（4-8）进行栅格尺度的碳排放空间反演。

$$CE_{pij}=\frac{NL_{pij}}{TNL_{pj}}\times CE_{pj} \tag{4-8}$$

式中，CE_{pij}为省/市域p中地类j像元i的碳排放量；CE_{p}为省/市域p中地类j碳排放总量；NL_{pij}为校正后的连续夜间灯光数据的省/市域p中地类j像元i的灯光亮度值；TNL_{pj}为省/市域p中地类j的夜间灯光亮度总和。另外，涉及城镇用地和农村居民点的建设用地，需要将同一像元的碳排放量进行加和，得到该像元的碳排放量总和。

表 4-3　土地利用类型与碳排放类型的对应关系

<table>
<tr><th>一级地类</th><th>碳排放类型</th><th>二级地类</th><th>碳排放类型</th></tr>
<tr><td>耕地</td><td>➢ 农业能源消耗
➢ 农业种植活动</td><td></td><td></td></tr>
<tr><td>林地</td><td>➢ 林业能源消耗</td><td></td><td></td></tr>
<tr><td>草地</td><td>➢ 牧业能源消耗</td><td></td><td></td></tr>
<tr><td>水域</td><td>➢ 渔业能源消耗</td><td></td><td></td></tr>
<tr><td rowspan="3">建设用地</td><td rowspan="3">➢ 非农能源消耗
➢ 工业过程</td><td>城镇用地</td><td>➢ 城镇居民能源消耗
➢ 城镇人口呼吸碳排放</td></tr>
<tr><td>农村居民点</td><td>➢ 农村居民能源消耗
➢ 农村人口呼吸碳排放
➢ 牲畜养殖碳排放</td></tr>
<tr><td>其他建设用地</td><td>—</td></tr>
<tr><td>未利用地</td><td>—</td><td></td><td></td></tr>
</table>

4.1.3　碳排放空间反演结果及检验

4.1.3.1　碳排放空间反演结果

根据本书构建的基于土地利用和夜间灯光数据的碳排放空间反演模型，可以得到2000—2019年京津冀地区碳排放空间反演数据（图 4-8）。从空间格局上看，北京、天津以及河北地级市城市中心的碳排放高值连片区十分明显。碳排放高值连片区主要分布在北京、天津、石家庄等城市市区，高值网格主要分布在中部腹地和东南部平原区。从时序变化上看，2000—2019 年京津冀地区碳排放量呈现增长的趋势，2000—2015 年增长较为快速，2015—2019 年增速变缓。整体来讲，碳排放高值区扩张明显，碳排放高值网格更加密集，在东南部平原区表现较为突出。

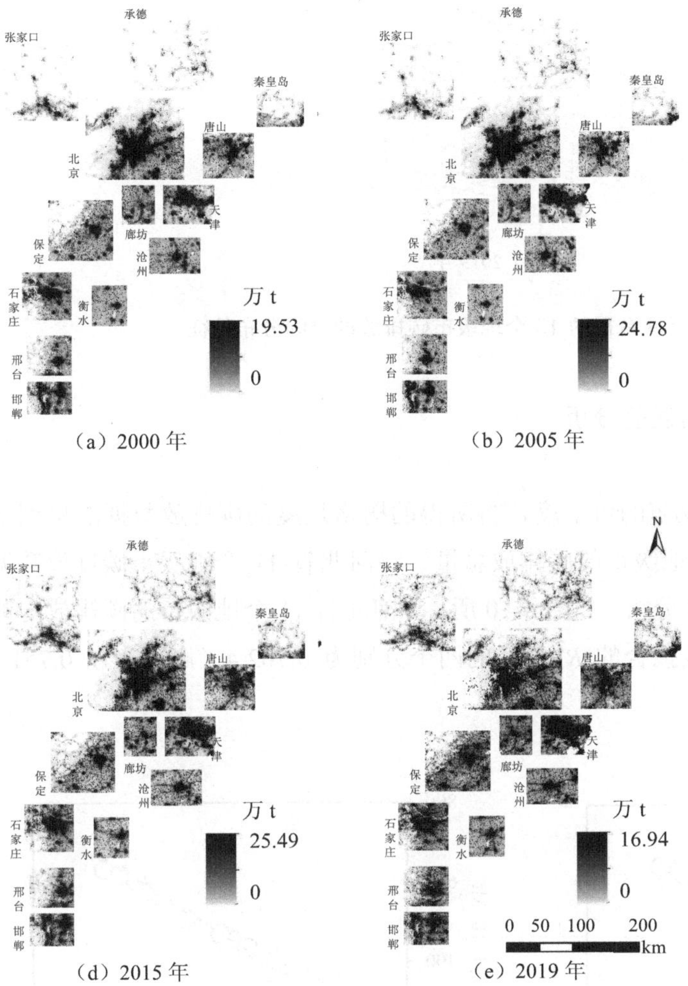

（a）2000 年　（b）2005 年　（c）2010 年　（d）2015 年　（e）2019 年

图 4-8　2000—2019 年京津冀地区碳排放的时空分布

通过 Trend Analysis 功能可以得到市级碳排放的空间分布变化特征，如图 4-9 所示。2005—2019 年的地级市尺度的碳排放在空间上呈现规律且稳定的分布特征，在南北和东西方向上均呈现“两边低、中间高”的特征，且在东西方向上分布更为均衡。另外，地级市尺度的碳排放呈现显著增长的变化趋势。

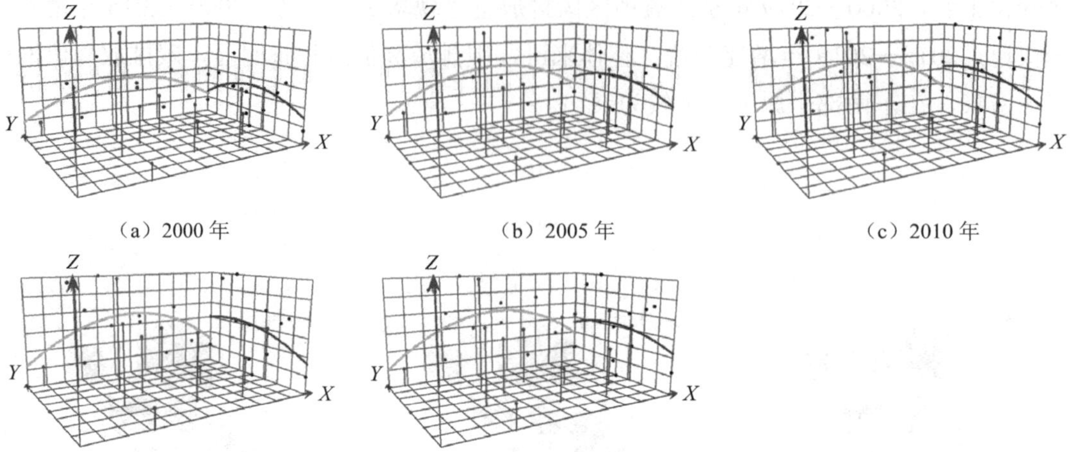

（a）2000 年　（b）2005 年　（c）2010 年　（d）2015 年　（e）2019 年

图 4-9　基于空间反演数据的 13 个地级市碳排放的空间分布特征

4.1.3.2　碳排放反演精度检验与误差分析

（1）地级市尺度精度检验。

为进一步检验碳排放空间反演的可信度，将所得的栅格尺度的碳排放数据汇总到市级行政单元，得到河北省 11 个地级市的碳排放总量。将河北省 11 个地级市碳排放数据与对应的地区生产总值做相关性分析。如图 4-10 所示，河北省 11 个地级市的碳排放与地区生产总值的相关性较好，直线拟合的 R^2 最低的两个分别为 0.702 4（廊坊）和 0.751 5（承德），其他的 R^2 均高于 0.8。

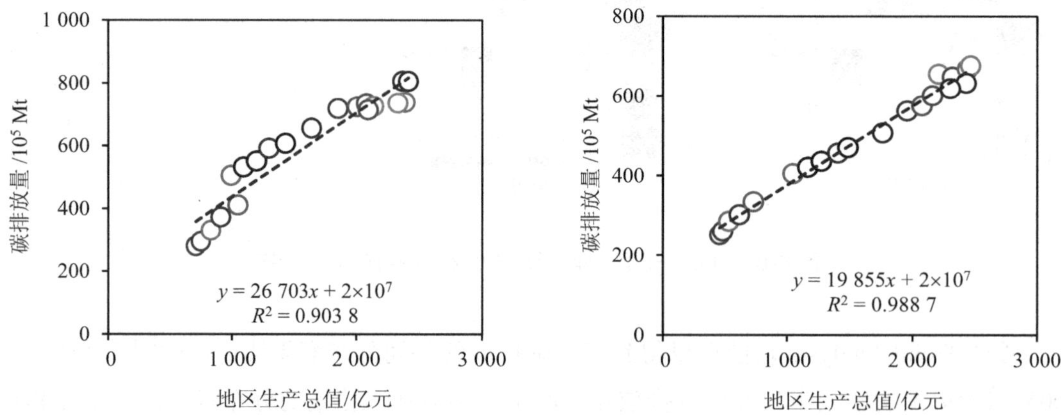

（a）保定　（b）沧州

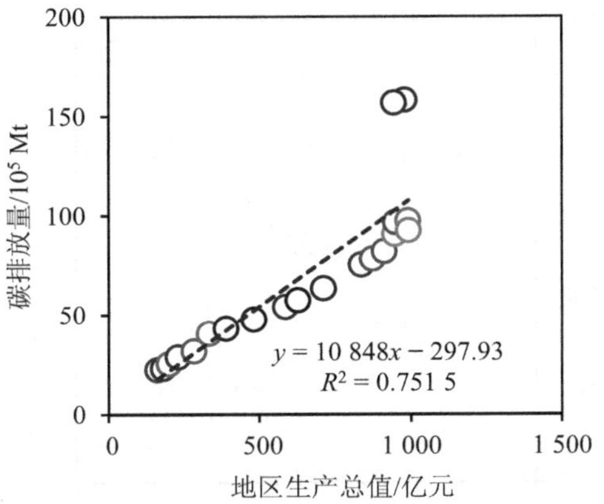

（c）承德

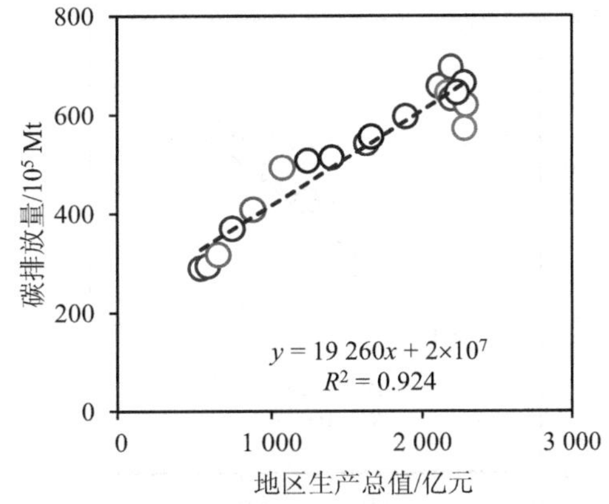

（d）邯郸

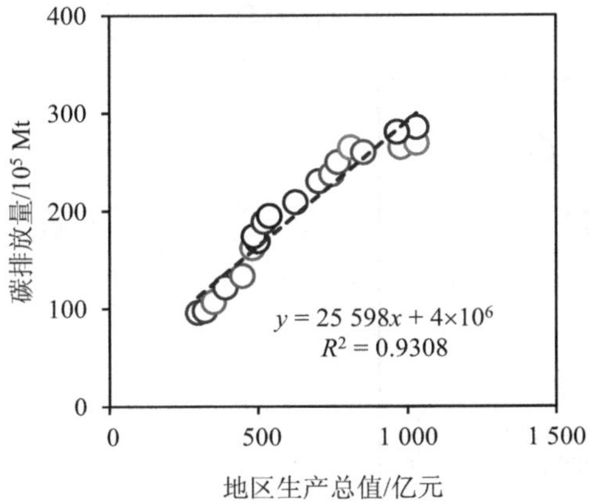

（e）衡水

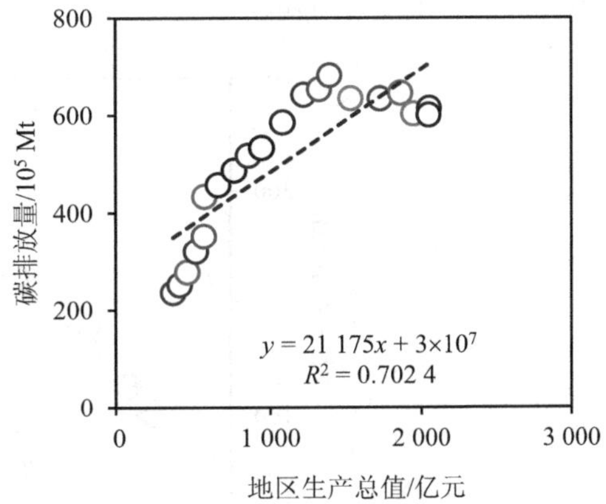

（f）廊坊

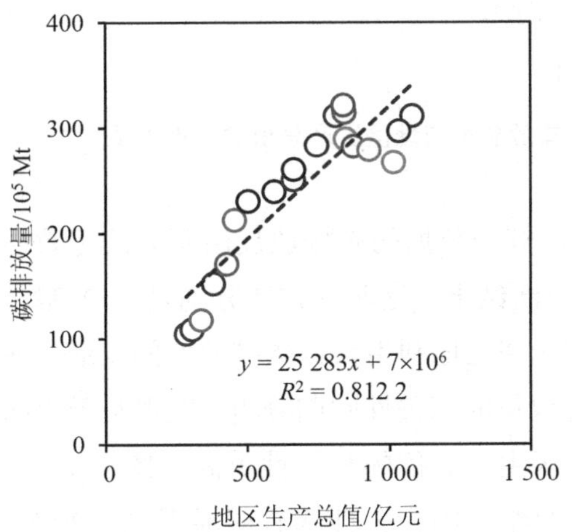

（g）秦皇岛

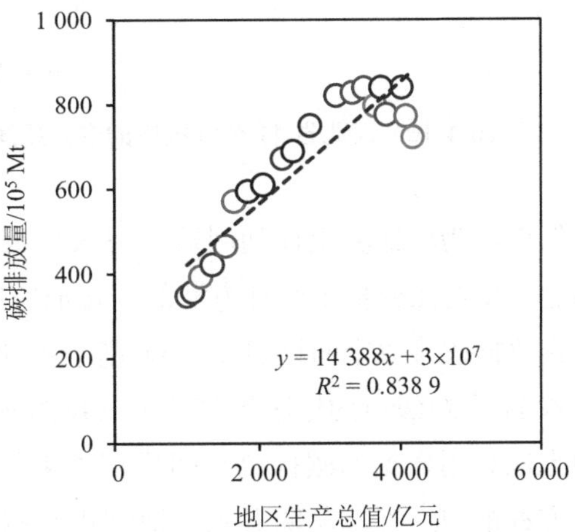

（h）石家庄

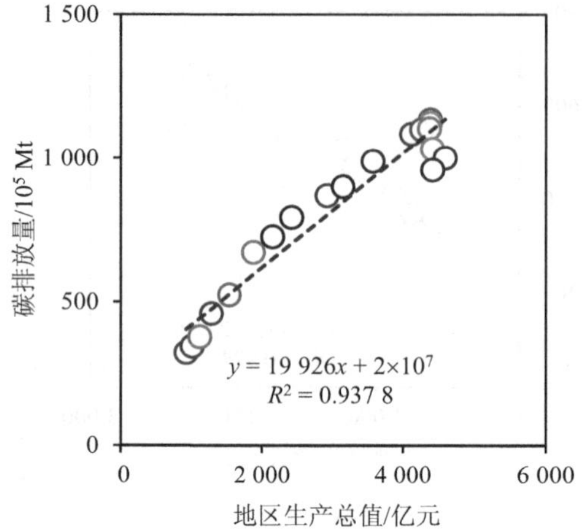

(i) 唐山

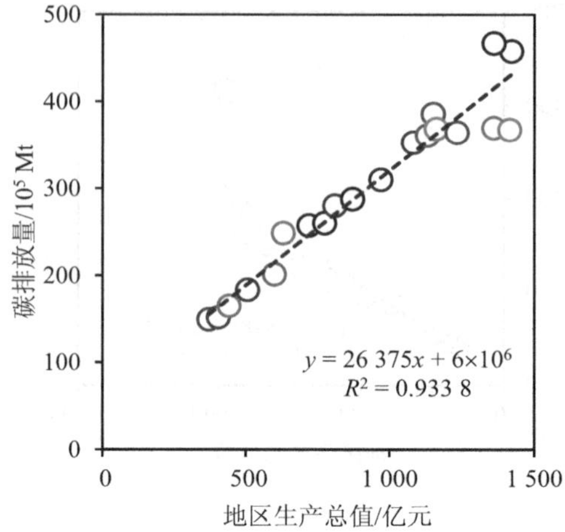

(j) 邢台

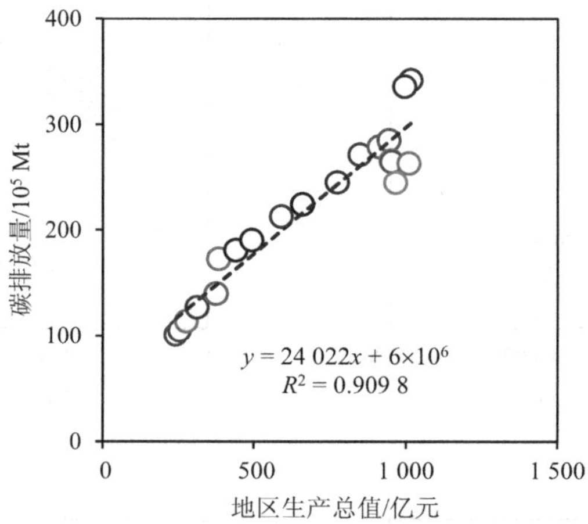

(k) 张家口

图 4-10 河北省 11 个地级市的空间反演碳排放总量与地区生产总值的线性关系

然后，为验证将土地利用数据引入基于夜间灯光数据的碳排放反演研究的有效性，本书进一步对比分析了两种方法的碳排放空间反演结果。这两种方法分别是（a）基于夜间灯光数据碳排放空间反演和（b）基于夜间灯光和土地利用数据碳排放空间反演。通过河北省 11 个地级市的地区生产总值与反演碳排放量的相关性回归分析，发现基于夜间灯光和土地利用数据的碳排放空间反演结果与地区生产总值的相关性更高。图 4-11 为各回归方程的 R^2 值，发现引入土地利用数据所得结果的相关性均有明显提高：2000 年（0.808 5＞0.689 3）、2005 年（0.815 1＞0.787 8）、2010 年（0.842 9＞0.833 3）、2015 年（0.855 4＞0.822 2）、2019 年（0.878 2＞0.761 3）。

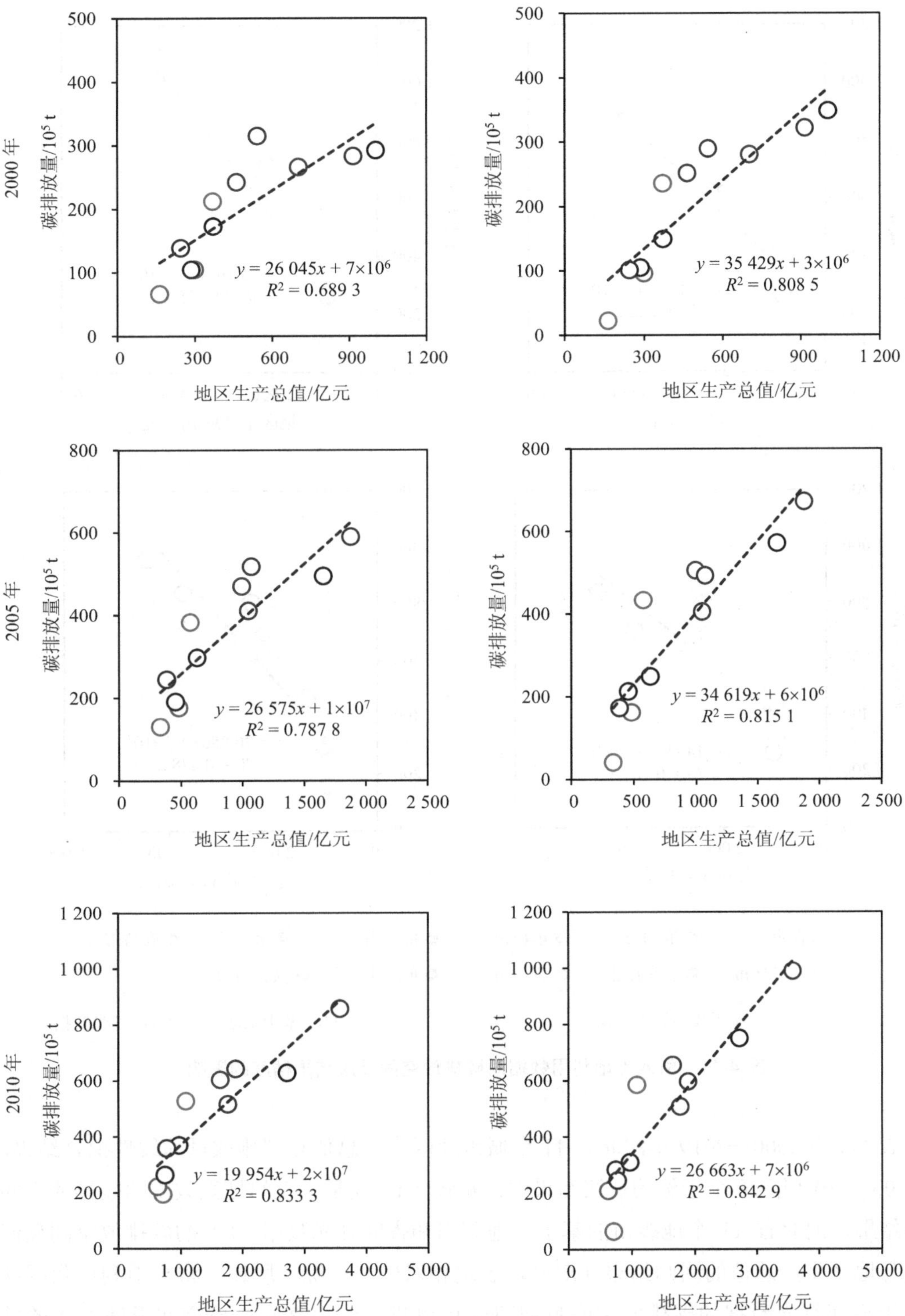

2000 年
碳排放量/10^5 t
地区生产总值/亿元
$y = 26\ 045x + 7\times10^6$
$R^2 = 0.689\ 3$
$y = 35\ 429x + 3\times10^6$
$R^2 = 0.808\ 5$
2005 年
$y = 26\ 575x + 1\times10^7$
$R^2 = 0.787\ 8$
$y = 34\ 619x + 6\times10^6$
$R^2 = 0.815\ 1$
2010 年
$y = 19\ 954x + 2\times10^7$
$R^2 = 0.833\ 3$
$y = 26\ 663x + 7\times10^6$
$R^2 = 0.842\ 9$

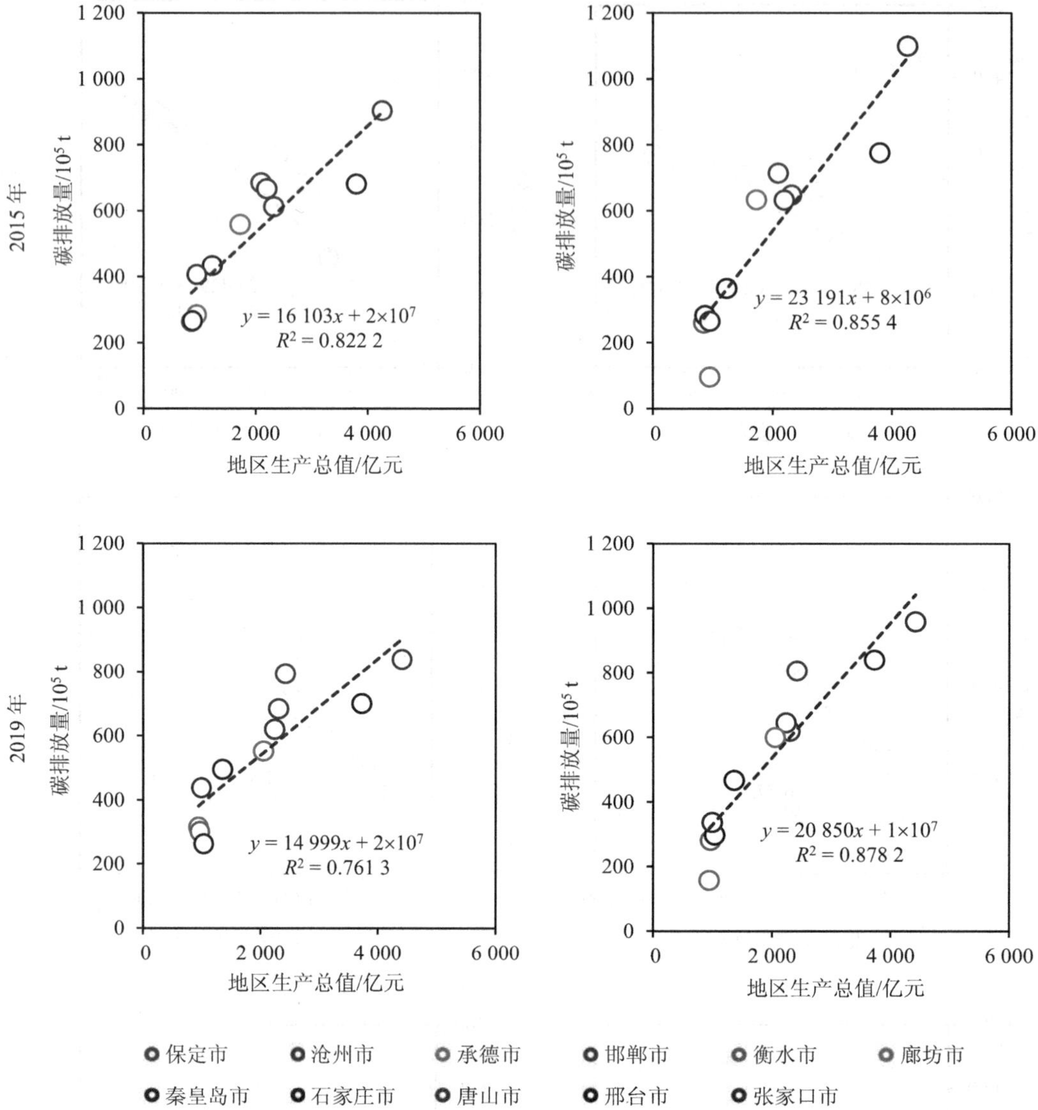

（a）基于夜间灯光数据　　　　（b）基于土地利用和夜间灯光数据

图 4-11　引入土地利用数据对碳排放空间反演结果精度的影响

表 4-4 为 2000—2019 年河北省 11 个城市地区生产总值与碳排放量的线性拟合结果。在 2000—2019 年 20 个年份的反演结果中，相较（a）仅基于夜间灯光数据的碳排放空间反演结果，河北省 11 个地级市的基于土地利用和夜间灯光数据（b）的碳排放空间反演结果与地区生产总值的回归结果（R^2）均表现相对较好。综上所述，将土地利用数据纳入基于夜间灯光数据的碳排放空间反演研究可以进一步提高碳排放空间反演结果的精度，所得数据与社会经济参量的相关性更高，更加适用于社会经济问题研究。

表 4-4　引入土地利用数据对碳排放空间反演结果精度的影响分析

年份	（a）基于夜间灯光数据		（b）基于土地利用和夜间灯光数据	
2000	$y = 26\,045x + 7\times10^6$	$R^2 = 0.689\,3$	$y = 35\,429x + 3\times10^6$	$R^2 = 0.808\,5$
2001	$y = 25\,033x + 8\times10^6$	$R^2 = 0.698\,2$	$y = 34\,322x + 3\times10^6$	$R^2 = 0.808\,9$
2002	$y = 25\,131x + 8\times10^6$	$R^2 = 0.712\,5$	$y = 34\,313x + 3\times10^6$	$R^2 = 0.817\,6$
2003	$y = 25\,703x + 9\times10^6$	$R^2 = 0.746\,7$	$y = 34\,047x + 4\times10^6$	$R^2 = 0.814\,1$
2004	$y = 24\,886x + 1\times10^7$	$R^2 = 0.763\,2$	$y = 32\,731x + 4\times10^6$	$R^2 = 0.816\,6$
2005	$y = 26\,575x + 1\times10^7$	$R^2 = 0.787\,8$	$y = 34\,619x + 6\times10^6$	$R^2 = 0.815\,1$
2006	$y = 24\,839x + 1\times10^7$	$R^2 = 0.804\,4$	$y = 32\,433x + 6\times10^6$	$R^2 = 0.822\,7$
2007	$y = 23\,794x + 1\times10^7$	$R^2 = 0.819\,2$	$y = 30\,962x + 6\times10^6$	$R^2 = 0.827\,1$
2008	$y = 21\,147x + 2\times10^7$	$R^2 = 0.807\,6$	$y = 28\,229x + 7\times10^6$	$R^2 = 0.825\,8$
2009	$y = 20\,335x + 2\times10^7$	$R^2 = 0.815\,5$	$y = 27\,270x + 8\times10^6$	$R^2 = 0.836\,2$
2010	$y = 19\,954x + 2\times10^7$	$R^2 = 0.833\,3$	$y = 26\,663x + 7\times10^6$	$R^2 = 0.842\,9$
2011	$y = 18\,608x + 2\times10^7$	$R^2 = 0.826\,0$	$y = 25\,142x + 9\times10^6$	$R^2 = 0.838\,6$
2012	$y = 17\,447x + 2\times10^7$	$R^2 = 0.826\,2$	$y = 23\,947x + 1\times10^7$	$R^2 = 0.845\,0$
2013	$y = 17\,301x + 2\times10^7$	$R^2 = 0.821\,4$	$y = 23\,999x + 1\times10^7$	$R^2 = 0.839\,4$
2014	$y = 16\,603x + 2\times10^7$	$R^2 = 0.839\,2$	$y = 23\,517x + 9\times10^6$	$R^2 = 0.858\,6$
2015	$y = 16\,103x + 2\times10^7$	$R^2 = 0.822\,2$	$y = 23\,191x + 8\times10^6$	$R^2 = 0.855\,4$
2016	$y = 15\,427x + 2\times10^7$	$R^2 = 0.811\,6$	$y = 22\,477x + 7\times10^6$	$R^2 = 0.850\,3$
2017	$y = 13\,483x + 2\times10^7$	$R^2 = 0.743\,8$	$y = 20\,631x + 8\times10^6$	$R^2 = 0.820\,7$
2018	$y = 14\,600x + 2\times10^7$	$R^2 = 0.753\,1$	$y = 20\,057x + 1\times10^7$	$R^2 = 0.862\,6$
2019	$y = 14\,999x + 2\times10^7$	$R^2 = 0.761\,3$	$y = 20\,850x + 1\times10^7$	$R^2 = 0.878\,2$

注：y 为碳排放反演数据的碳排放量；x 为 11 个地级市的地区生产总值。

（2）误差分析。

虽然本书提出的碳排放反演方法在一定程度上提高了碳排放空间反演数据的精度，但仍存在一些误差，其来源主要有以下几个方面。

第一，夜间灯光数据的饱和效应与溢出效应是城市中心区域碳排放反演误差的主要来源。饱和效应会导致对应像元的碳排放值被低估，该类误差主要出现在高灯光值连片区的中心。相对而言，溢出效应会使影像亮区的碳排放值被高估。另外，夜间灯光数据的亮度值仍不能完全准确地反映碳排放强度，不同的产业结构和能源结构等因素也会给碳排放反演结果带来误差。

第二，本书利用北京、天津、河北三个地区的碳排放核算结果根据土地利用和夜间灯光数据进行空间反演。由于土地利用数据没有考虑具体的产业分类，所以在土地利用类型与碳排放类型的对应关系上仍有进一步完善的空间。未来研究可以通过不同地类上的行业空间分布情况进行更为细致的碳排放反演，进一步提高碳排放空间反演的准确性。

第三，本书通过河北省 11 个地级市的碳排放与地区生产总值的相关性对所得结果进行精度验证。在未来研究中，可以通过碳排放监测点构建碳排放监测网络等方式进一步检验碳排放空间反演数据的精度和有效性。

4.2 碳排放空间分布特征分析

基于碳排放空间反演结果，利用重心及标准差椭圆方法分析栅格尺度和市级尺度的碳排放空间分布特征及变化趋势，采用基尼系数和 Theil 指数来分析京津冀地区碳排放量的空间不平等性。

4.2.1 碳排放的空间分布特征分析方法

4.2.1.1 重心空间演变轨迹及标准差椭圆分析

（1）重心空间演变轨迹。

区域碳排放的重心可以采用以下公式进行计算：

$$\overline{X} = \sum_{i=1}^{n} w_i x_i \Big/ \sum_{i=1}^{n} w_i \tag{4-9}$$

$$\overline{Y} = \sum_{i=1}^{n} w_i y_i \Big/ \sum_{i=1}^{n} w_i \tag{4-10}$$

式中，$\overline{X}$ 是碳排放重心经度值；$\overline{Y}$ 是碳排放重心纬度值；w_i 是栅格（或市级行政单元）i 上的碳排放量；x_i 是栅格（或市级行政单元）i 中心的经度值；y_i 是栅格（或市级行政单元）i 中心的纬度值（李建豹等，2019）。

通过 ArcGIS 平台的 Mean Center 工具计算 2000—2019 年京津冀地区栅格尺度（1 km×1 km）和地级市（13 个行政单元）的碳排放的重心位置，重心计算过程中的权重采用对应单元的碳排放量。

（2）标准差椭圆方法。

椭圆的长轴反映了碳排放的分布方向，短轴反映碳排放的分布范围。长轴、短轴、转角的公式如下：

$$\sigma_x = \sqrt{\frac{\sum_{i=1}^{n} (w_i x_i' \cos\theta - w_i y_i' \sin\theta)^2}{\sum_{i=1}^{n} w_i^2}} \tag{4-11}$$

$$\sigma_y = \sqrt{\frac{\sum_{i=1}^{n}(w_i x_i' \sin\theta - w_i y_i' \cos\theta)^2}{\sum_{i=1}^{n} w_i^2}} \tag{4-12}$$

$$\tan\theta = \frac{\left(\sum_{i=1}^{n} w_i^2 x_i'^2 - \sum_{i=1}^{n} w_i^2 y_i'^2\right) + \sqrt{\left(\sum_{i=1}^{n} w_i^2 x_i'^2 - \sum_{i=1}^{n} w_i^2 y_i'^2\right)^2 + 4\sum_{i=1}^{n} w_i^2 x_i'^2 y_i'^2}}{2\sum_{i=1}^{n} w_i^2 x_i' y_i'} \tag{4-13}$$

式中，σ_x 和σ_y 分别表示椭圆的长轴和短轴长度；$\tan\theta$表示椭圆转角；w_i 是栅格（或市级行政单元）i 上的碳排放量；x_i 和 y_i 分别表示栅格或市级行政区 i 中心的经度值和纬度值。

4.2.1.2　碳排放空间不平等性分析

（1）基尼系数。

基尼系数是 20 世纪初经济学家基尼依据洛伦兹曲线定义的测定收入差异状况的指标，是一种公平性评价指标，被用来衡量一个国家或者地区的贫富差距水平。基尼系数可用来表示城市之间碳排放量的差异。一般来讲，基尼系数越大，其对应的洛伦兹曲线的弯曲程度越大，反映的不均等程度越高，反之亦然。

$$\text{Gini} = \sum_i \sum_j \left| z_i - z_j \right| \div 2n^2\overline{z} \tag{4-14}$$

式中，Gini 为基尼系数；z_i 和 z_j 分别表示城市 i 和 j 的碳排放量；$\overline{z}$ 为京津冀地区 13 个城市的碳排放量平均值；n 为城市数（n=13）。一般来讲，基尼系数介于 0～1，基尼系数越小，表示城市之间碳排放量的差异越小。根据魏燕茹等（2021）、胡孟然（2021）等的研究，基尼系数小于 0.3 表示“最佳平均状态”，此时该地区碳排放量均等程度十分均衡；基尼系数处于 0.3～0.4 为“合理状态”，表示该地区碳排放量的均等程度比较合理；基尼系数处于 0.4～0.6 为“警报状态”，表示该地区碳排放量处于差距较大的不协调状态；基尼系数大于 0.6 为“危险状态”，此时碳排放量的地区差距悬殊，为高度不协调状态。

（2）Theil 指数。

经济学家 Theil（1989）提出的 Theil 指数是一种度量不平衡性的方法，可用来衡量区域差异。Theil 指数可以直接把区域间不平等指数分解为区域内差异和区域间差异，本书主要考虑河北省 11 个地级市之间的差异为区域内差异（组内差异），北京、天津、河北三个省级行政单位之间的差异为区域间差异（组间差异）。

$$T_p = \sum_r \sum_i \frac{c_{ri}}{c} \ln\left(\frac{c_{ri} \times p}{c \times p_{ri}}\right) \tag{4-15}$$

式中，T_p 为碳排放总差异；c_{ri} 和 p_{ri} 分别为第 r 省第 i 个地区的碳排放量和人口数量；c

和 p 分别为研究区的碳排放总量和总人口。

省内城市碳排放差异 T_{pr}：

$$T_{pr} = \sum_{i} \frac{c_{ri}}{c_r} \ln\left(\frac{c_{ri} \times p_r}{c_r \times p_{ri}}\right) \tag{4-16}$$

式中，c_r 和 p_r 分别为第 r 省的碳排放量和人口数量。

组间差异（省间差异）T_{BR}：

$$T_{BR} = \sum_{r} \frac{c_r}{c} \ln\left(\frac{c_r \times p}{c \times p_r}\right) \tag{4-17}$$

组内差异（省内城市间差异）T_{WR}：

$$T_{WR} = \sum_{r} \frac{c_r}{c} T_{pr} \tag{4-18}$$

至此，T_p 可以表示：

$$T_p = T_{BR} + T_{WR} = \sum_{r} \frac{c_r}{c} T_{pr} + \sum_{r} \frac{c_r}{c} \ln\left(\frac{c_r \times p}{c \times p_{ri}}\right) \tag{4-19}$$

4.2.2 碳排放的空间分布特征

4.2.2.1 碳排放重心及标准差椭圆变化

2000—2019 年，京津冀地区的碳排放标准差椭圆重心的空间分布较为稳定（图 4-12）。从重心空间演化可以看出，栅格尺度上京津冀地区碳排放重心均分布在河北省廊坊市内，邻近廊坊、保定、沧州的交界处。地级市尺度上重心分布与栅格尺度相近，两个尺度的重心演变轨迹也相似，整体上从西北向东南方向偏移。具体来看，重心在 2000—2005 年、2005—2010 年、2010—2015 年、2015—2019 年分别向东南、东北、东南、西南方向移动，栅格尺度上的移动距离分别为 4.50 km、7.18 km、3.58 km、10.14 km；地级市尺度上分别移动了 4.19 km、7.51 km、4.40 km、10.02 km。因此，2000—2019 年京津冀地区的碳排放重心整体上经历了“先东南、后西南”的演变过程。

标准差椭圆的长轴与短轴可以反映碳排放空间分布的形状，2000—2019 年标准差椭圆的长轴长度、短轴长度、转角度数如图 4-13 所示。京津冀地区碳排放空间分布的长轴与短轴长度变化均不大，长轴长度变化呈现“先增加、后趋于稳定”的变化趋势，短轴长度变化呈现“微弱增加”的变化趋势。从整体上看，京津冀地区的碳排放在空间范围上呈现“微弱扩张”的趋势。碳排放的转角变化差异不大，2000—2015 年转角略有增加，标准差椭圆空间上表现为小幅度的顺时针旋转，2019 年转角收缩至约 117°。

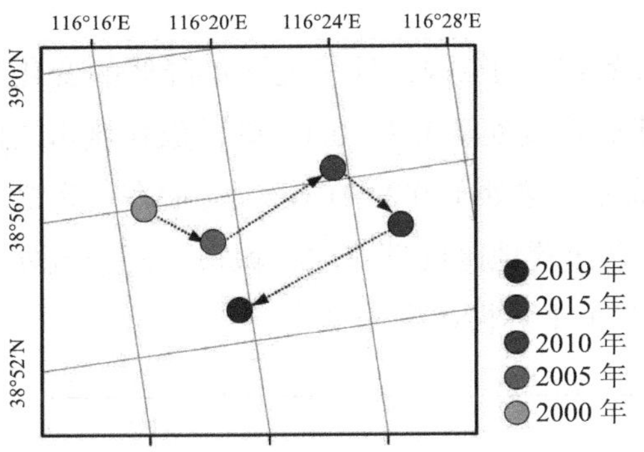

（a）栅格尺度　　（b）地级市尺度

图 4-12　栅格尺度和地级市尺度的碳排放标准差椭圆和重心演变轨迹

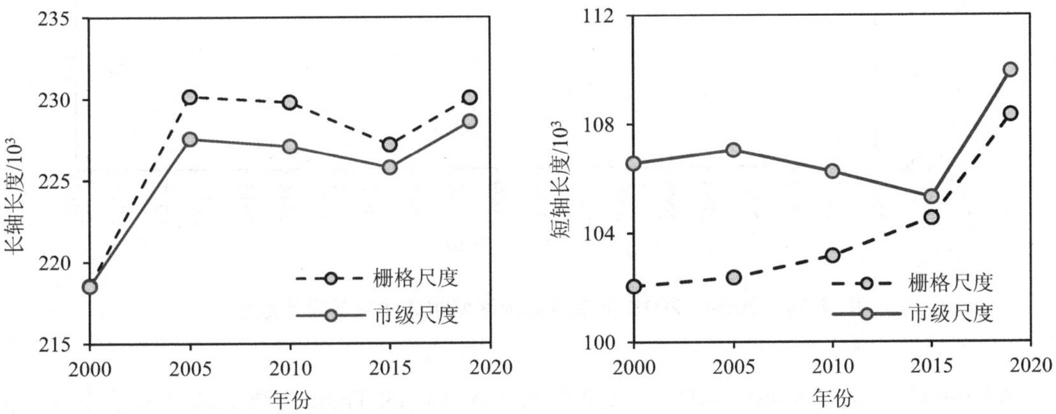

（a）长轴　　（b）短轴

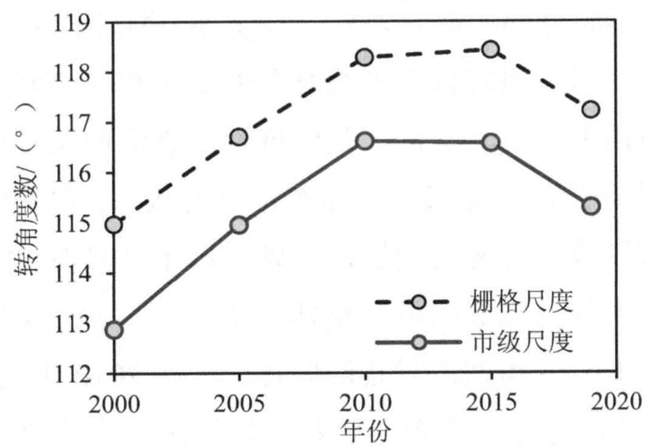

（c）转角

图 4-13　京津冀地区栅格尺度和市级尺度标准差椭圆长轴、短轴、转角变化

4.2.2.2 碳排放不平等性分析

2000—2019 年，京津冀地区的基尼系数始终小于 0.4，且呈现逐年降低的变化趋势（图 4-14）。2000—2010 年，京津冀地区的基尼系数处于 0.3～0.4，碳排放在城市之间的不平等性处于“合理状态”；2011—2019 年基尼系数处于 0.2～0.3，碳排放在城市之间的不平等性处于“最佳平均状态”。由此可知，京津冀地区的碳排放在城市之间一直处于较为平等的状态，而且基尼系数不断降低，表明不平等性逐渐降低。

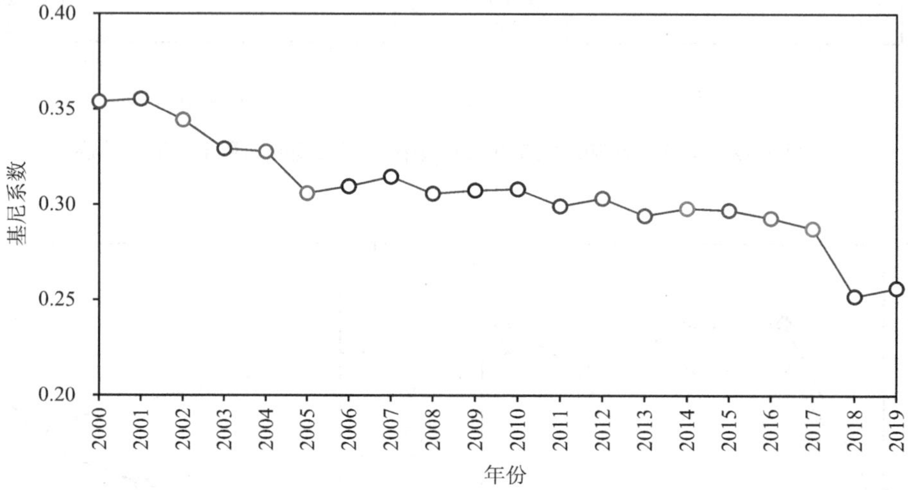

图 4-14　2000—2019 年京津冀地区城市碳排放基尼系数变化

如图 4-15 所示，2000—2019 年京津冀地区碳排放的 Theil 指数呈现“波动下降”的趋势，从 2000 年的 0.091 降至 2019 年的 0.053，表明区域的碳不平等状况有所缓解，区域碳排放的相对差异不断缩小。组内差异（T_{WR}）指的是河北省 11 个地级市之间的差异，呈现“先缓慢增加、后稍快降低”的变化趋势。2000—2007 年，组内差异缓慢增加；2007—2019 年，组内差异逐渐降低，且降低速度逐渐增大。这表明，河北省内各地级市在 2000—2007 年的碳排放差异保持了相对稳定的状态，但是内部碳排放平等性逐渐增加；2007 年之后，碳排放状态变化加快，且碳排放不平等性逐渐降低。京津冀三地之间的组间差异（T_{BR}）一直保持较低的值，整体变化起伏不大，呈现“先降低、后增加”的变化趋势。在 2000—2010 年组间差异逐渐降低，但在 2010 年之后组间差异逐渐凸显。

利用四象限分析方法，通过人均碳排放和人均地区生产总值的关系来进一步分析碳排放的空间不平衡性（图 4-16）。根据京津冀地区 13 个城市的人均地区生产总值和人均碳排放的平均值，可以将 13 个城市划分为“高碳不经济”（Low GDP-High carbon emissions，LH）、“高碳经济”（High GDP-High carbon emissions，HH）、“低碳不经济”（Low GDP-Low carbon emissions，LL）和“低碳经济”（High GDP-Low carbon emissions，HL）4 类。

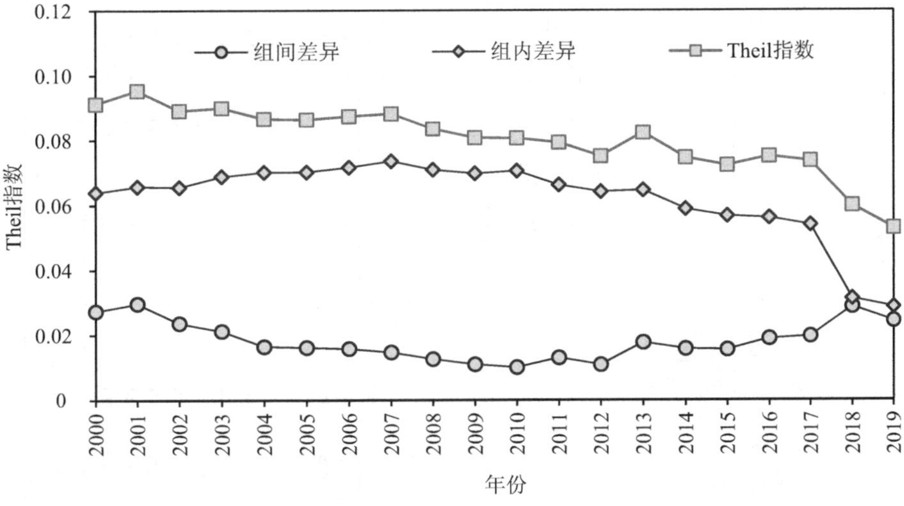

图 4-15　2000—2019 年京津冀地区 Theil 指数变化

其中，“低碳经济”（HL）属于比较理想的发展模式，该状态下的城市经济发展水平较高，且碳排放强度较低。2019 年，唐山、廊坊属于“高碳经济”（HH）类型，北京、天津属于“低碳经济”（HL）类型，秦皇岛、沧州、石家庄属于“高碳不经济”（LH）类型，其余城市属于“低碳不经济”（LL）类型。2000—2019 年，由各城市转移路径可知，天津一直处于“低碳经济”（HL）和“低碳不经济”（LL）的边界，表示其经济发展水平处于 13 个城市的平均水平，但碳排放强度一直较低。北京经历了“高碳经济”（HH）→“低碳经济”（HL）转换过程，并保持“低碳经济”（HL）模式。河北省内，沧州处于保持“高碳不经济”（LH）与“低碳不经济”（LL）的边界，表示其经济在京津冀平均水平之下，但碳排放强度高于平均水平，多年处于“高碳不经济”（LH）模式，未来可采取“LH→LL→HL”的低碳经济转换路径。廊坊的人均碳排放水平极高，处于“高碳经济”（HH）与“高碳不经济”（LH）边界，多年处于“高碳经济”（HH）模式，可以采取“HH→HL”的转换路径。唐山的人均碳排放水平极高，一直处于“高碳经济”（HH）模式，表示其经济发展与碳排放水平均高于京津冀的平均水平，需要降低碳排放，可以采取“HH→HL”的转换路径。秦皇岛、石家庄多年处于“高碳不经济”（LH）与“高碳经济”（HH）的边界，碳排放强度高于京津冀地区的平均水平，经济水平与平均值相近，可以采取“LH→LL→HL”的转换路径。保定、承德、邯郸、衡水、邢台、张家口一直处于“低碳不经济”（LL）模式，需要采取经济发展和减碳结合的系统发展政策，可以采取“LL→HL”的转换路径，争取实现促进经济发展和降低碳排放的双重目标。

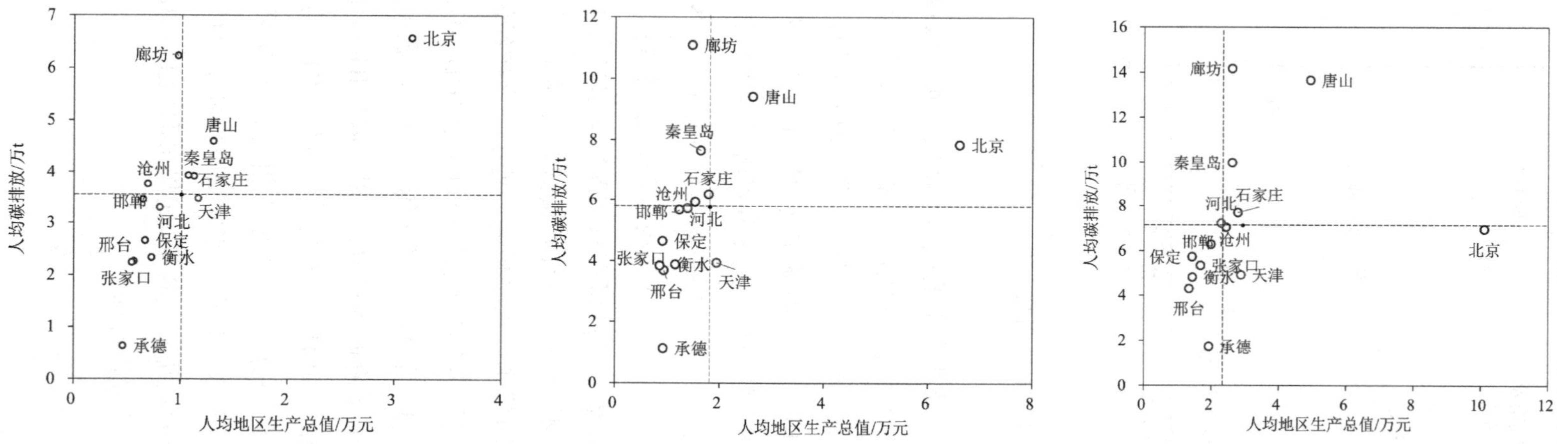

（a）2000 年　（b）2005 年　（c）2010 年

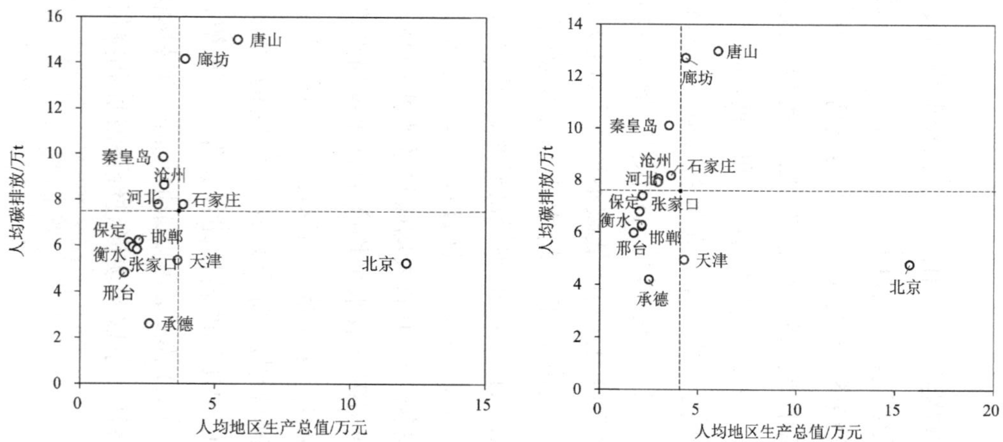

（d）2015 年　（e）2019 年

各城市发展模式演变情况

城市	2000 年		2005 年		2010 年		2015 年		2019 年
北京	HH	→	HH	→	HL	→	HL	→	HL
天津	HL	→	HL	→	LL	→	LL	→	HL
河北	LL	→	LL	→	LH	→	LH	→	LH
保定	LL	→	LL	→	LL	→	LL	→	LL
沧州	LH	→	LH	→	LL	→	LH	→	LH
承德	LL	→	LL	→	LL	→	LL	→	LL
邯郸	LL	→	LL	→	LL	→	LL	→	LL
衡水	LL	→	LL	→	LL	→	LL	→	LL
廊坊	LH	→	LH	→	LH	→	HH	→	HH
秦皇岛	HH	→	LH	→	LH	→	LH	→	LH
石家庄	HH	→	LH	→	LH	→	HH	→	LH
唐山	HH	→	HH	→	HH	→	HH	→	HH
邢台	LL	→	LL	→	LL	→	LL	→	LL
张家口	LL	→	LL	→	LL	→	LL	→	LL

图 4-16　京津冀地区人均碳排放与人均地区生产总值之间的不均衡关系分析

4.3 碳排放空间关联分析

区域间碳排放的空间关联关系可以更好地反映区域碳排放随产业转移、协同发展等战略背景下的空间变化情况。本书基于引力模型（社会网络分析方法）构建碳排放空间关联引力模型，分析各城市在碳排放空间关联网络中所处的位置及发挥的作用。

4.3.1 碳排放空间关联引力模型

4.3.1.1 碳排放空间关联强度计算

引力模型是根据牛顿万有引力定律，来衡量两个区域之间某要素在空间上的相互作用力。此前，引力模型已经被广泛应用于经济、贸易和金融等领域，用来刻画空间相互作用能力（李爱等，2021；魏燕茹等，2021；张帅等，2019）。本书建立碳排放空间关联引力模型来分析京津冀地区城市间碳排放的空间关联性，两个城市之间的关联强度的计算公式如下：

$$I_{ij}=k_{ij}\frac{M_iM_j}{D_{ij}^b} \tag{4-20}$$

式中，I_{ij} 为 i 地区与 j 地区之间的关联强度；k_{ij} 是经验权数；M_i、M_j 分别是 i 地区与 j 地区的要素量；D_{ij} 是两个区域之间的距离；b 是设定系数。

当引入碳排放量时，两个地区之间的碳排放关联度可表示为

$$R_{ij}=k_{ij}\frac{\sqrt[3]{G_iP_iC_i}\times\sqrt[3]{G_jP_jC_j}}{D_{ij}^b} \tag{4-21}$$

$$k_{ij}=\frac{C_i}{C_i+C_j} \tag{4-22}$$

$$D_{ij}=\frac{d_{ij}}{g_i-g_j} \tag{4-23}$$

式中，R_{ij} 是地区 i 与地区 j 之间的碳排放关联强度；k_{ij} 是经验权数，体现地区 i 对地区 j 碳排放关联的贡献度；G_i 和 G_j 分别是地区 i 和地区 j 的地区生产总值；P_i 和 P_j 分别是地区 i 和地区 j 的年末人口数；C_i 和 C_j 分别是地区 i 和地区 j 的碳排放量；D_{ij} 是两个区域之间的综合经济地理距离；d_{ij} 是两个区域之间的地理距离；g_i 和 g_j 分别是地区 i 和地区 j 的人均地区生产总值；b 是距离衰减系数，通常设定为常数，该值越大表示距离的摩擦越大，一般将其取值为 2。

4.3.1.2 碳排放离心力与向心力计算

碳排放转移动力是由碳排放输出力和接纳力两种互斥的力量共同作用的结果，本书

分别用碳排放离心力和向心力来表征不同城市碳排放的转移方向性。基于碳排放空间关联引力结果，可进一步计算城市的碳排放输出力和接纳力。

$$离心力：\mathrm{TW}_{i+}=\sum_{j=1}^{m}\mathrm{TW}_{ij} \tag{4-24}$$

$$向心力：\mathrm{TW}_{i-}=\sum_{j=1}^{m}\mathrm{TW}_{ji} \tag{4-25}$$

式中，TW_{i+} 为碳排放离心力，表示区域 i 对其他地区向外作用碳排放关联强度的总和，实际含义是区域 i 对于其他地区的碳排放转移输出力；TW_{i-} 为碳排放向心力，表示区域 i 接受其他区域的碳排放关联强度的总和，实际含义是区域 i 对于其他地区的碳排放转移接纳力。

$$\mathrm{TC}_i=\mathrm{TW}_{i+}-\mathrm{TW}_{i-} \tag{4-26}$$

式中，TC 表示碳排放引力。TC＞0 表示碳输出型，代表区域面向外界碳输出，TC 值越高则输出强度越高；相反，TC＜0 表示碳输入型，代表区域面向外界碳流入，TC 值越低表示输入强度越大。

4.3.2 碳排放空间关联分析

4.3.2.1 碳排放空间关联度变化

2000—2019 年，京津冀地区各城市之间的碳排放关联度［R_{ij}：i 表示行，j 表示列；单位：（亿元・亿 t）$^{2/3}$/（km/万元）^{2}］呈现逐渐增加的趋势（图 4-17）。北京与其他城市之间的碳排放关联度最为突出，在各个年份均表现出极大值特征。2000 年，北京对廊坊的碳排放引力最大，为 1.15×10^6（亿元・亿 t）$^{2/3}$/（km/万元）^{2}；2019 年，北京对廊坊的碳排放引力也最大，为 1.48×10^8（亿元・亿 t）$^{2/3}$/（km/万元）^{2}。这表明，北京在 13 个城市的碳排放空间关联中发挥着突出的节点作用，与其他城市的碳排放关联程度最为密切。除北京外，天津与其他城市的碳排放引力也较为突出。2000 年，天津对保定和唐山的碳排放引力较强，分别为 6.86×10^4（亿元・亿 t）$^{2/3}$/（km/万元）^{2} 和 6.80×10^4（亿元・亿 t）$^{2/3}$/（km/万元）^{2}；保定和唐山对天津的碳排放引力也较强，分别为 5.73×10^4（亿元・亿 t）$^{2/3}$/（km/万元）^{2} 和 7.54×10^4（亿元・亿 t）$^{2/3}$/（km/万元）^{2}。2019 年，天津在碳排放关联体系中发挥重要作用，对保定和唐山的引力较大，分别为 1.1×10^6（亿元・亿 t）$^{2/3}$/（km/万元）^{2} 和 1.32×10^6（亿元・亿 t）$^{2/3}$/（km/万元）^{2}；唐山和保定对天津的引力较大，分别为 8.32×10^5（亿元・亿 t）$^{2/3}$/（km/万元）^{2} 和 1.19×10^6（亿元・亿 t）$^{2/3}$/（km/万元）^{2}。河北 11 个城市的碳排放空间关联差异较大。2000 年，石家庄、唐山与其他城市的碳排放空间关联度相对较强；保定、沧州、承德、邯郸、衡水、张家口等城市之间的碳排放空间关联度相对较弱。2019 年，廊坊、石家庄、唐山与其他城市的碳排放空间关联度相对较强，承德、邯郸、衡水、秦皇岛、张家口等城市之间的碳排放空间关联度相对较弱。

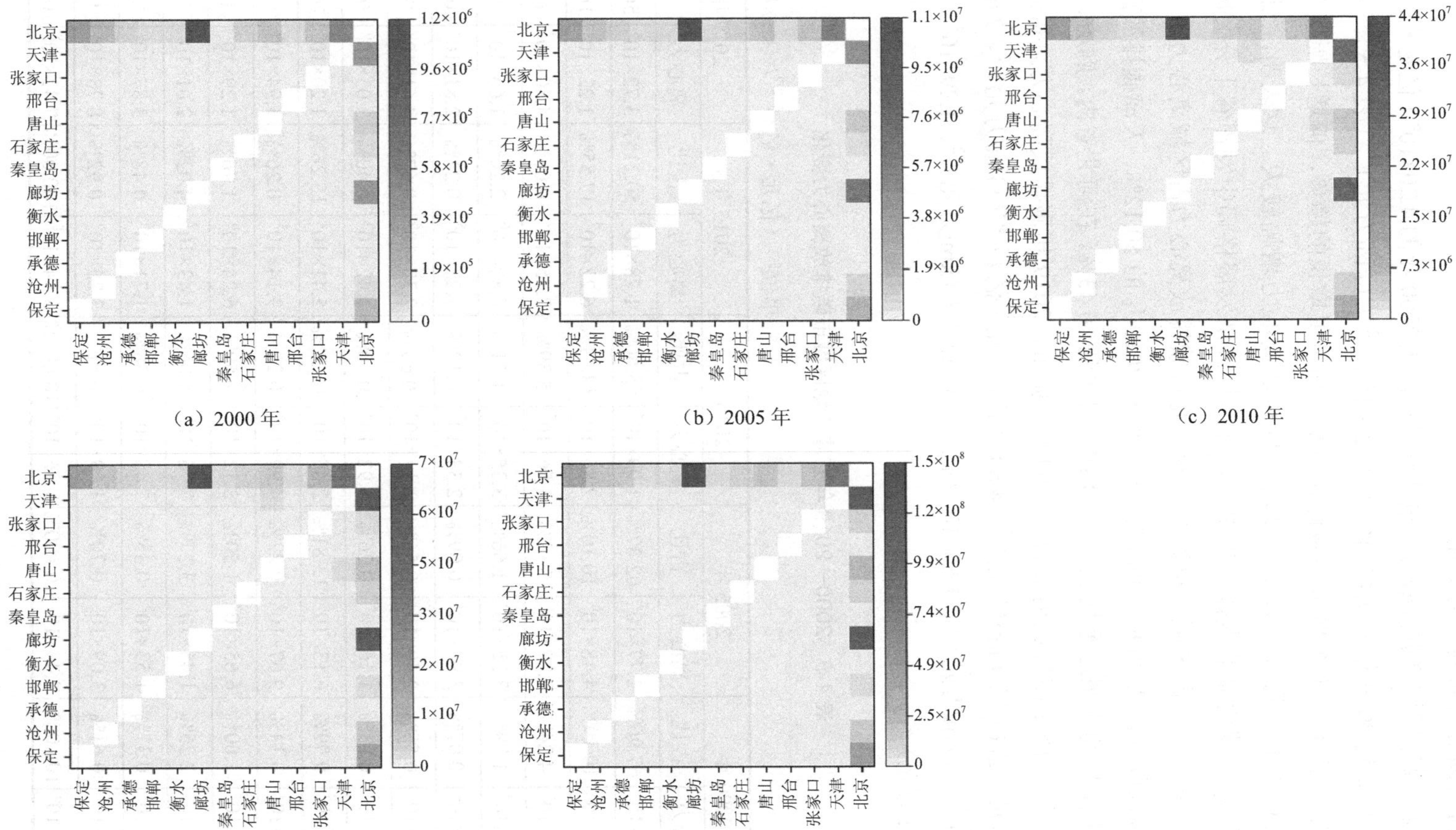

（a）2000 年　（b）2005 年　（c）2010 年　（d）2015 年　（e）2019 年

图 4-17　2000—2019 年京津冀地区 13 个城市的碳排放空间关联引力变化［单位：（亿元・亿 t）$^{2/3}$/（km/万元）^{2}］

4.3.2.2 碳排放离心力与向心力变化

京津冀地区城市间碳排放离心力总量逐渐增加，从2000年的4.20×10^6（亿元·亿t）$^{2/3}$/（km/万元）^{2}增加到2019年的7.42×10^8（亿元·亿t）$^{2/3}$/（km/万元）^{2}（表4-5）。从碳排放离心力绝对量来看，13个城市的碳排放离心力均呈现增长的趋势，但增长幅度有所不同。2000—2019年，北京、天津、廊坊的碳排放离心力增幅较大。这表明，“北京—廊坊—天津”是区域明显的碳排放集聚区，在区域经济发展格局中发挥着十分突出的作用。从各城市离心力所占区域总量比例来看，北京碳排放离心力占区域离心力总量的比例最高，但逐渐降低，从2000年的67.96%降低到2019年的50.12%。天津碳排放离心力占区域离心力总量的比例逐渐增加，从10.19%增加到16.43%。在河北省内，廊坊、保定、唐山、沧州、石家庄是碳排放离心力最强的5个城市，2019年碳排放离心力总量分别为1.20×10^8（亿元·亿t）$^{2/3}$/（km/万元）^{2}、4.80×10^7（亿元·亿t）$^{2/3}$/（km/万元）^{2}、2.61×10^7（亿元·亿t）$^{2/3}$/（km/万元）^{2}、1.66×10^7（亿元·亿t）$^{2/3}$/（km/万元）^{2}、1.29×10^7（亿元·亿t）$^{2/3}$/（km/万元）^{2}。

表4-5 2000—2019年京津冀地区城市碳排放离心力变化

单位：（亿元·亿t）$^{2/3}$/（km/万元）^{2}

城市	2000年		2005年		2010年		2015年		2019年	
	离心力	占比	离心力	占比	离心力	占比	离心力	占比	离心力	占比
北京	2.86×10^6	67.96%	2.77×10^7	62.37%	1.09×10^8	55.66%	1.78×10^8	50.21%	3.72×10^8	50.12%
天津	4.28×10^5	10.19%	4.48×10^6	10.10%	2.86×10^7	14.61%	6.22×10^7	17.55%	1.22×10^8	16.43%
保定	1.78×10^5	4.24%	2.27×10^6	5.12%	1.06×10^7	5.39%	2.15×10^7	6.06%	4.80×10^7	6.47%
沧州	7.50×10^4	1.79%	7.35×10^5	1.66%	3.35×10^6	1.71%	7.80×10^6	2.20%	1.66×10^7	2.24%
承德	3.14×10^3	0.07%	3.94×10^4	0.09%	2.33×10^5	0.12%	7.27×10^5	0.21%	2.81×10^6	0.38%
邯郸	2.30×10^4	0.55%	2.49×10^5	0.56%	1.17×10^6	0.60%	2.37×10^6	0.67%	4.61×10^6	0.62%
衡水	9.87×10^3	0.23%	1.16×10^5	0.26%	5.92×10^5	0.30%	1.42×10^6	0.40%	3.03×10^6	0.41%
廊坊	4.20×10^5	9.99%	6.13×10^6	13.81%	2.85×10^7	14.52%	5.41×10^7	15.26%	1.20×10^8	16.11%
秦皇岛	5.72×10^3	0.14%	9.67×10^4	0.22%	4.99×10^5	0.25%	9.14×10^5	0.26%	1.94×10^6	0.26%
石家庄	6.73×10^4	1.60%	6.65×10^5	1.50%	3.12×10^6	1.59%	6.24×10^6	1.76%	1.29×10^7	1.74%
唐山	9.45×10^4	2.25%	1.45×10^6	3.27%	7.96×10^6	4.06%	1.43×10^7	4.02%	2.61×10^7	3.51%
邢台	1.54×10^4	0.37%	1.53×10^5	0.35%	7.48×10^5	0.38%	1.71×10^6	0.48%	3.87×10^6	0.52%
张家口	2.55×10^4	0.61%	3.09×10^5	0.70%	1.59×10^6	0.81%	3.25×10^6	0.92%	8.78×10^6	1.18%
总量	4.20×10^6	100.00%	4.44×10^7	100.00%	1.96×10^8	100.00%	3.54×10^8	100.00%	7.42×10^8	100.00%

2000—2019 年，京津冀地区城市间碳排放向心力总量逐渐增加（表 4-6）。从碳排放向心力绝对量来看，13 个城市的碳排放向心力均呈现增长的趋势，但增长幅度有所不同。北京、天津两个直辖市的碳排放向心力占比较大，2000 年分别为 28.67%和 13.23%；但之后北京的碳排放向心力所占比重增长迅速，2019 年为 47.40%；天津所占比重变化不大，2019 年为 11.49%。河北省内，廊坊的碳排放向心力最大且增长明显，从 2000 年的 1.16×10^6（亿元·亿 t）$^{2/3}$/（km/万元）^{2} 增长到 1.49×10^8（亿元·亿 t）$^{2/3}$/（km/万元）^{2}，但其所占比重有所下降，从 27.53%降低到 20.03%。除此之外，保定、沧州、张家口、唐山的碳排放向心力较大，2019 年占总量比重分别为 6.05%、2.74%、2.64%、2.67%。

表 4-6　2000—2019 年京津冀地区城市碳排放向心力变化

单位：（亿元·亿 t）$^{2/3}$/（km/万元）^{2}

城市	2000 年		2005 年		2010 年		2015 年		2019 年	
	向心力	占比	向心力	占比	向心力	占比	向心力	占比	向心力	占比
北京	1.20×10^6	28.67%	1.55×10^7	34.99%	7.84×10^7	39.97%	1.61×10^8	45.37%	3.54×10^8	47.70%
天津	5.56×10^5	13.23%	5.89×10^6	13.28%	2.67×10^7	13.61%	4.38×10^7	12.35%	8.52×10^7	11.49%
保定	4.02×10^5	9.58%	3.60×10^6	8.11%	1.45×10^7	7.40%	2.46×10^7	6.95%	4.49×10^7	6.05%
沧州	1.83×10^5	4.35%	1.45×10^6	3.26%	5.89×10^6	3.01%	9.81×10^6	2.77%	2.03×10^7	2.74%
承德	8.25×10^4	1.96%	7.72×10^5	1.74%	3.33×10^6	1.70%	6.23×10^6	1.76%	1.35×10^7	1.83%
邯郸	4.59×10^4	1.09%	3.82×10^5	0.86%	1.62×10^6	0.83%	2.99×10^6	0.84%	5.39×10^6	0.73%
衡水	6.13×10^4	1.46%	5.65×10^5	1.27%	2.51×10^6	1.28%	4.50×10^6	1.27%	8.17×10^6	1.10%
廊坊	1.16×10^6	27.63%	1.15×10^7	25.99%	4.40×10^7	22.43%	6.92×10^7	19.52%	1.49×10^8	20.03%
秦皇岛	3.06×10^4	0.73%	3.56×10^5	0.80%	1.60×10^6	0.82%	2.76×10^6	0.78%	4.96×10^6	0.67%
石家庄	9.14×10^4	2.18%	8.48×10^5	1.91%	3.39×10^6	1.73%	5.82×10^6	1.64%	1.12×10^7	1.51%
唐山	1.66×10^5	3.96%	1.54×10^6	3.48%	6.27×10^6	3.20%	1.01×10^7	2.85%	1.98×10^7	2.67%
邢台	5.54×10^4	1.32%	4.63×10^5	1.04%	2.06×10^6	1.05%	3.79×10^6	1.07%	6.30×10^6	0.85%
张家口	1.61×10^5	3.84%	1.45×10^6	3.26%	5.87×10^6	3.00%	9.99×10^6	2.82%	1.96×10^7	2.64%
总量	4.20×10^6	100%	4.44×10^7	100%	1.96×10^8	100%	3.54×10^8	100%	7.42×10^8	100%

表 4-7 为 2000—2019 年京津冀地区城市碳排放引力变化。2000 年，13 个城市中，仅北京的碳排放引力为正值［1.65×10^6（亿元·亿 t）$^{2/3}$/（km/万元）^{2}］，表现为强离心力。2010 年，北京、天津、唐山表现为碳排放离心力区。2019 年，北京、天津、唐山、保定、石家庄共 5 个城市表现为碳排放离心力区。该结果与区域城市发展格局相符，北京、天津作为区域内社会经济发展最好最快的区域率先表现出离心力加强以及碳排放输出

的特征。另外，从碳排放流入区来看，2019 年，廊坊、承德和张家口具有强烈的向心力特征。

表 4-7 2000—2019 年京津冀地区城市碳排放引力变化

单位：（亿元 • 亿 t）$^{2/3}$/（km/万元）^{2}

城市	2000 年	2005 年	2010 年	2015 年	2019 年
北京	1.65×10^6	1.22×10^7	3.08×10^7	1.72×10^7	1.79×10^7
天津	-1.28×10^5	-1.41×10^6	1.96×10^6	1.84×10^7	3.66×10^7
保定	-2.24×10^5	-1.33×10^6	-3.94×10^6	-3.15×10^6	3.16×10^6
沧州	-1.08×10^5	-7.11×10^5	-2.55×10^6	-2.01×10^6	-3.71×10^6
承德	-7.94×10^4	-7.32×10^5	-3.10×10^6	-5.50×10^6	-1.07×10^7
邯郸	-2.29×10^4	-1.33×10^5	-4.52×10^5	-6.24×10^5	-7.77×10^5
衡水	-5.15×10^4	-4.49×10^5	-1.92×10^6	-3.07×10^6	-5.14×10^6
廊坊	-7.41×10^5	-5.40×10^6	-1.55×10^7	-1.51×10^7	-2.91×10^7
秦皇岛	-2.49×10^4	-2.59×10^5	-1.10×10^6	-1.85×10^6	-3.02×10^6
石家庄	-2.41×10^4	-1.82×10^5	-2.65×10^5	4.23×10^5	1.71×10^6
唐山	-7.18×10^4	-9.22×10^4	1.69×10^6	4.14×10^6	6.26×10^6
邢台	-3.99×10^4	-3.09×10^5	-1.31×10^6	-2.08×10^6	-2.43×10^6
张家口	-1.36×10^5	-1.14×10^6	-4.28×10^6	-6.75×10^6	-1.08×10^7

根据京津冀地区碳排放引力计算结果，将 13 个城市按照碳排放引力的大小分为 6 类［$<-10^7$ 为强向心力，$-10^7\sim-10^6$ 为较强向心力；$-10^6\sim0$ 为弱向心力；$0\sim10^6$ 为弱离心力，$10^6\sim10^7$ 为较强离心力，$>10^7$ 为强离心力，单位：（亿元 • 亿 t）$^{2/3}$/（km/万元）^{2}］。图 4-18 展示了 2000—2019 年京津冀地区碳排放引力分区变化情况。2000 年，北京和廊坊分别是弱离心力和强向心力的城市，其他城市表现为弱向心力。之后，随着经济的发展与产业的转型，2010 年京津冀地区在中部腹地形成了“北京—天津—唐山”碳排放离心力集中区，被周围向心力区域环绕。2019 年形成了“东北—西南”走向的“唐山—天津—北京—保定—石家庄”离心力区域，其北面“承德—石家庄”和南面“沧州—衡水—邢台”形成两个向心力条带，整体形成了“东北—西南”走向的条带状分布格局。

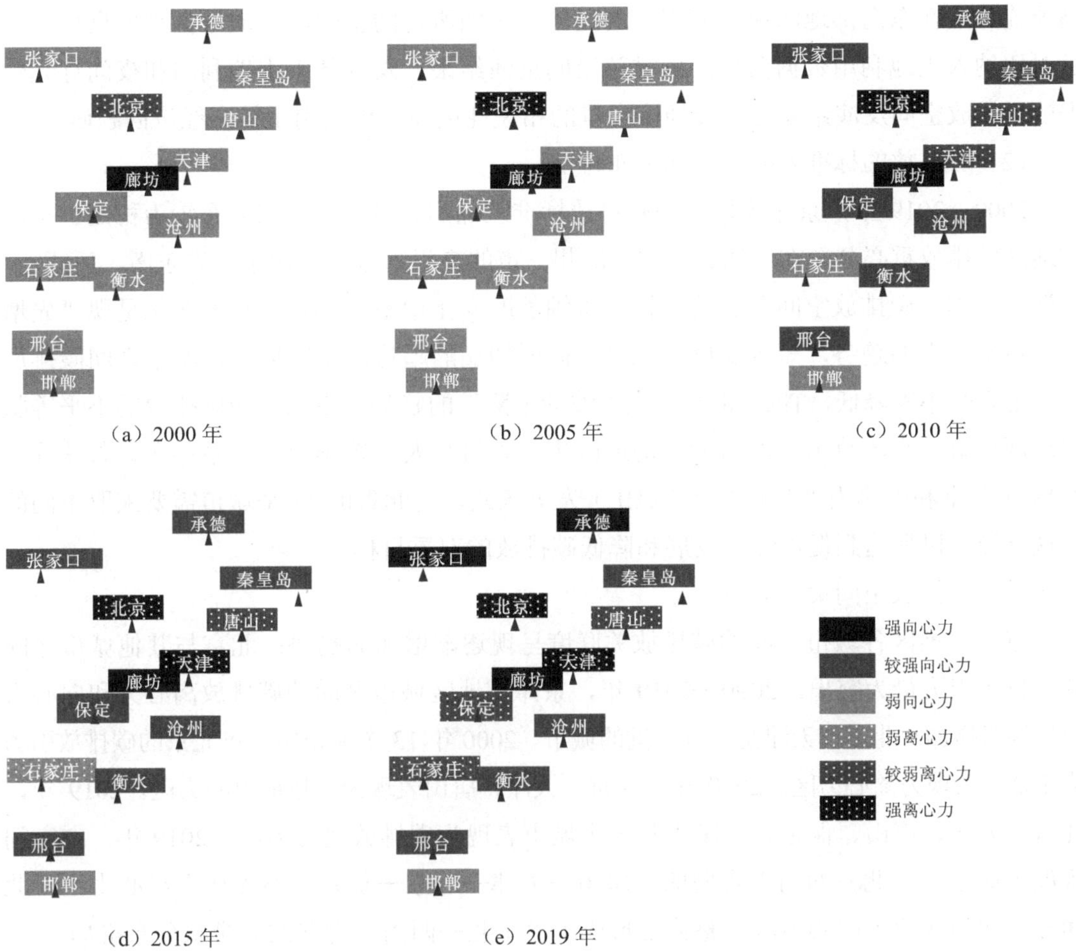

图 4-18　2000—2019 年京津冀地区碳排放引力分区变化

4.4　本章小结

本章制备了连续性夜间灯光数据，利用土地利用和夜间灯光数据制备了长时间序列的碳排放空间数据，基于重心和标准差椭圆方法分析了京津冀地区碳排放的空间分布格局及演化特征，利用基尼系数和 Theil 指数方法探究了区域碳排放的不平等性，通过碳排放空间引力模型探究了京津冀地区碳排放的空间关联特征与机制。具体结论如下：

（1）碳排放空间数据制备及分布特征。

本书提出了基于土地利用和夜间灯光数据的碳排放空间反演模型，得到了 2000—2019 年的京津冀地区碳排放空间数据。结果发现，北京和天津两个直辖市的碳排放高值连片区十分明显；石家庄、唐山、邯郸、邢台等城市碳排放值较高。整体来讲，碳排放高值连片区在东南部地区更为密集。通过验证可知所得的空间碳排放数据精度良好。通过对比纳入土地利用数据前后的碳排放空间反演结果，发现基于土地利用和夜间灯光数据的碳排放空间反演结果与社会经济参量的相关性更高，更适用于社会经济问题研究。

（2）碳排放的标准差椭圆空间分布特征。

2000—2019 年，京津冀地区的碳排放标准差椭圆和重心的空间分布较为稳定。京津冀地区碳排放重心分布在廊坊、保定、沧州三市的交界附近，经历了“先东南、后西南”的演变过程。碳排放空间分布的长轴与短轴长度变化均不大，长轴长度变化呈现“先增加，后平缓”的趋势，短轴长度变化呈现微弱增加的趋势。研究期间，城市之间碳排放的基尼系数不断降低，Theil 指数呈现“波动下降”的趋势，表明区域碳排放的不平等状况逐渐缓解。京津冀地区城市的人均地区生产总值与人均碳排放的关系存在显著差异。2019 年北京和天津为“低碳经济”（HL）发展模式，河北省的 11 个城市需要采取不同的实现路径，以期达到促进经济发展和降低碳排放的双重目标。

（3）碳排放空间关联分析。

京津冀地区各城市之间的碳排放关联度呈现逐渐增加的趋势；北京与其他城市之间的碳排放引力最为突出。2000—2019 年，京津冀地区城市之间的碳排放离心力和向心力总量逐渐增加，北京和天津是十分关键的城市。2000 年 13 个城市中，仅北京的碳排放引力为正值，表现为离心力区。2010 年，北京、天津、唐山表现为碳排放离心力区。2019 年，北京、天津、唐山、保定、石家庄共 5 个城市表现为碳排放离心力区。2019 年，在空间维度形成了“东北—西南”走向的“唐山—天津—北京—保定—石家庄”离心力区，北面和南面形成两个向心力区，整体上形成了“东北—西南”走向的条带状分布格局。

第 5 章
碳排放效率评估及影响因素分析

碳排放效率可作为权衡经济发展与碳排放关系的重要指标，科学评估碳排放效率有助于提高区域生产率，促进区域高质量发展。在产业升级转型的战略背景下，评估区域层面碳排放效率可为城市协同发展、科学规划管理提供支撑，评估产业层面碳排放效率可为区域内部产业结构调整、转型升级提供支撑，两者互相补充。本章基于生产函数理论及相关方法分析，将碳排放纳入传统的生产函数，采用随机前沿函数构建了碳排放效率评估模型，分别评估了城市和产业层面的碳排放效率，采用计量回归模型识别了碳排放效率的关键影响因素及其作用特征。

5.1 碳排放效率相关理论与方法

5.1.1 碳排放效率相关理论

1992 年联合国发展与环境会议提出了“生态效率”的概念，表示人们在使用单位资源时自身需要得到满足的程度。生态效率可描述生产活动的投入产出过程，其中投入量为经济单元的能源消耗或环境损耗，产出则为其供应的产品或服务。目前，生态效率将经济与生态系统融合起来，逐渐成为政策制定者和管理者十分重视的指标。能源作为生产过程中不可或缺的投入要素，基于“帕累托效率”可定义“能源效率”，即“每单位能源消耗量的产出量”。以该定义为基础，单位地区生产总值的能源消耗量（能源消耗量/地区生产总值）、单位产品的能源消耗量、单位建筑面积的能源消耗量等指标可用来衡量能源效率。同时，基于投入产出思想的理论与方法逐渐用来评价能源效率。2008 年，美国麦肯锡咨询公司首次提到碳生产率，又称之为“单位碳的地区生产总值”。碳生产率结合了经济发展过程中的两个期望目标：一是地区生产总值增长，二是控制碳排放量。随着可持续发展与减碳目标的提出，碳生产率对全球的经济发展影响越来越大。目前，学术界还没有关于碳排放效率的明确定义，通常认为在地区发展过程中，经济增长到一定程度时，碳排放量越少，则碳排放效率越高。碳排放效率将生产过程中的经济、能源与二氧化碳结合起来，可以用单位能源的碳排放、单位地区生产总值的碳排放等简单指标来表示。但是，考虑生产过程中的投入产出要素，需要将碳排放量纳入生产函数，发展更为科学的模型来评估碳排放效率。

综上所述，生态效率更加注重宏观能源、资源与经济发展的关系，但未体现碳排放在效率中的作用。能源效率表示能源投入和产出要素之间的关系，但未将碳排放和其他投入要素纳入考虑范围。碳生产率着重强调碳排放与经济发展之间的关系，忽略了能源以及其他投入要素对效率的影响。基于此，本书认为碳排放效率可以更为综合地将投入产出变量考虑到生产过程中，可以科学合理地反映区域低碳经济发展水平。

5.1.2 碳排放效率的评估方法

生产函数是测算生产效率的前提和基础，确定生产前沿面是分析评价单元效率的关键。目前，确定前沿面模型的两种常见方法中，非参数方法以数据包络分析（DEA）为代表，参数方法以随机前沿函数（SFA）为代表。

5.1.2.1 数据包络分析

DEA 由 Charnes、Cooper 和 Rhodes 提出，是通过线性规划方法测度技术效率的一种生产分析重要方法。DEA 模型采用数学规划理念计算多输入、多输出的决策单元是否位于生产可能集的“生产前沿面”上，进而识别出决策单元的相对有效性特征。DEA 模型通过建立数学模型观察各决策单元是否在生产前沿面上，以评价其有效性。一般情况下，DEA 模型可以评估规模报酬不变和规模报酬变化两种条件下的效率值，该值为综合技术规模效率，简称为综合技术效率。综合技术效率反映的是评估单元的配置、利用和规模等效率的综合反映，可进一步分为纯技术效率、技术进步和规模效率。其中，纯技术效率和规模效率的乘积可称为技术效率。

5.1.2.2 随机前沿分析

SFA 方法的前提条件是确定生产函数，通过具体的参数方程来研究决策单元的效率问题，其基本模型为

$$y_i = f(x_i,\ \beta)\exp(v_i - \mu_i) \tag{5-1}$$

式中，y_i表示样本 i 的产出；x_i表示样本 i 的投入要素；f（*）表示生产函数；β表示待估参数向量；v_i表示观测误差和其他随机因素，是独立分布的随机变量，服从标准正态分布；μ_i 表示技术非效率项，为非负变量，可假设服从半正态分布或者截断正态分布；v_i 与μ_i是相互独立的。

实际生产的技术效率（Technical Efficiency，TE）可以用样本的期望值与随机前沿期望的比值来表示，换言之，生产者的技术效率等于实际产出均值与理论最大产出均值的比值。

$$\mathrm{TE}_i=\frac{f(x_i,\ \beta)\exp\lambda(v_i-\mu_i)}{f(x_i,\ \beta)\exp\lambda(v_i)}=\exp(-\mu_i) \tag{5-2}$$

式中，TE_i 表示样本 i 的技术效率。

5.1.3　基于 SFA 的碳排放效率测算模型

与传统生产函数相比，超越对数生产函数的形式更加灵活，考虑了变量自身和变量之间的影响作用，十分适合用来研究投入和产出变量之间的联系。同时，它也能够较好地处理拟合数据（Christensen et al.，1973）。因此，本书选用超越对数生产函数来建立碳排放效率测算模型，将各地区（或行业）的经济产出（Y）作为产出变量，将劳动力（L）、资本投入（K）以及碳排放量（C）作为投入变量（Sun and Huang，2022；李世豪，2020）。然后，通过该模型来分别测算京津冀地区 40 个工业部门（S1～S40）和 13 个城市的碳排放效率。

生产函数：

$$P_j\left(K,L,C\right)=\left\{\left(K,L,C,Y\right):\left(K,L,C\right)\text{can produce}\left(Y\right)\right\},\ j=1,\ \cdots,\ J \tag{5-3}$$

其中，投入向量：

$$x=\left(K,L,C\right)\in R_N^+ \tag{5-4}$$

产出变量：

$$Y\in R_M^+ \tag{5-5}$$

式中，K 为评价单元的资本量；L 为评价单元的劳动力；C 为评价单元的二氧化碳排放量；Y 为评价单元的经济产出。SFA 模型的具体形式如下。

$$y_i=\beta_o+\beta_k k_{it}+\beta_l l_{it}+\beta_c c_{it}+\frac{1}{2}\beta_{kk}(k_{it})^2+\frac{1}{2}\beta_{ll}(l_{it})^2+\frac{1}{2}\beta_{cc}(c_{it})^2+$$

$$\beta_{kl}k_{it}l_{it}+\beta_{kc}k_{it}c_{it}+\beta_{lc}l_{it}c_{it}+v_{it}-\mu_{it} \tag{5-6}$$

$$v_{it}\sim N(0,\sigma_v^2) \tag{5-7}$$

$$\mu_{it}=\exp\left\{-\eta(t-T_i)\right\}\mu_i \tag{5-8}$$

$$\mu_{it}\sim N(m_{it},\sigma_\mu^2) \tag{5-9}$$

$$m_{it}=z_{it}\delta \tag{5-10}$$

$$k_{it}=\ln K_{it} \tag{5-11}$$

$$l_{it}=\ln L_{it} \tag{5-12}$$

$$c_{it}=\ln C_{it} \tag{5-13}$$

$$y_{it}=\ln Y_{it} \tag{5-14}$$

式中，z_{it} 表示除技术效率之外的因素；m_{it} 表示技术无效率项；δ 表示待估参数。资本量 K、劳动力 L、碳排放量 C、经济产出 Y 均取对数形式。

进一步地，将式（5-6）两边同时减去 c_{it}，可进一步得到如下等式：

$$y_i - c_{it} = \beta_o + \beta_k k_{it} + \beta_l l_{it} + (\beta_c - 1)c_{it} + \frac{1}{2}\beta_{kk}(k_{it})^2 + \frac{1}{2}\beta_{ll}(l_{it})^2 + \frac{1}{2}\beta_{cc}(c_{it})^2 + \beta_{kl}k_{it}l_{it} + \beta_{kc}k_{it}c_{it} + \beta_{lc}l_{it}c_{it} + v_{it} - \mu_{it} \tag{5-15}$$

$$\ln\left(\frac{Y_{it}}{C_{it}}\right) = y_i - c_{it} \tag{5-16}$$

最后，评估碳排放效率的公式如下：

$$\mathrm{CP}_{it} = \frac{E(Y_{it} / C_{it})}{E(Y_{it} / C_{it} \mid \mu_{it} = 0)} = \frac{\exp(\beta_o + \cdots + v_{it} - \mu_i)}{\exp(\beta_o + \cdots + v_{it})} = \exp(-\mu_i) \tag{5-17}$$

根据上式可知，$0 < \mathrm{CP}_{it} < 1$。CP_{it} 接近 0 时，碳排放效率较低；CP_{it} 接近 1 时，碳排放效率较高，距离随机前沿面较近。

5.2 区域碳排放效率评估结果

5.2.1 变量统计及模型检验

为了解京津冀地区地级市层面的碳排放效率，本书基于 13 个城市的投入产出指标的面板数据，采用 SFA 碳排放效率模型测算 2000—2019 年的碳排放效率（表 5-1）。具体来讲，采用全市资产总量、年末从业人数和城市碳排放总量分别代表资本、劳动力和碳排放量 3 个投入指标，利用地区生产总值代表经济产出指标，共包含 260 个样本量。

表 5-1 区域碳排放效率 SFA 模型的基本变量统计

变量	指标	单位	平均值	最大值	最小值	标准差
资本（K）	资产总量	亿元	1 517.22	1 807.05	33.84	9 388.40
劳动力（L）	年末从业人数	万人	114.82	182.38	21.00	878.05
碳排放（C）	二氧化碳排放总量	万 t	4 837.80	2 922.93	224.29	11 685.87
经济产出（Y）	地区生产总值	亿元	2 550.74	3 829.57	163.03	24 591.17

通过 STATA 软件处理数据，进行碳排放效率测算。表 5-2 为区域 SFA 碳排放效率模型的参数评估结果，模型整体的可信度较高，对数似然值为 128.844，除资本（ln$K$）和劳动力（ln$L$）一次项的系数估计值不显著，其他参数估计值均表现为 5%以内的显著性。碳排放对碳排放效率具有 1%显著性水平下的负向作用（−0.886 5），代表碳排放每增加 1%，会导致碳排放效率降低 0.886 5%。这在实际生产过程中也是合理的，即当其他因素不变时，碳排放量越高，碳排放效率会越低。

表 5-2　区域 SFA 碳排放效率模型函数的参数评估结果

估计变量	系数估计值	Std.Err.	z	$P>\|z\|$
_cons	3.777 7**	1.560 7	2.42	0.016
ln$K$	−0.046 0	0.137 0	−0.34	0.737
ln$L$	−0.480 2	0.327 6	−1.47	0.143
ln$C$	−0.886 5***	0.237 9	−3.73	0.000
（ln$K$）^{2}	0.107 6***	0.014 8	7.28	0.000
（ln$L$）^{2}	0.111 7***	0.023 7	4.71	0.000
（ln$C$）^{2}	0.344 1***	0.037 5	9.17	0.000
ln$K$×ln$L$	0.114 7***	0.028 0	4.09	0.000
ln$K$×ln$C$	−0.333 9***	0.037 9	−8.81	0.000
ln$L$×ln$C$	−0.242 1***	0.059 8	−4.05	0.000
样本量 = 260		Wald chi2（9）　= 4 871.16		
Log likelihood = 128.844		Prob＞chi2 =0.000		

注：“*”　“**”　“***”分别表示在 10%、5%和 1%的显著水平下可信。

5.2.2　区域碳排放效率变化

图 5-1 为 2000—2019 年京津冀地区 13 个城市的碳排放效率分布，可以看出效率值分布呈现左偏分布，最小值为 0.506 5（2005 年，廊坊市），最大值为 0.981 0（2019 年，北京市）。13 个城市的碳排放效率平均值呈现“波动增加”的变化趋势（图 5-2）。在 260 个效率值中，有 70 个效率值处于 0.90～0.95，中位数为 0.867 7（2019 年，沧州），有 3.85%的效率值小于或等于 0.60，有 64.62%的效率值小于或等于 0.90。由此可知，京津冀地区碳排放效率的整体水平较高，所有效率的平均值为 0.841 0。

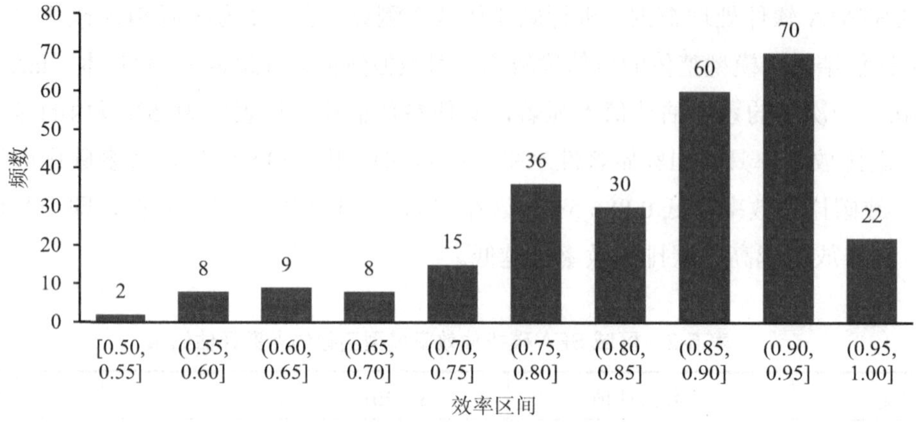

图 5-1 京津冀地区 13 个城市的碳排放效率频数分布

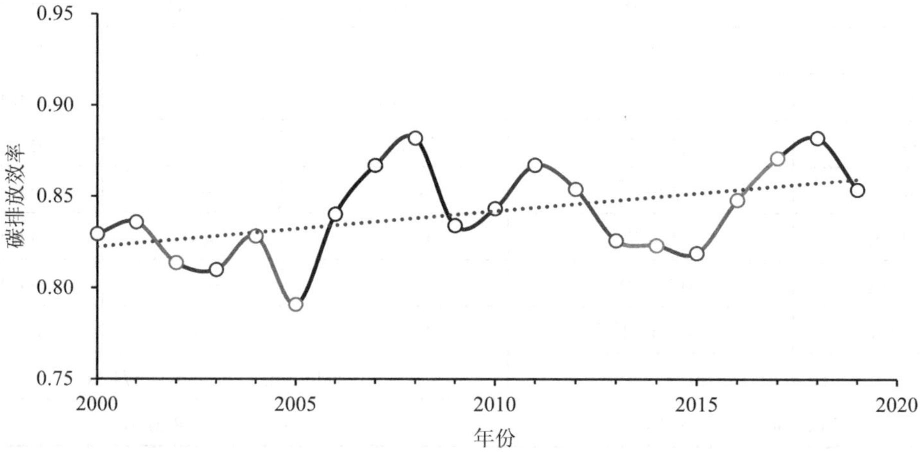

图 5-2 2000—2019 年京津冀地区 13 个城市的碳排放效率平均值变化

2000—2019 年，京津冀地区 13 个城市的碳排放效率水平有明显的差异（图 5-3）。整体上讲，廊坊市整体的碳排放效率最低，平均值为 0.679 9。唐山和衡水的平均效率值超过了 0.9，分别为 0.947 5 和 0.912 7。天津、保定的平均效率值较低，小于 0.8，分别为 0.784 8 和 0.785 3，北京、邯郸、张家口 3 个城市的平均碳排放效率稍高于 0.8，平均值分别为 0.817 2、0.809 0、0.805 6；其中，北京、天津、保定和邯郸的碳排放效率值分布范围较广（变化幅度较大），张家口的碳排放效率值分布范围较窄（变化幅度较小）。其次，沧州和承德的碳排放效率值分布范围相似，但沧州整体平均效率高于承德（0.882 2＞0.850 7）；秦皇岛、石家庄、邢台的碳排放效率值分布范围相近，平均值相差不大，分别为 0.893 6、0.894 8、0.869 4。衡水和唐山的碳排放效率平均值较高，分别为 0.912 7 和 0.947 5，碳排放效率值分布范围十分集中。其中，衡水碳排放效率的最小值和最大值分别为 0.856 9（2014 年）和 0.964 3（2000 年）；唐山碳排放效率的最小值和最大值分别为 0.922 5（2016 年）和 0.966 0（2011 年）。

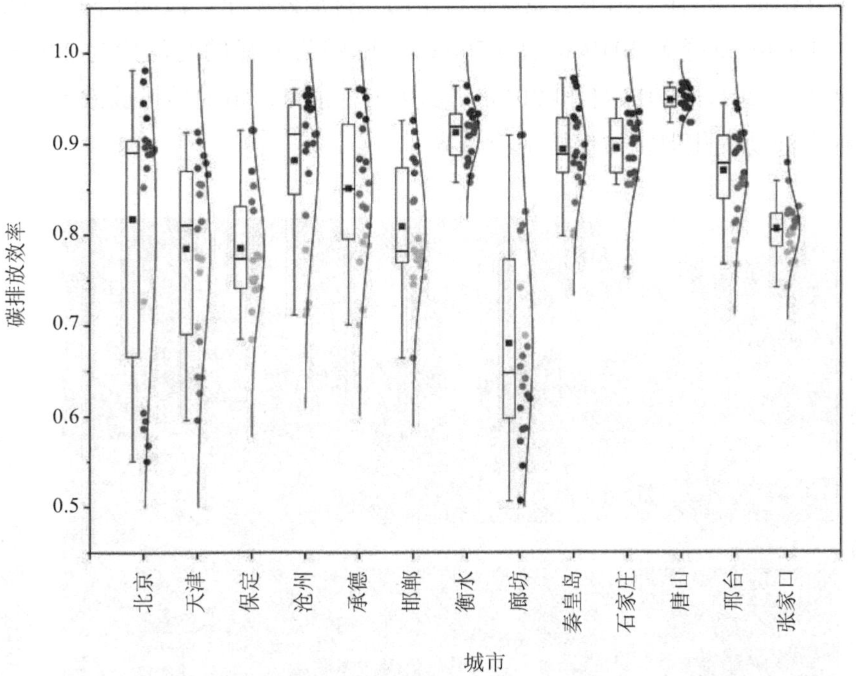

图 5-3　2000—2019 年京津冀地区 13 个城市的碳排放效率箱线图

由图 5-4 可知，北京碳排放效率整体上呈现“波动增加”的变化趋势；2000—2005 年效率值较低，低于 0.80；2006 年以后，效率值呈现波动性增加的趋势，均高于 0.85。天津的碳排放效率呈现“N”字形变化趋势，2000—2005 年效率值波动增加，2005—2015 年效率值呈现降低的变化趋势，2015—2019 年效率值波动性增加。保定市的碳排放效率值呈现“先波动下降、后趋于稳定”的变化趋势，2000—2005 年效率值降低较快，2005—2019 年的效率值有微弱的增长趋势。沧州市的碳排放效率值呈现“先快速增长、后微弱降低”的变化趋势，2000—2005 年效率值增长较快，2005—2019 年效率值有微弱的降低趋势。承德市的效率值波动较大，存在 2001—2008 年“连续增长”和 2011—2017 年“连续下降”的两个明显变化阶段。邯郸的碳排放效率经历了“先增长、后降低”的变化趋势，2000—2008 年效率值波动增长，达到最大值 0.925 2，2008—2019 年效率值波动下降。衡水市的碳排放效率一直较高，但呈现微弱的下降趋势。廊坊市的碳排放效率整体较低，在研究期间呈现“先微弱降低、后快速增长”的变化趋势，2000—2015 年碳排放效率从 0.608 4 降至 0.506 5，然后转为快速增加趋势，到 2019 年效率值为 0.908 9。秦皇岛的碳排放效率变化趋势无明显规律，整体效率值较高，2019 年效率值达到 0.962 5。石家庄碳排放效率呈现波动降低的变化趋势，从 2000 年的 0.932 5 降至 2019 年的 0.762 7，下降较为明显的时间段为 2004—2005 年、2011—2015 年以及 2017—2019 年。唐山市的碳排放效率较高且十分稳定，整体变化不明显。邢台市的碳排放效率呈“波动下降”的变化趋势，从 2000 年的 0.906 0 降至 2019 年的 0.766 6，下降较为明显的时间段为 2001—2004 年、2007—2009 年、2011—2014 年和 2017—2019 年。张家口市的碳排放效率变化趋势不明显，虽然存在波动变化但整体保持平稳趋势。

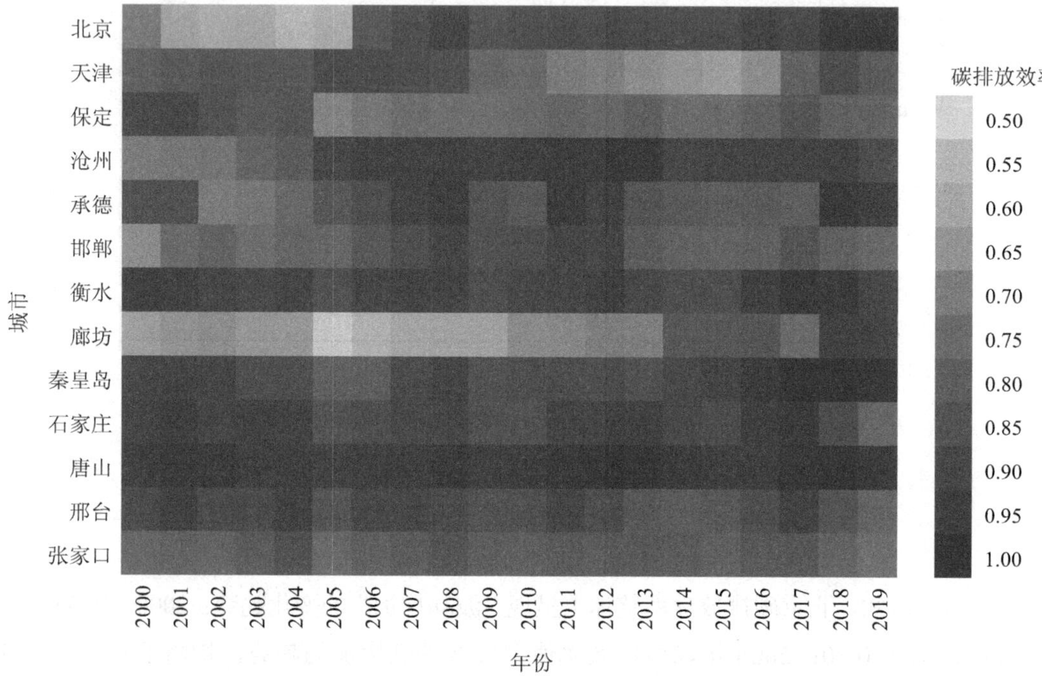

图 5-4　2000—2019 年京津冀地区 13 个城市碳排放效率的变化

2000—2019 年，京津冀地区内城市的碳排放效率值呈现明显的空间聚集特征（图 5-5）。2000 年，京津冀地区碳排放效率呈现“西南区域和东北区域两个高聚集区”的空间分布特征。2005 年，出现“东部沿渤海地区高值区”和“北京—廊坊极低值区”两个聚集区。2010 年，呈现相对均质化的空间分布，“保定—廊坊—天津”区域的“东西条带”出现效率的略低值区，唐山、沧州、衡水在东部地带效率值较高。2015 年，天津市效率出现极低值，效率值整体呈现出“西北低、东南高”的空间分布特征。2019 年，效率值在空间上呈现明显的空间分布规律，从西南到东北方向的效率值呈现逐渐增加的变化趋势。

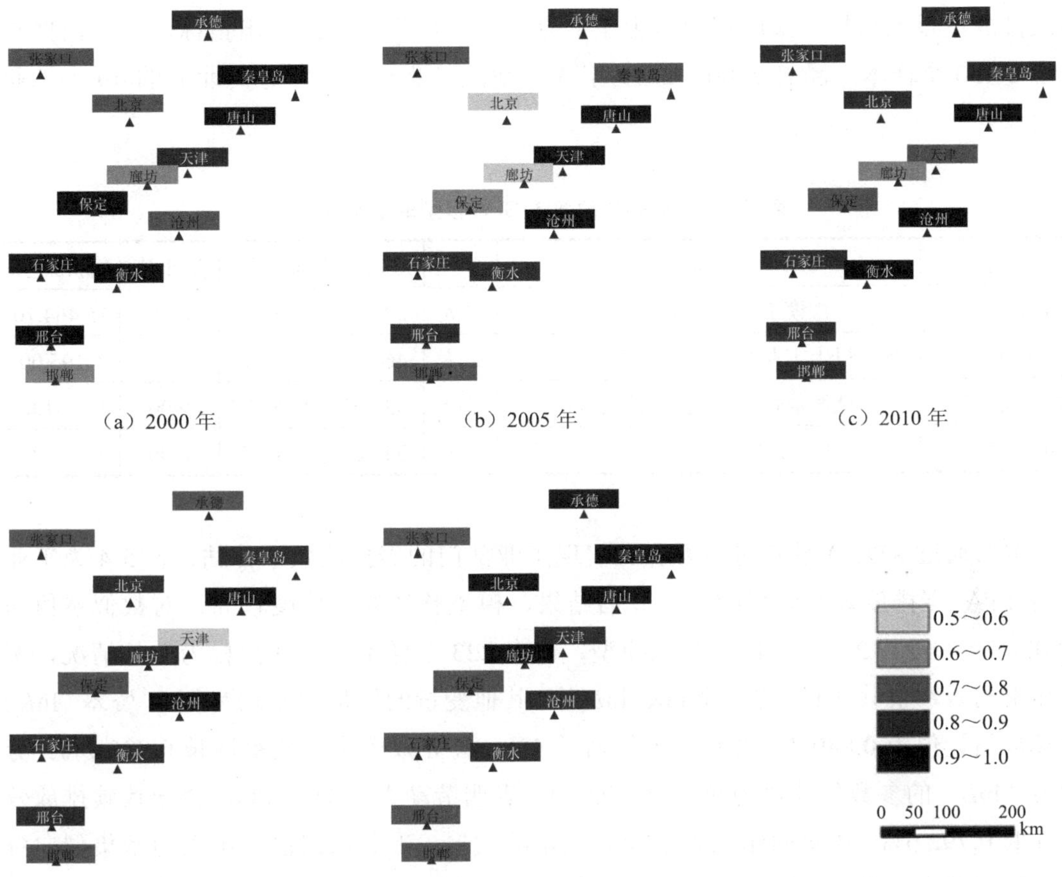

（a）2000 年　（b）2005 年　（c）2010 年

（d）2015 年　（e）2019 年

图 5-5　京津冀地区 13 个城市碳排放效率的空间分布

5.3　产业碳排放效率评估结果

在产业转型的背景下，京津冀地区早已进入协同发展阶段。工业部门承担着区域发展过程中大部分的生产活动，是区域能源消耗的主体，同时也是碳排放的主要来源。评估北京、天津、河北三个地区工业部门的碳排放效率，可以为区域进行产业转移、提高生产率提供科学参考。

5.3.1　变量统计及模型检验

本书使用北京、天津、河北三个地区工业部门的面板数据进行碳排放效率评估。表 5-3 为模型所需要的变量及统计描述结果。本书采用规模工业企业资产总量、规模以上工业企业年末从业平均人数、能源消耗的二氧化碳排放量分别作为资本、劳动力和碳排放量投入指标；采用规模以上工业企业总产出作为经济产出指标。所用数据共包含 2 400 个样本，涵盖 2000—2019 年 3 个地区（北京、天津、河北）的 40 个工业部门。

表 5-3　产业碳排放效率 SFA 模型的基本变量统计

变量	指标	单位	平均值	最大值	最小值	标准差
资本（*K*）	规模工业企业资产总量	亿元	399.47	1 040.12	0.00	15 464.10
劳动力（*L*）	规模以上工业企业年末从业平均人数	百人	466.28	651.58	0.00	6 195.00
碳排放（*C*）	能源消耗的二氧化碳排放量	万 t	328.91	2 062.75	0.00	32 531.07
经济产出（*Y*）	规模以上工业企业总产出	亿元	342.06	736.15	0.00	9 408.26

本书通过 STATA 软件处理数据，实现工业部门的碳排放效率评估。表 5-4 为工业部门 SFA 碳排放效率模型的参数评估结果，模型整体的可信度较高，对数似然值为 −2 024.291 9，共 2 400 个样本输入模型，但有 223 个样本中存在指标为 0 的情况，所以输出的效率值共 2 177 个。除 $\ln K\times\ln L$ 外，其他变量的置信水平均为 1%。资本（$\ln K$）的参数估计值为 0.880 7，表明资本每增长 1%，会导致碳排放效率增长 0.880 7%。劳动力（$\ln L$）的参数估计值为负（−0.792 6），表明劳动力每增长 1%，会导致碳排放效率降低 0.792 6%。该负向结果表示随着技术的发展，工业部门已经由人力密集型向资本密集型转变，单纯增加劳动力可能不会提高生产效率；而且事实上，多数部门经济产出的增长速度远大于劳动力的增长速度，个别部门的劳动力呈现负增长。碳排放（$\ln C$）的系数估计值为−0.560 6，表示碳排放每增加 1%，会导致碳排放效率降低 0.560 6%，这在实际生产过程也是合理的，当其他因素不变时，碳排放量越高，碳排放效率会越低。

表 5-4　产业碳排放效率 SFA 模型函数的参数评估结果

估计变量	系数估计值	Std.Err.	*z*	*P*>|*z*|
_cons	1.923 4***	0.174 0	11.05	0.000
$\ln K$	0.880 7***	0.051 3	17.17	0.000
$\ln L$	−0.792 6***	0.079 7	−9.95	0.000
$\ln C$	−0.560 6***	0.037 3	−15.02	0.000
$(\ln K)^2$	−0.049 9***	0.007 7	−6.51	0.000
$(\ln L)^2$	0.115 7***	0.012 7	9.08	0.000
$(\ln C)^2$	0.014 9***	0.002 9	5.12	0.000

估计变量	系数估计值	Std.Err.	z	$P>\|z\|$
$\ln K \times \ln L$	0.035 9**	0.016 0	2.24	0.025
$\ln K \times \ln C$	0.043 0***	0.008 2	5.22	0.000
$\ln L \times \ln C$	−0.125 2***	0.010 7	−11.72	0.000
样本量 ＝2 177		Wald chi2（9）＝14 265.38		
Log likelihood＝−2 024.291 9		Prob＞chi2 =0.000		

注：“*”“**”“***”分别表示在 10%、5%和 1%的水平上显著。

5.3.2　产业碳排放效率变化

图 5-6 为京津冀三地工业部门的碳排放效率频数分布。效率值频数呈现左偏分布，最小值为 0.123 3（2002 年，北京，有色金属矿采选业 S4），最大值为 0.906 1（2009 年，天津，煤炭采选业 S1）。在 2 177 个输出的效率值中，有 10.11%的效率值小于或等于 0.50，有 58.75%的效率值小于或等于 0.70，有 99.95%的效率值小于或等于 0.90。其中，在(0.65，0.70]和（0.70，0.75]两个范围的效率值分布最多，个数分别为 452 和 454，所占比重分别为 20.76%和 20.85%。所有效率值的平均数为 0.662 4，中位数为 0.683 7。

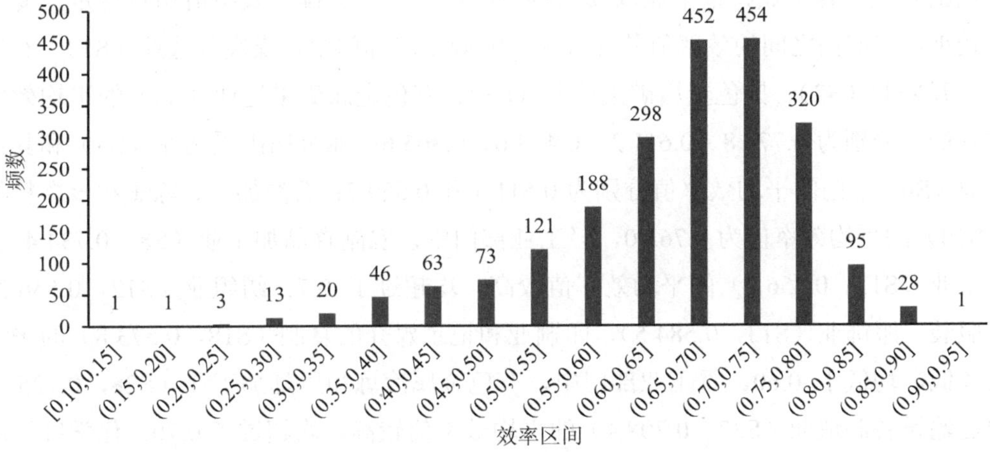

图 5-6　京津冀地区工业部门的碳排放效率频数分布

5.3.2.1　北京市工业部门碳排放效率变化

2000—2019 年，北京市工业部门的碳排放效率变化呈现“先快速增加、后趋于稳定”的变化趋势（图 5-7）。2000—2005 年，北京市工业部门的平均碳排放效率值呈现快速增加的趋势，从 0.501 8 增加到 0.642 3，增长了 28.00%，年均增长率为 5.60%。

2010—2019 年，平均碳排放效率值呈现波动性微弱变化，整体上趋于稳定，2019 年平均效率值为 0.645 5。

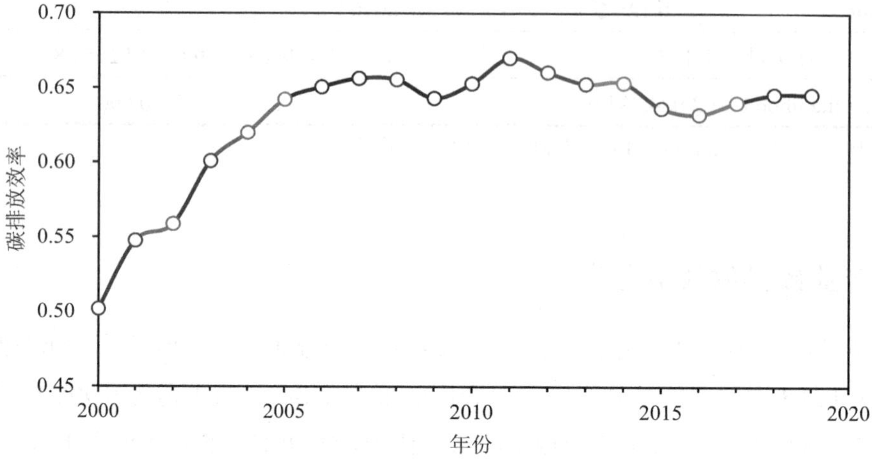

图 5-7 北京市工业部门的平均碳排放效率变化

北京市工业部门的碳排放效率值分布如图 5-8 所示，各部门的碳排放效率分布差异较大。整体上讲，能源生产和电力、热力、燃气及水生产和供应业部门的碳排放效率值分布范围较大；轻工业、重工业以及高科技产业部门的碳排放效率值相对稳定，变化幅度也较小，但部门之间的效率值差异较大。能源生产部门中，煤炭采选业（S1）、石油和天然气开采业（S2）、黑色金属矿采选业（S3）、有色金属矿采选业（S4）的平均效率值依次降低，分别为 0.774 8、0.611 3、0.458 6、0.305 6；非金属矿采选业（S5）和其他矿采选业（S6）部门的平均效率值分别为 0.511 4 和 0.559 7；石油加工、炼焦和核燃料加工业（S20）的平均效率值为 0.763 0。轻工业部门中，农副食品加工业（S8，0.734 4）、烟草加工业（S11，0.756 2）的平均效率值较高，均超过了 0.7；纺织业（S12，0.556 3）、纺织服装、服饰业（S13，0.584 5）、印刷业和记录媒介的复制（S18，0.573 8）的平均效率值较低，均低于 0.60。重工业部门中，有色金属冶炼和压延加工业（S28，0.725 4）、交通运输设备制造业（S32，0.708 4）的平均效率值较高，均超过了 0.70；化学纤维制造业（S23，0.555 6）、橡胶制品业（S24，0.535 6）、非金属矿物制品业（S26，0.578 7）、通用设备制造业（S31，0.586 6）的平均效率值较低，均低于 0.60；高科技产业部门中，电气机械及器材制造（S33，0.722 5）的平均效率值较高，超过了 0.70。

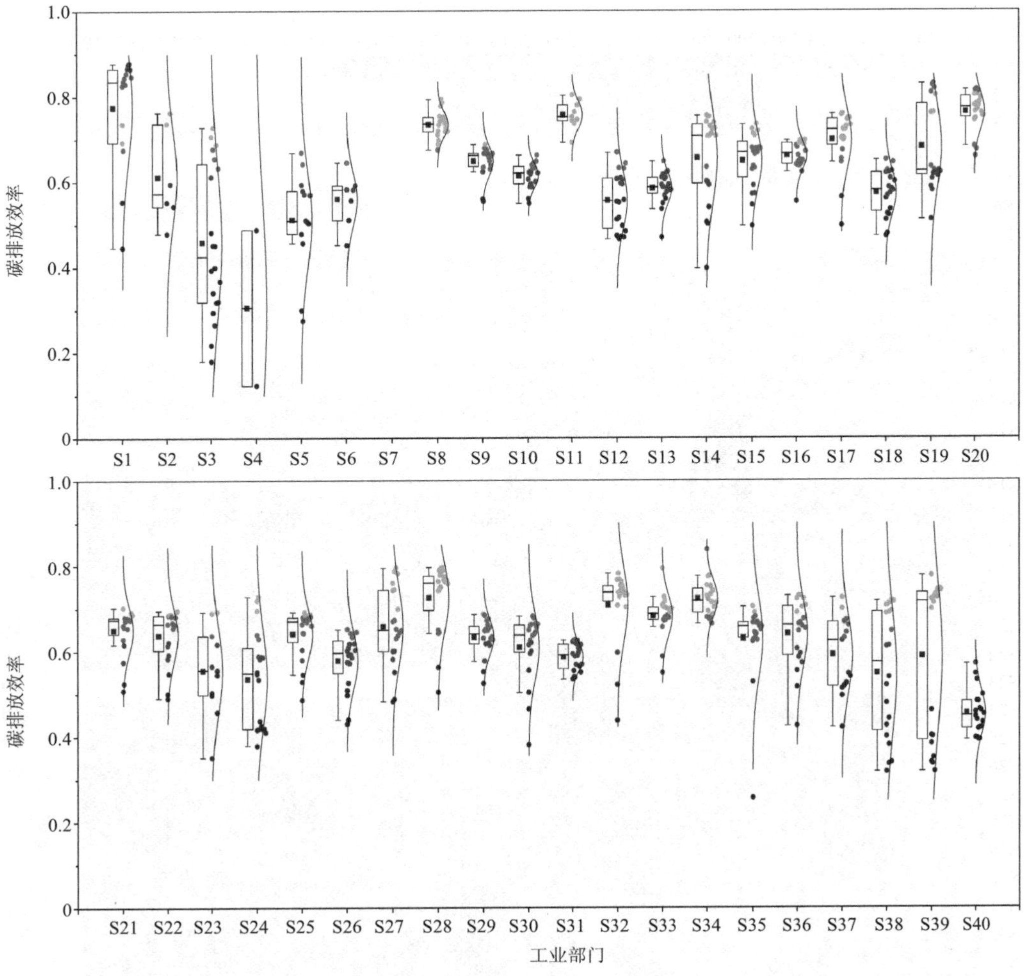

图 5-8　2000—2019 年北京市工业部门的碳排放效率箱线图

注：S1～S40 分别代表 40 个工业部门，见表 3-3。

图 5-9 为 2000—2019 年北京市各工业部门的碳排放效率变化趋势。40 个部门效率的变化趋势差异较大。效率值较高的部门大多呈现持续增加的变化趋势，如 S1、S18、S19、S27、S28、S38 部门的效率值较高且呈现持续增加的变化趋势。除此之外，S3、S8、S12、S14、S20、S24、S29、S30、S32、S36 部门呈现“先增加、后降低”的变化趋势；S9、S13、S17、S21、S22、S25、S26、S33、S35、S39 部门呈现“先增加、后趋于稳定”的变化趋势。

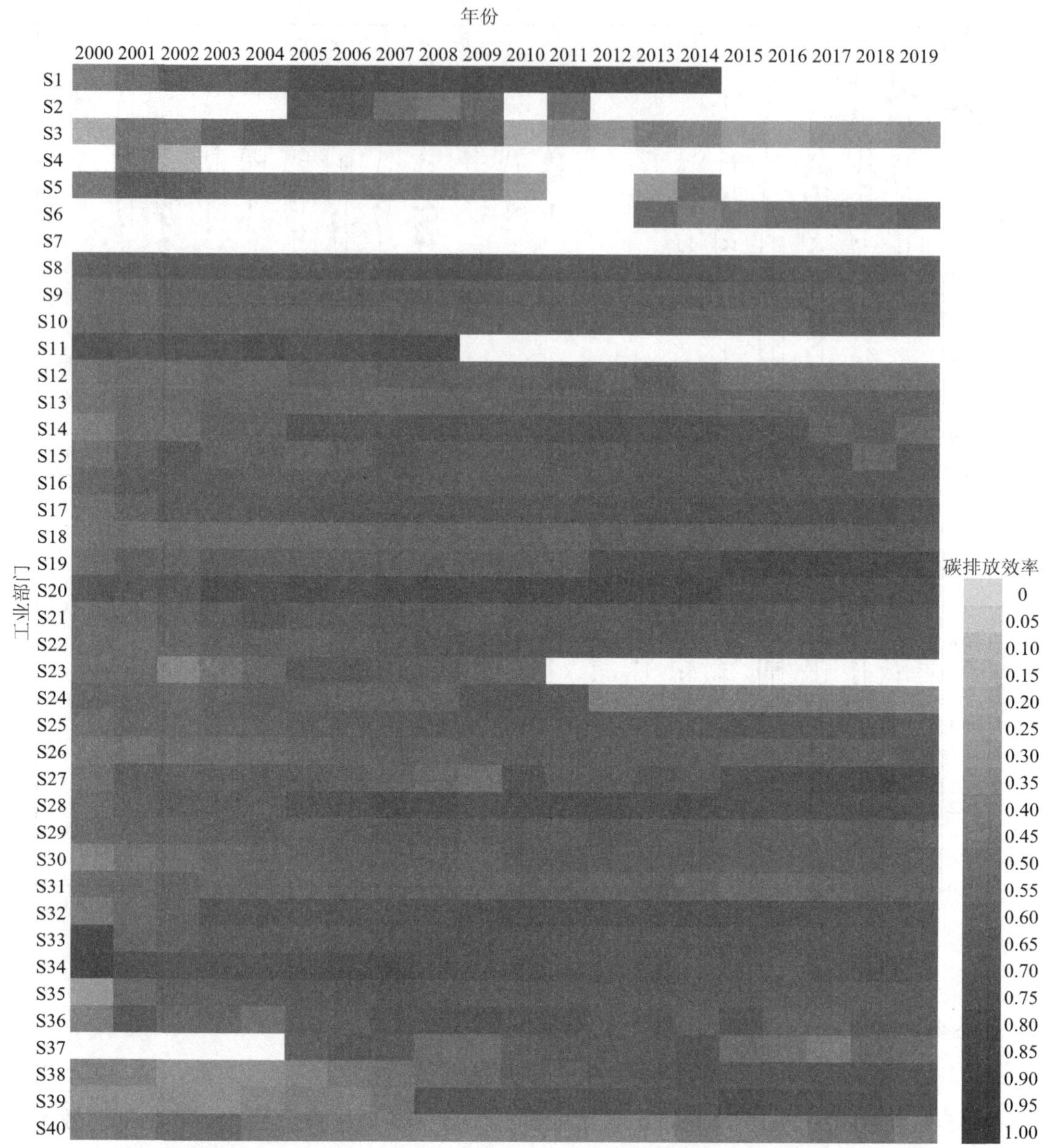

图 5-9 2000—2019 年北京市 40 个工业部门的碳排放效率变化

注：S1～S40 分别代表 40 个工业部门，见表 3-3。

5.3.2.2 天津市工业部门碳排放效率变化

由图 5-10 可知，2000—2019 年天津市 40 个工业部门的平均碳排放效率值呈现“波动增加”的变化趋势，从 2000 年的 0.559 2 增长到 2019 年的 0.679 5，20 年间增长了 22.77%，年均增长率为 1.20%。相较河北来说，天津市效率值较为稳定，变化幅度较小。

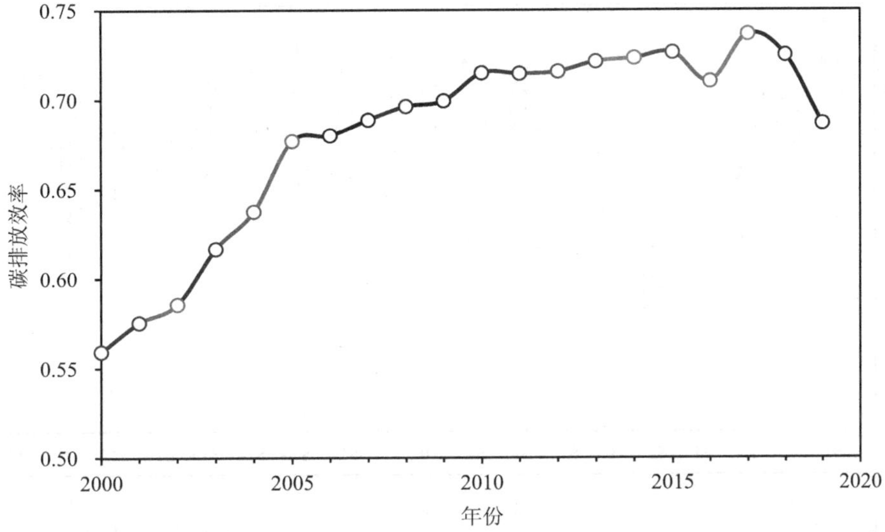

图 5-10　天津市工业部门的碳排放效率平均值变化

天津市工业部门的碳排放效率值整体较高且较为稳定，所得效率值的平均值（0.679 5）高于河北省（0.676 8）和北京市（0.628 3）。从效率值分布来看，天津市工业部门的碳排放效率水平存在明显差异（图 5-11）。效率的极高值和极低值表现较为明显，其中，有色金属矿采选业（S4，0.833 6）、黑色金属冶炼和压延加工业（S27，0.800 7）的平均效率超过了 0.80；煤炭采选业（S1，0.795 7）、农副食品加工业（S8，0.792 7）和废弃资源综合利用业（S37，0.796 1）的平均效率超过了 0.79。其中，天津市采掘业发展规模较小，煤炭采选业 S1（2004—2016 年）、黑色金属矿采选业 S3（2010—2019 年）、有色金属矿采选业 S4（2003—2006 年）、其他矿采选业 S6（2012—2019 年）部门仅存在部分年份的效率值，虽然效率较高，但整体上对生产效率的分析参考价值较小。相对于轻工业，天津市重工业的效率值更为稳定，尤其是 S22～S32。天津市的高科技产业部门的碳排放效率值较为稳定，且平均效率值较高，S33～S37 的平均效率值依次为 0.726 2、0.748 9、0.685 8、0.739 4、0.796 1；电力、热力、燃气及水生产和供应业中 3 个部门（S38～S40）的效率值较低，平均效率值依次为 0.645 3、0.586 4、0.473 2。

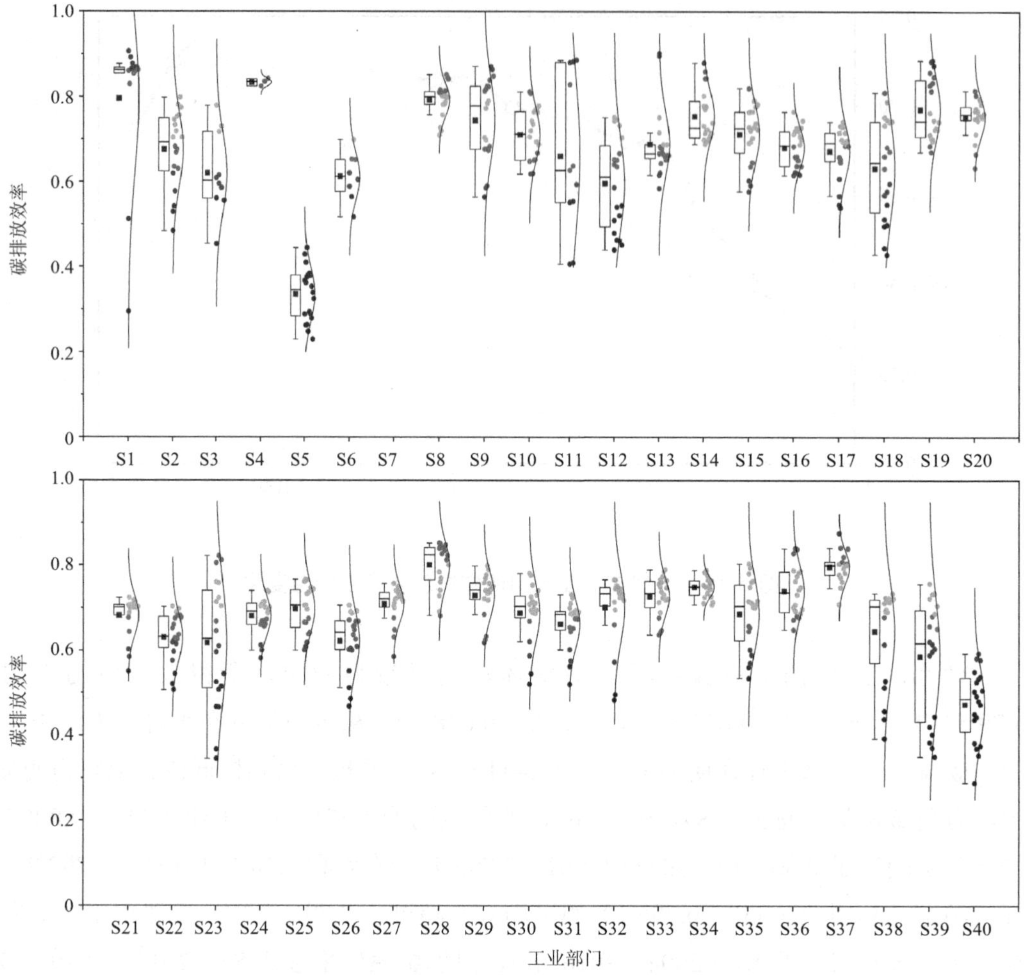

图 5-11　2000—2019 年天津市工业部门的碳排放效率箱线图

注：S1～S40 分别代表 40 个工业部门，见表 3-3。

2000—2019 年，天津市 40 个工业部门的效率值变化趋势差异不大，大部分部门呈现“波动增加”的变化趋势（图 5-12）。其中，石油和天然气开采业（S2），石油加工、炼焦和核燃料加工业（S20），化学纤维制造业（S23），有色金属冶炼和压延加工业（S28），电子及通信设备制造（S34），仪器仪表及文化、办公用机械制造业（S35），废弃资源综合利用业（S37）均呈现“先快速增加、后缓慢降低”的变化趋势；黑色金属矿采选业（S3）和非金属矿采选业（S5）分别呈现波动降低的趋势。

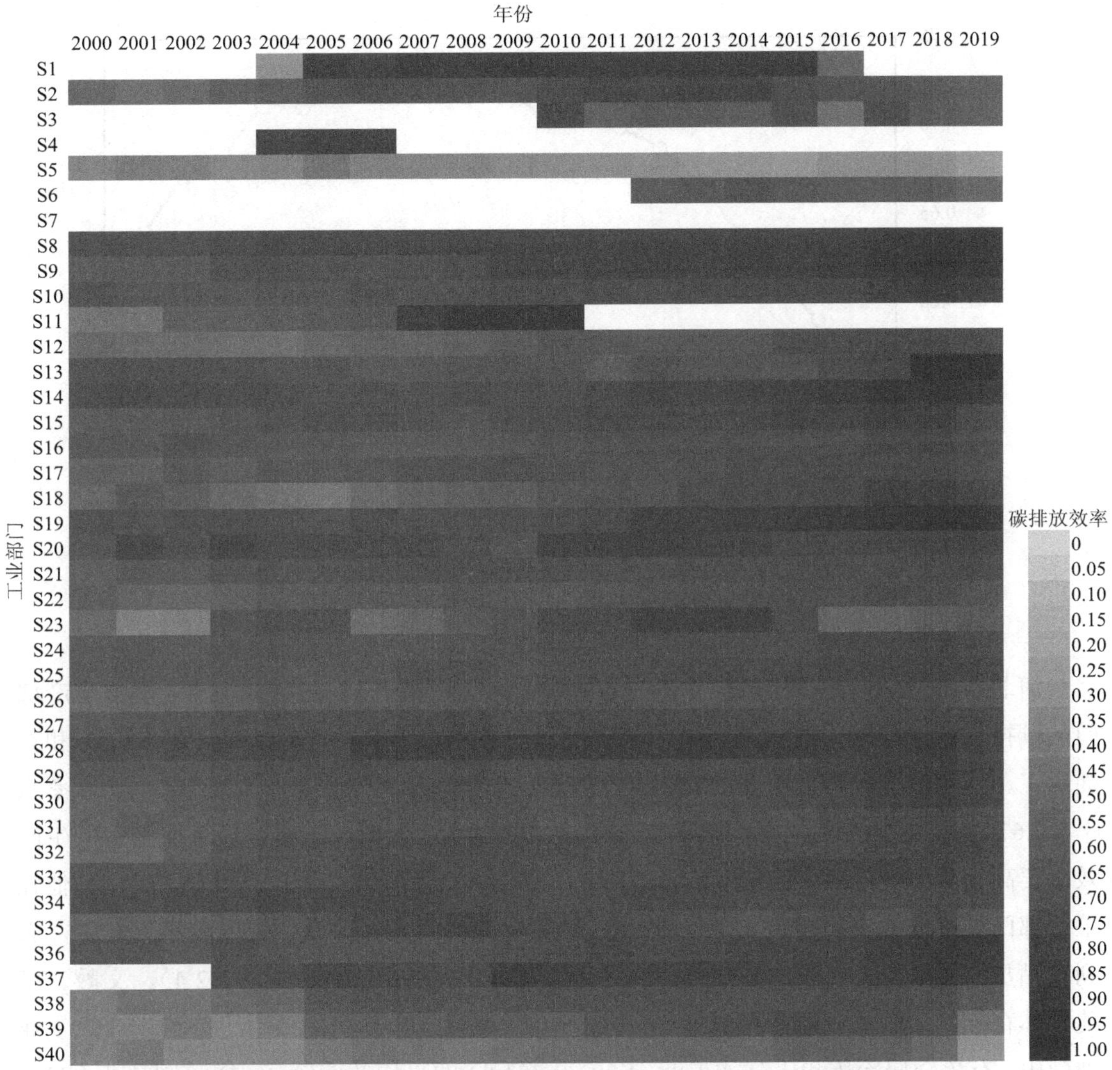

图 5-12　2000—2019 年天津市 40 个工业部门的碳排放效率变化

注：S1～S40 分别代表 40 个工业部门，见表 3-3。

5.3.2.3　河北省工业部门碳排放效率变化

由图 5-13 可见，2000—2019 年河北省 40 个工业部门的平均碳排放效率值呈现“先增加、后降低”的倒“U”形变化趋势。2000 年平均效率值为 0.565 8，2011 年增长到极大值 0.737 5，2000—2011 年平均效率增长了 30.35%，年均增长率 2.76%。之后，2019 年平均效率值为 0.640 6，2011—2019 年效率值降低了 13.14%，年均降低 1.64%。2000—2019 年，平均效率值仍呈现增加的变化趋势，20 年间增长了 10.39%，年均增长 0.55%。

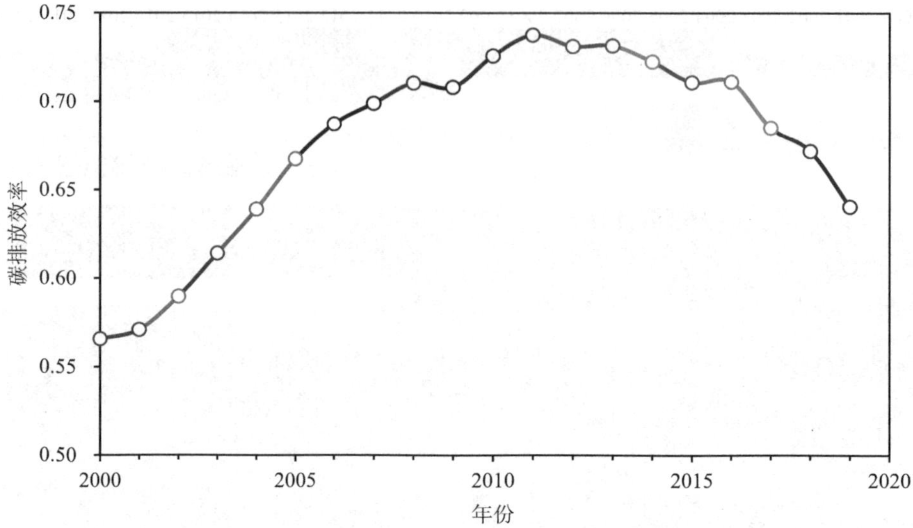

图 5-13 2000—2019 年河北省工业部门的平均碳排放效率变化

河北省工业部门的碳排放效率水平存在明显差异（图 5-14）。整体上讲，能源生产部门的碳排放效率较低，变化幅度大。其中，只有黑色金属矿采选业（S3，0.688 6）和石油加工、炼焦和核燃料加工业（S20，0.759 6）的平均效率高于 40 个部门的平均效率水平（0.676 8），其他部门的平均效率均低于区域平均水平。整体上看，轻工业部门的生产效率要高于重工业，除了饮料制造业（S10，0.683 4）和纺织业（S12，0.684 0），其他轻工业部门的平均效率均超过 0.70。另外，轻工业部门的效率值变化幅度较小。其中，农副食品加工业（S8，0.691 0～0.811 9）、食品制造业（S9，0.662 9～0.782 4）、文教、工美、体育和娱乐用品制造业（S19，0.681 1～0.798 5）3 个部门的效率十分稳定。重工业部门中，有色金属冶炼和压延加工业（S28，0.753 5）的平均效率较高，橡胶制品业（S24，0.717 0）、塑料制品业（S25，0.708 8）、金属制品业（S29，0.706 7）3 个部门的平均效率稍高于 0.70，其他重工业部门的平均效率均低于 0.70。高科技产业部门的碳排放效率居于区域平均水平。电气机械及器材制造（S33），电子及通信设备制造（S34），仪器仪表及文化、办公用机械制造业（S35），其他制造业（S36）和废弃资源综合利用业（S37）部门的平均效率值分别为 0.677 1、0.615 8、0.650 0、0.709 8、0.771 5。

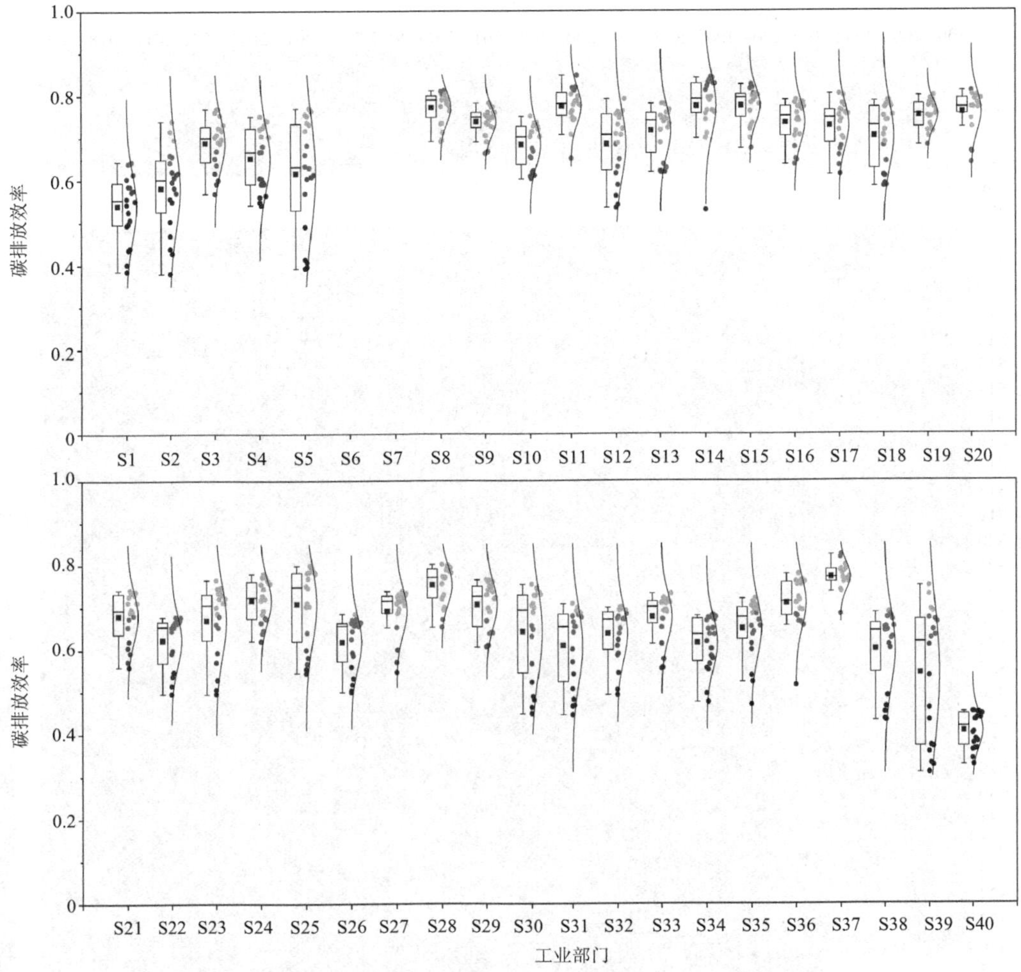

图 5-14　2000—2019 年河北省工业部门的碳排放效率箱线图

注：S1～S40 分别代表 40 个工业部门，见表 3-3。

图 5-15 为各工业部门碳排放效率值在 2000—2019 年的变化趋势。40 个部门效率的变化趋势差异较大，多数部门的效率与平均效率值变化趋势一致，呈现“先增加、后降低”的趋势。其中，食品制造业（S9）、化学纤维制造业（S23）、黑色金属冶炼和压延加工业（S27）、电气机械及器材制造业（S33）4 个部门的效率呈现“先增加、后趋于稳定”的变化趋势；烟草加工业（S11），石油加工、炼焦和核燃料加工业（S20）和燃气生产和供应业（S39）3 个部门的效率呈现持续增加趋势。

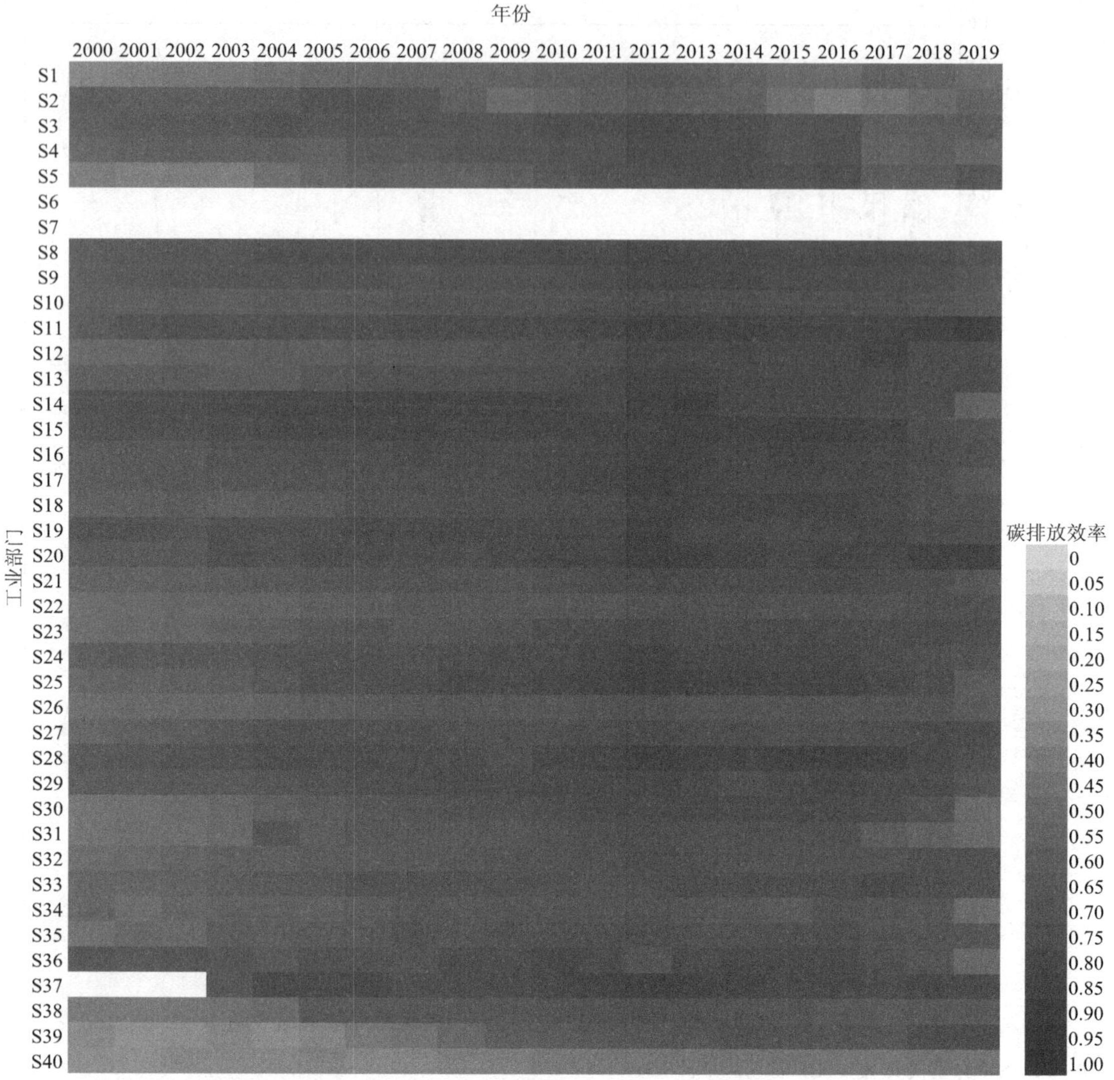

图 5-15 2000—2019 年河北省 40 个工业部门的碳排放效率变化

注：S1～S40 分别代表 40 个工业部门，见表 3-3。

5.4 碳排放效率的影响因素分析

结合上文对京津冀地区碳排放效率的评估结果，本节综合考虑京津冀地区的情况并参考相关研究文献，构建碳排放效率影响因素的指标体系，利用 Tobit 计量回归模型分析碳排放效率影响因素的作用特征，包括作用方向及作用强度，进一步识别京津冀地区碳排放效率的关键影响因素。

5.4.1　Tobit 回归模型

基于 Tobit 线性回归模型，建立了耐用消费品的因变量（支出）与自变量之间的解释关系模型：

$$y_i = y_i^* \quad y_i^* > 0 \tag{5-18}$$

$$y_i = 0 \quad y_i^* \leqslant 0 \tag{5-19}$$

$$y_i = \beta^T x_i + e_i,\quad e_i \sim N(0,1) \tag{5-20}$$

式中，x_i 表示自变量；β^T 表示回归参数变量；y_i^*表示效率值。采用最大似然估计法，具体公式如下：

$$L = \prod_{y_i=0}(1-F_i)\prod_{y_i>0}\frac{1}{\sqrt{2\pi}}\exp\left[-\frac{1}{2\sigma^2}(y_i-\beta^T x_i)^2\right] \tag{5-21}$$

$$F_i = \int_{-\infty}^{\beta^T x_i/\sigma}\frac{1}{\sqrt{2\pi}}\exp\left(-\frac{t^2}{2}\right)\mathrm{d}t \tag{5-22}$$

所以，本书碳排放效率的影响因素分析的公式具体如下：

$$\begin{aligned}\mathrm{tfp}_{it} = {} & \gamma_i + \beta_1\mathrm{gdp}_{it} + \beta_2\mathrm{car}_{it} + \beta_3\mathrm{lab}_{it} + \beta_4\mathrm{cap}_{it} + \beta_5\mathrm{urb}_{it} + \beta_6\mathrm{pop}_{it} + \\ & \beta_7\mathrm{ind3}_{it} + \beta_8\mathrm{ind3}_{it} + \beta_9\mathrm{ene}_{it} + \beta_{10}\mathrm{ope}_{it} + \beta_{11}\mathrm{gov}_{it} + u_{it}\end{aligned} \tag{5-23}$$

$$\mathrm{tfp}_{it} = \begin{cases}\mathrm{tfp}_{it}^* & \mathrm{tfp}_{it} \geqslant 0 \\ 0 & \text{其他}\end{cases} \tag{5-24}$$

式中，i=1，2，3，…，m；t=1，2，3，⋯，n；gdp_{it}、car_{it}、lab_{it}、cap_{it} 分别表示碳排放效率的 4 个基础影响因素，分别为人均地区生产总值、人均碳排放量、万人中就业人数和人均资产总量；urb_{it}、pop_{it}、$\mathrm{ind2}_{it}$、$\mathrm{ind3}_{it}$、ene_{it}、ope_{it}、gov_{it} 分别代表第 i 个城市第 t 年的城镇化水平、人口密度、第二产业地区生产总值所占比重、第三产业地区生产总值所占比重、能源强度、对外开放程度、政府干预（表 5-5）；β_1～β_{11} 为对应变量的待估系数；γ_i 表示个体差异；u_{it} 为随机误差项。

表 5-5　Tobit 回归分析变量及其含义

估计参数	变量	变量含义	指标
—	tfp_{it}	碳排放效率	—
β_1	gdp_{it}	人均地区生产总值	经济水平
β_2	car_{it}	人均碳排放量	技术水平
β_3	lab_{it}	万人中就业人数	投入水平
β_4	cap_{it}	人均资产总量	投入水平
β_5	urb_{it}	城镇人口比重	城镇化水平
β_6	pop_{it}	单位土地面积的人口数量	人口密度

估计参数	变量	变量含义	指标
β_7	ind2_{it}	第二产业所占比重	产业结构
β_8	ind3_{it}	第三产业所占比重	产业结构
β_9	ene_{it}	单位地区生产总值能源消耗	能源强度
β_{10}	ope_{it}	外商实际投资额占地区生产总值比重	对外开放程度
β_{11}	gov_{it}	地方财政支出占地区生产总值比重	政府干预

5.4.2 影响因素的作用特征分析

京津冀地区 13 个城市碳排放效率的影响因素的作用特征见表 5-6。人均地区生产总值对碳排放效率起到显著的正向作用，参数估计值（β_1）为 0.063 3，意味着经济发展水平越高，碳排放效率越高。人均碳排放量、万人中就业人数、人均资产总量 3 个投入基础因素对碳排放效率起到显著的负向作用，参数估计值（β_2–β_4）分别为−0.017 5、−1.356 9、−0.054 0，意味着该类因素越高，碳排放效率越低。城镇化水平对碳排放效率起到显著的促进作用，参数估计值（β_5）为 0.673 2，意味着城镇化水平越高，碳排放效率越高。人口密度对碳排放效率的作用效果不显著。产业结构对碳排放效率的影响较为微弱，第三产业地区生产总值所占比重的影响在 10%的显著水平上起到正向作用，参数估计值（β_8）为 0.011 9，意味着第三产业地区生产总值所占比重越高，碳排放效率越高；同时也在一定程度上说明，产业结构越高级，碳排放效率越高。能源强度、对外开放程度和政府干预 3 个影响因素的参数估计值（β_9–β_{11}）分别为−0.000 1、−0.568 7 和−0.853 0，意味着能源消耗强度升高、对外开放程度增加以及政府干预程度增加都会引起碳排放效率降低。碳排放效率的影响因素作用特征说明了京津冀地区的经济发展依旧伴随着巨大的碳排放代价。研究期间，经济快速发展，伴随着能源强度、对外开放程度以及政府干预等因素的增长，碳排放量也呈现增长的变化趋势，也就说明京津冀地区经济发展与碳排放关系依旧较为紧密，尚未实现两者脱钩。

表 5-6 碳排放效率影响因素的回归系数

影响因素	参数估计值	Std.Err.	t	$P>\|t\|$
β_1	0.063 3***	0.005 1	12.310 0	0.000 0
β_2	−0.017 5***	0.002 0	−8.850 0	0.000 0
β_3	−1.356 9***	0.103 2	−13.150 0	0.000 0
β_4	−0.054 0***	0.007 7	−7.050 0	0.000 0
β_5	0.673 2***	0.078 2	8.610 0	0.000 0
β_6	0.171 7	0.253 1	0.680 0	0.498 0
β_7	0.153 0	0.233 1	0.660 0	0.512 0
β_8	0.011 9*	0.005 3	2.260 0	0.025 0

影响因素	参数估计值	Std.Err.	t	$P>\|t\|$
β_9	−0.000 1***	0.000 0	−5.230 0	0.000 0
β_{10}	−0.568 7***	0.162 2	−3.510 0	0.001 0
β_{11}	−0.853 0***	0.124 9	−6.830 0	0.000 0
_cons	0.768 6***	0.196 0	3.920 0	0.000 0

Log likelihood = 335.891 7
Prob＞chi2 = 0.000 0
LR chi2（11） = 216.95
Pseudo R^2 = −0.477

注：“*”“**”“***”分别表示在 10%、5%和 1%的显著水平下可信。

5.4.3　影响因素的变化特征分析

为进一步分析碳排放效率影响因素变化，图 5-16 和图 5-17 展示了 2000—2019 年京津冀地区 13 个城市碳排放效率的影响因素变化。京津冀地区 13 个城市的人均地区生产总值均呈现快速增长的趋势，其中，北京、天津的人均地区生产总值一直处于领先地位；唐山、廊坊、石家庄 3 个城市在河北省内处于领先地位。13 个城市中，廊坊和唐山的人均碳排放量较高；各城市的人均碳排放量变化呈现“先增长、后降低或趋于稳定”或“波动增长”的变化趋势。其中，北京、沧州、邯郸、廊坊和唐山 5 个城市的人均碳排放变化呈现“先增长、后降低”的趋势；天津、秦皇岛和石家庄 3 个城市的人均碳排放变化呈现“先增长、后趋于稳定”的趋势；保定、承德、衡水、邢台和张家口 5 个城市的人均碳排放变化呈现“波动增长”的趋势。万人中就业人数变化趋势不十分明显，北京、天津的就业人数比例十分突出，河北省内的唐山、秦皇岛、石家庄的就业人数比例较为明显地高于其他城市，邢台的就业人数比例较为明显地低于其他城市。2000—2019 年，13 个城市的人均固定资产投资额呈现快速增长趋势，天津、石家庄、唐山和廊坊 4 个城市的增长速度较快，且在 2019 年处于较高水平。

2000—2019 年，北京和天津的城镇化水平一直较高，北京的城镇化水平增长较为缓慢，天津的城镇化水平增长较快；河北省 11 个城市的城镇化水平也呈现快速的增长趋势。2019 年，石家庄、唐山、秦皇岛和廊坊 4 个城市的城镇化水平较高，城镇化率均超过了 60%。13 个城市的人口密度差距较大，北京和天津的人口密度较高，承德和张家口的人口密度较低；北京和天津的人口密度在研究期内增长速度较快，河北省各城市人口密度的增长速度较为缓慢，尤其是承德、秦皇岛和张家口的人口密度变化十分缓慢。京津冀地区的产业结构变化明显，北京的第二产业地区生产总值所占比例最低，自 2000 年起低于 40%；其他 12 个城市的第二产业地区生产总值所占比例基本呈现“先微弱增加或趋于平稳、后明显降低”的变化趋势。相应地，北京的第三产业地区生产总值所占比例呈现明显的增加趋势，其他 12 个城市的第三产业地区生产总值所占比例呈现“先微弱降低或趋于平稳、后明显增加”的变化趋势。北京和天津的外商实际投资额占地区生产总值的比重较高，呈现“先降低、后增加”的变化趋势，河北省 11 个城市的外商实际投资占比均低于 5%，与北京和天津的差距较大。研究期间，13 个城市的地方财政支出呈现明显的增加趋势，2019 年张家口、邢台、衡水、承德、保定、天津以及北京的地方财政支出占比较高；其他城市的占比较低，其中，唐山最低。

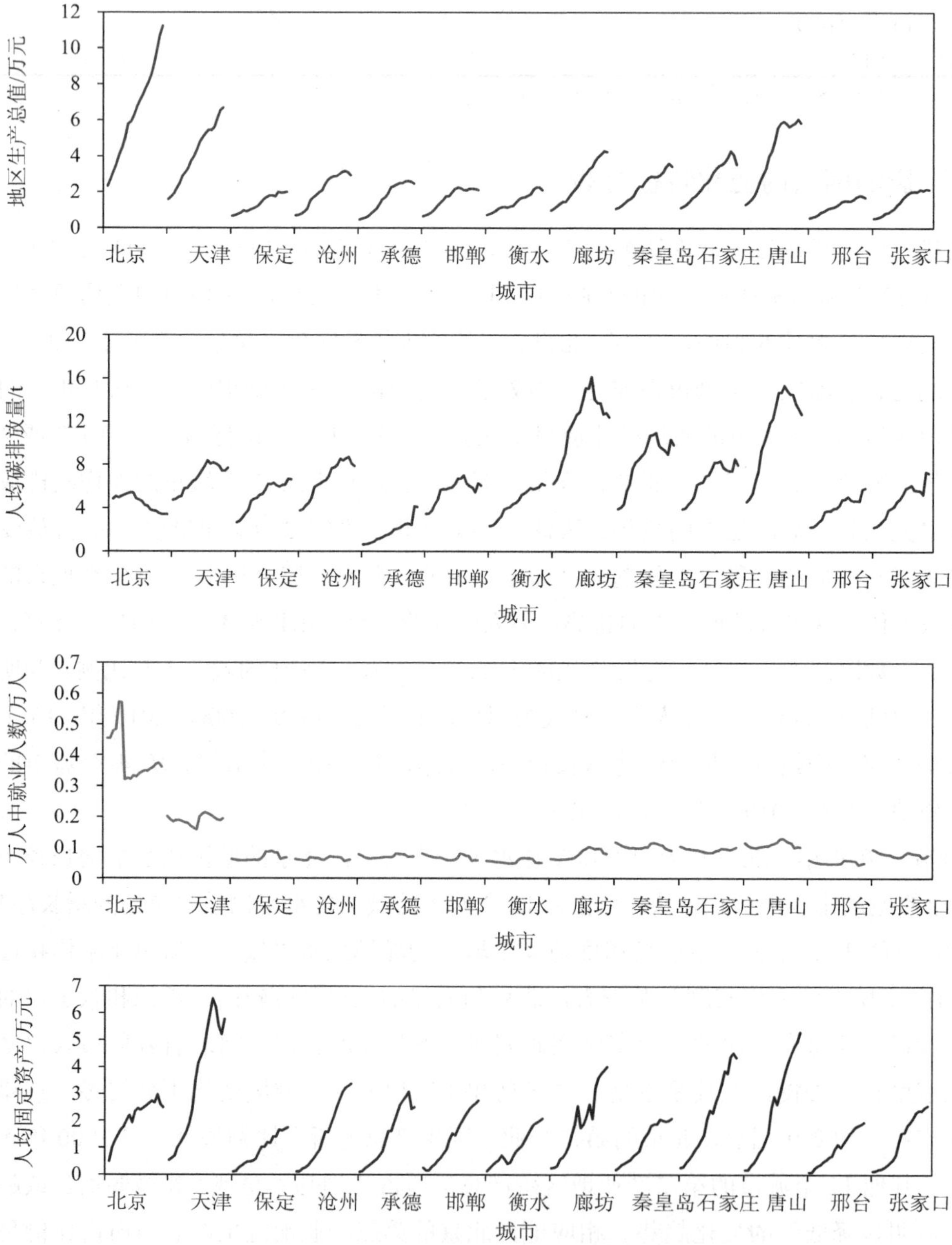

图 5-16 2000—2019 年碳排放效率基础影响因素变化

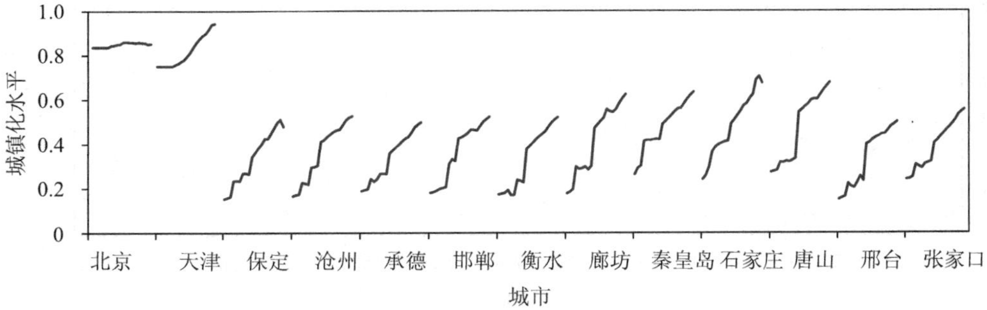
城镇化水平
1.0
0.8
0.6
0.4
0.2
0
北京 天津 保定 沧州 承德 邯郸 衡水 廊坊 秦皇岛 石家庄 唐山 邢台 张家口
城市

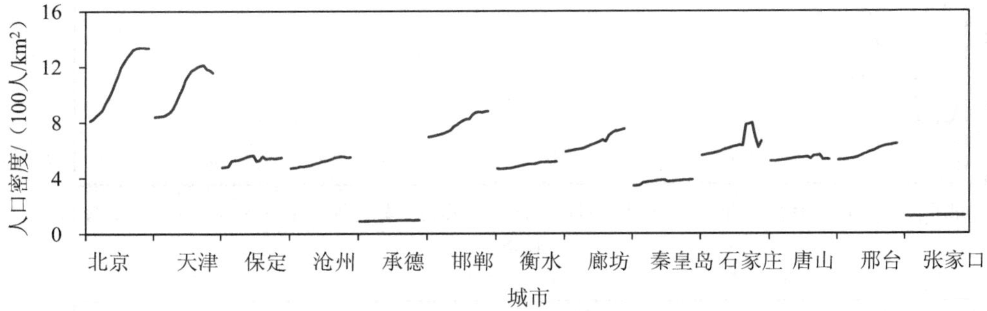
人口密度/（100人/km²）
16
12
8
4
0
北京 天津 保定 沧州 承德 邯郸 衡水 廊坊 秦皇岛 石家庄 唐山 邢台 张家口
城市

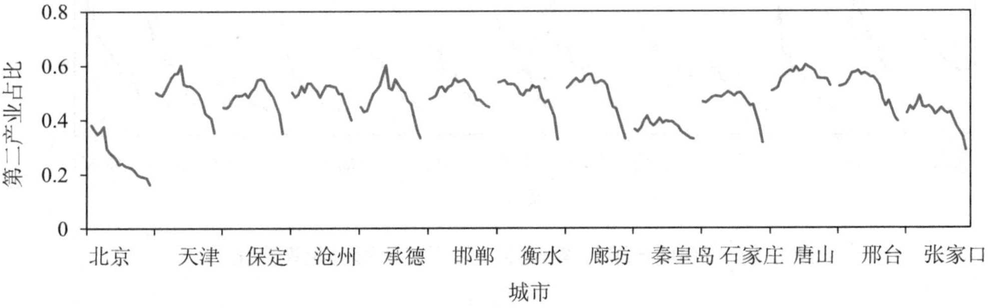
第二产业占比
0.8
0.6
0.4
0.2
0
北京 天津 保定 沧州 承德 邯郸 衡水 廊坊 秦皇岛 石家庄 唐山 邢台 张家口
城市

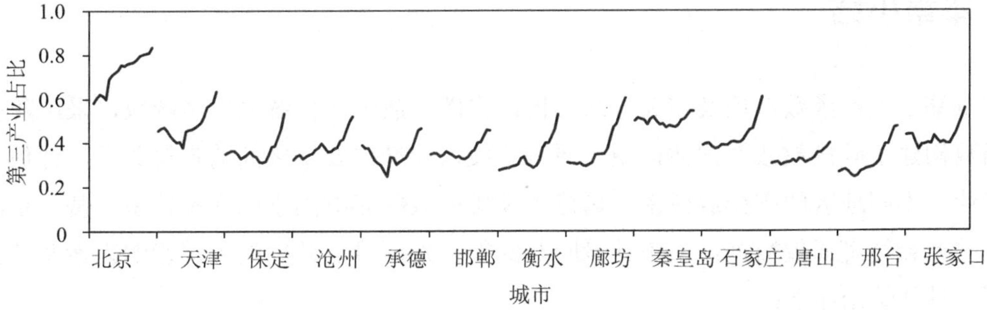
第三产业占比
1.0
0.8
0.6
0.4
0.2
0
北京 天津 保定 沧州 承德 邯郸 衡水 廊坊 秦皇岛 石家庄 唐山 邢台 张家口
城市

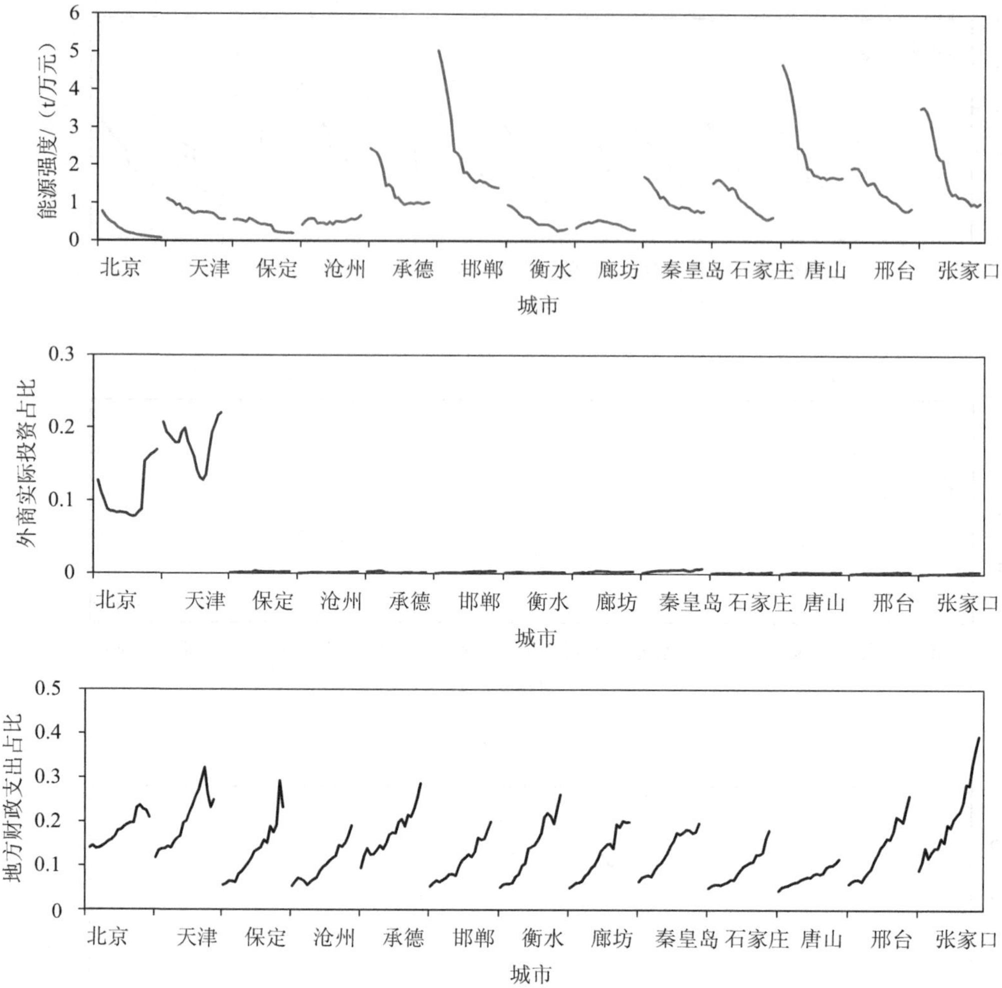

图 5-17　2000—2019 年碳排放效率其他影响因素变化

5.5　本章小结

本章基于生产函数理论及相关方法分析，将碳排放纳入传统的生产函数，采用随机前沿函数构建了碳排放效率评估模型。厘清了投入和产出要素之间的定量关系，评估了不同产业、不同地区的碳排放效率。构建了碳排放效率影响因素的指标体系，基于京津冀地区的社会经济面板数据，采用计量回归函数识别碳排放效率的关键影响因素及其作用特征。具体结论如下：

（1）区域碳排放效率。

2000—2019 年，京津冀地区 13 个城市的碳排放效率值呈现左偏分布，最小值为 0.506 5（2005 年，廊坊市），最大值为 0.981 0（2019 年，北京市）。13 个城市的碳排放效率平均值呈现“波动增加”的变化趋势。从 13 个城市碳排放效率差异来看，廊坊整体的碳排放效率最低；天津、保定的平均碳排放效率值较低，小于 0.8；北京、邯郸、张家口 3 个城市的平均碳排放效率稍高于 0.8。北京碳排放效率整体上呈现“波动增加”的变化趋势，天津的碳排放效率呈现“N”字形变化趋势，保定的碳排放效率值呈现“先波动下降、后趋于稳定”的变化趋势，沧州的碳排放效率值呈现“先增长、后趋于稳定”的变化趋势，其他城市的碳排放效率值变化不规律。2000—2019 年，京津冀地区碳排放效率在空间上呈现明显的空间聚集特征。2000 年，京津冀地区碳排放效率呈现“西南和东北两个高聚集区”的空间分布特征；2010 年呈现相对均质化的空间分布，保定—廊坊—天津区域的“东西条带”出现效率的略低值区；2019 年效率值在空间上呈现明显的空间分布规律，从西南到东北方向的效率值呈现逐渐增加的变化趋势。

（2）产业碳排放效率。

2000—2019 年，京津冀三地工业部门的碳排放效率值呈现左偏分布，最小值为 0.123 3（2002 年，北京，有色金属矿采选业 S4），最大值为 0.906 1（2009 年，天津，煤炭采选业 S1）。北京市工业部门的碳排放效率变化呈现“先快速增加、后趋于稳定”的变化趋势。能源生产和电力、热力、燃气及水生产和供应业中部门碳排放效率值分布范围较广，轻工业、重工业以及高科技产业部门的碳排放效率值相对稳定，变化幅度也较小。天津市工业部门的碳排放效率值整体较高且较为稳定，所有效率值的平均值（0.679 5）高于河北省（0.676 8）和北京市（0.628 3）。河北省 40 个工业部门的平均碳排放效率呈现“先增加、后降低”的倒“U”形变化趋势。能源生产部门的碳排放效率较低，变化幅度大。其中，只有黑色金属矿采选业（S3，0.688 6）和石油加工、炼焦和核燃料加工业（S20，0.759 6）的平均效率高于 40 个部门的平均效率水平（0.676 8），其他部门的平均效率均低于区域平均水平。

（3）碳排放效率的影响因素。

人均地区生产总值对碳排放效率起到显著的正向作用，参数估计值（β_1）为 0.063 3，意味着经济发展水平越高，碳排放效率越高。人均碳排放量、万人中就业人数、人均资产总量 3 个投入基础因素对碳排放效率起到显著的负向作用，参数估计值（β_2–β_4）分别为−0.017 5、−1.356 9 和−0.054 0，意味着该类因素越高，碳排放效率越低。城镇化水平对碳排放效率起到显著的促进作用，参数估计值（β_5）为 0.673 2，意味着城镇化水平越高，碳排放效率越高。人口密度对碳排放效率的作用效果不显著。产业结构对碳排放效率的影响较为微弱，第三产业地区生产总值所占比重的影响在 10%的显著水平上起到正向作用，参数估计值（β_8）为 0.011 9，意味着第三产业地区生产总值所占比重越高，碳排放效率越高，这也在一定程度上说明，产业结构越高级，碳排放效率越高。能源强度（β_9）、对外开放程度（β_{10}）以及政府干预（β_{11}）3 个影响因素的参数估计值分别为−0.000 1、−0.568 7、−0.853 0，意味着能源消耗强度升高、对外开放程度增加以及政府干预程度增加都会引起碳排放效率降低。

第 6 章
碳收支平衡分析及时空格局演化

碳汇作为一种典型的生态系统服务，对地球气候起到明显的调节作用，属于生态系统服务中的调节服务。碳排放正是人类对于固碳服务的需求表征，调查自然界的碳汇变化，明晰碳汇与碳排放的平衡关系，不仅可以加深对京津冀地区生态系统服务和人类活动碳排放之间复杂关系的认识和理解，有利于制定碳中和的空间管理策略，也能够为区域固碳增汇提供政策启示和建议。首先，本章评估了京津冀地区的固碳能力，并分析了其时空变化特征。其次，定量分析了京津冀地区碳收支平衡状况及其变化趋势。最后，提出了区域碳平衡匹配关系的静态和动态分析方法，探究了京津冀地区碳平衡匹配关系的时空格局演化规律，有助于制定京津冀地区空间差异化的碳调控策略。

6.1 固碳量评估及时空变化分析

6.1.1 固碳量评估方法

随着遥感技术的发展，利用遥感技术和方法对区域 NPP 进行估算已经成为主要的发展方向。利用 CASA 方法可以有效估算 NPP（张峰等，2008）。根据绿色植被光合作用化学方程式可知，植被每生产 1 单位有机物将会固定 1.63 单位的 CO_2（黄怀雄等，2010），根据式（6-1）可以计算固碳量。

$$CS = 1.63 \times NPP \tag{6-1}$$

式中，CS 表示固碳量；NPP 表示净初级生产力，kgC/m^2。京津冀地区 NPP 的空间分布见图 6-1。京津冀地区 NPP 分布具有明显的空间分异规律，呈现“西北高、东南低”的分布特征，与区域土地利用分布特征一致。西北部地区的草地和林地分布较为密集，NPP 值较高；东南部地区耕地分布较广，NPP 值较低；北京、天津、石家庄等城市的建设用地分布较广，其 NPP 值为 0。

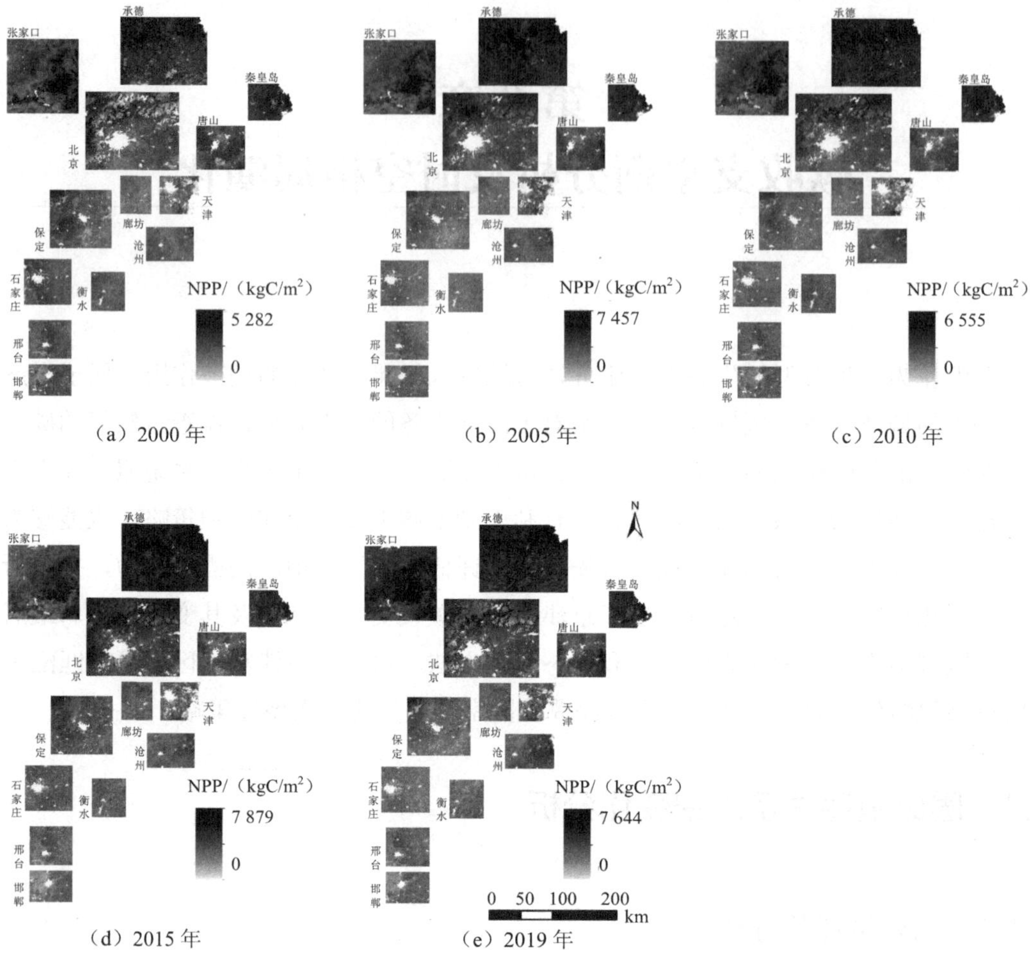

图 6-1　2000—2019 年京津冀地区 NPP 的空间分布变化

6.1.2　固碳量时空变化

2000—2019 年，京津冀地区的固碳总量“波动增加”（图 6-2）。2000—2004 年京津冀地区的固碳量快速增长，从 79.68 Mt 增长到 122.95 Mt，年均增长 13.58%；2004—2007 年固碳量连续降低，从 122.95 Mt 降低到 88.79 Mt，年均降低 6.94%；2008 年固碳量增长到 119.13 Mt；之后，固碳量呈现较为平稳的波动变化趋势，直到 2019 年固碳量为 115.58 Mt。

2000—2019 年，京津冀地区的固碳量在空间上表现出“西北高、东南低”的分布特征，与土地利用和 NPP 在空间上呈现相似的分布规律（图 6-3）。京津冀西北部地区林草分布广泛，植被密度和生产力较高，固碳能力较强。中部腹部及东南部地区经济发展水平

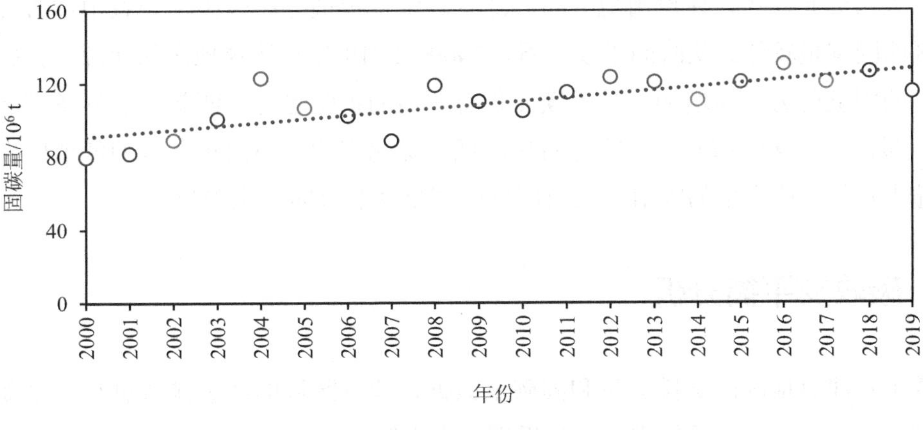

图 6-2　2000—2019 年京津冀地区固碳总量的变化

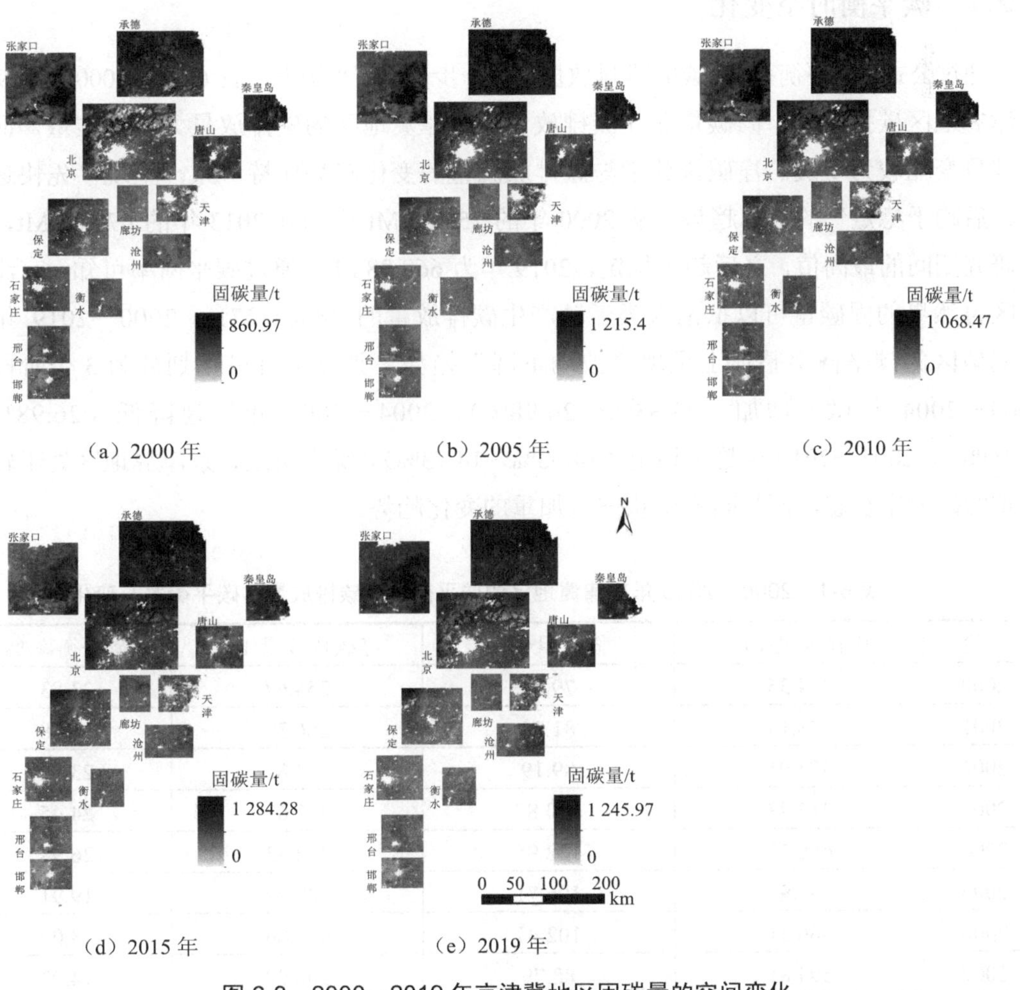

图 6-3　2000—2019 年京津冀地区固碳量的空间变化

较高，人口分布密集，建设用地分布广泛且连续，植被分布较少，导致中部腹部及东南部地区的固碳量较低。从时间维度来看，2000—2019 年京津冀地区西北部（张家口和承德市）的固碳能力明显增加，且固碳面积有明显的扩张趋势；西部沿边界条带区域（石家庄、邢台及邯郸西部）固碳能力明显降低；除北京北部小面积区域的低值固碳区有明显的缩小趋势，西南部的零值及低值固碳区域呈现明显的扩张趋势。

6.2 碳收支平衡分析

基于京津冀地区的碳排放量和固碳量数据，计算区域的净碳排放量与碳平衡供需指数，划分固碳区与排碳区，进一步分析碳收支平衡状态。

6.2.1 碳平衡时空变化

通过公式“碳平衡率=固碳量/碳排放量”进一步计算碳平衡率，表 6-1 为 2000—2019 年京津冀地区碳排放量、固碳量和净碳排放量。京津冀地区的碳排放量大于固碳量，而且固碳量变化较为平缓。净碳排放量与碳排放总量的变化趋势保持一致，呈现“先快速增加、后趋于稳定”的变化趋势，从 2000 年的 254.67 Mt 增加到 2013 年的 678.08 Mt，达到研究期间的最高值，之后趋于稳定，2019 年为 668.98 Mt。通过碳平衡率可知，京津冀地区自然界的固碳量可以抵消人类活动产生碳排放量的 14%～27%。2000—2019 年京津冀地区的碳平衡率整体上呈现“波动下降”趋势，具体来讲可以划分为 3 个阶段：2000—2004 年微弱增加（23.83%～26.98%）、2004—2007 年快速降低（26.98%～14.93%）、2007—2019 年趋于稳定（14.93%～14.73%）。综上所述，京津冀地区处于较为严重的碳赤字状态，而且碳赤字状态呈加重的变化趋势。

表 6-1 2000—2019 年京津冀地区的碳平衡（净碳排放量和碳平衡率）变化

年份	碳排放量/10^6t	固碳量/10^6t	净碳排放量/10^6t	碳平衡率/%
2000	334.35	79.68	254.67	23.83
2001	348.14	81.76	266.39	23.48
2002	373.01	89.19	283.82	23.91
2003	412.48	100.87	311.62	24.45
2004	455.77	122.95	332.83	26.98
2005	535.93	106.71	429.22	19.91
2006	566.31	102.47	463.84	18.09
2007	594.81	88.79	506.02	14.93
2008	629.63	119.13	510.50	18.92

年份	碳排放量/10^6t	固碳量/10^6t	净碳排放量/10^6t	碳平衡率/%
2009	654.52	110.36	544.16	16.86
2010	709.12	105.19	603.93	14.83
2011	766.80	115.27	651.53	15.03
2012	786.17	123.48	662.69	15.71
2013	798.87	120.79	678.08	15.12
2014	786.88	111.06	675.83	14.11
2015	777.55	120.85	656.70	15.54
2016	776.18	130.64	645.54	16.83
2017	740.97	120.84	620.13	16.31
2018	791.34	126.63	664.70	16.00
2019	784.56	115.58	668.98	14.73

通过碳排放量和固碳量的关系可以将研究区划分为固碳区（碳排放量＜固碳量，即净碳排放量为负）、平衡区（碳排放量=固碳量，即净碳排放量为零）和排碳区（碳排放量＞固碳量，即净碳排放量为正）。根据净碳排放再进一步将固碳区和排碳区划分为强、中、低 3 个等级：强固碳区（＜−800 t）、中固碳区（−800～−500 t）、低固碳区（−500～0 t）、低排碳区（0～5 000 t）、中排碳区（5 000～50 000 t）和高排碳区（＞50 000 t）。由图 6-4 可知，固碳区连续分布于京津冀地区的西北部，间隙分布于西南部城镇区周边。排碳区以大城市的连片聚集区为明显特征，主要分布在中部腹部和东南部的人类活动密集区。具体来看，强固碳区主要分布在京津冀的西北部（张家口和承德），研究期间呈现明显的扩张趋势。中固碳区也呈现明显的扩张趋势，尤其是 2000—2005 年，主要分布由低固碳区转换而来，涉及保定西北部、张家口全区、承德全区、北京西北部、唐山北部等区域。低固碳区在西北部区域分布明显减少，主要转化为中固碳区或强固碳区。另外，低固碳区在京津冀中部腹地及西南部分布广泛。碳平衡区面积分布极少，集中在张家口西部。排碳区主要集中在经济发展水平较高的城市、城镇和乡村地区，在研究期间有明显的扩张趋势，主要沿城镇边缘向周围扩张。西南部排碳区扩张明显，高排碳区扩张在 2000—2010 年较为明显，之后趋于稳定。中排碳区和低排碳区在研究期间均有明显扩张趋势，在中部腹地和西南部地区呈现“星斑状”分布，密集程度明显增加。

基于碳收支平衡的栅格数据可以进一步得到京津冀地区城市的净碳排放量变化（图 6-5）。5 个城市（北京、天津、保定、石家庄和唐山）的碳排放量较高，在 2019 年分别为 74.64 Mt、106.56 Mt、80.60 Mt、83.98 Mt、95.88 Mt。2000—2019 年，5 个城市（北京、天津、沧州、廊坊、唐山）的碳排放量呈现“先明显增加、后明显降低”的变化趋势；3 个城市（邯郸、秦皇岛、石家庄）的碳排放量呈现“先快速增加、后趋于稳定”的变化趋势；5 个城市（保定、承德、衡水、邢台、张家口）的碳排放量呈现“波动增加”

的变化趋势。

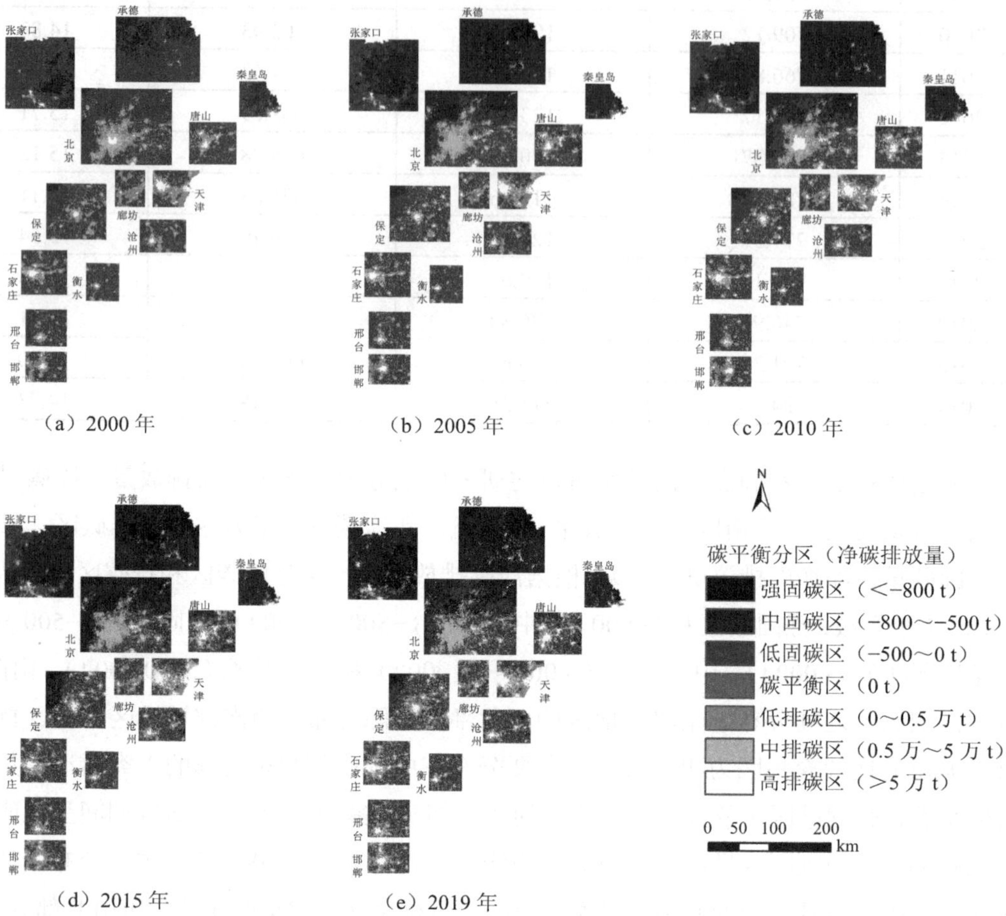

图 6-4　京津冀地区碳收支平衡分区（固碳区、排碳区）

研究期间，13 个城市的固碳量均呈现“波动性增加”的变化趋势，河北省西北部承德和张家口的固碳量较高，且增量最大。其中，承德的固碳量从 2000 年的 17.57 Mt 增加到 2019 年的 28.60 Mt，增长了 11.04 Mt（增长率为 62.84%）；张家口的固碳量从 2000 年的 15.22 Mt 增加到 2019 年的 23.76 Mt，增长了 8.54 Mt（56.08%）。研究期间，北京、保定、唐山、沧州、天津、秦皇岛共 6 个城市的固碳量增量大于 1 Mt，分别为 3.21 Mt（增长率为 62.33%）、2.36 Mt(28.44%)、2.07 Mt(42.39%)、1.73 Mt(42.69%)、1.65 Mt(56.04%)、1.43 Mt（39.26%）。

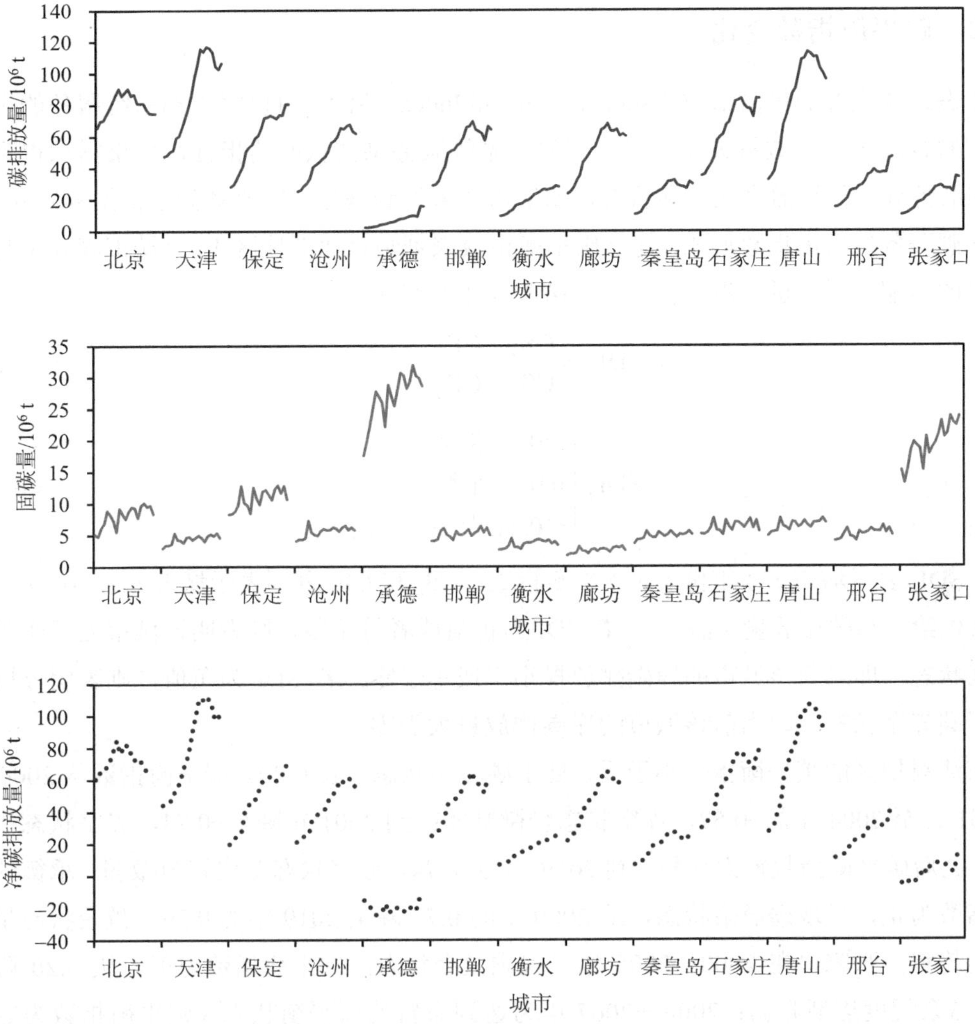

图 6-5 2000—2019 年京津冀地区 13 个城市的碳排放量、固碳量及净碳排放量变化

基于碳排放量和固碳量，进一步计算 13 个城市的净碳排放量。研究期间，除承德和张家口 2 个城市外，其余 11 个城市均处于碳赤字状态，碳赤字程度与碳排放量变化趋势趋于一致。北京、天津、沧州、廊坊、唐山共 5 个城市的碳赤字程度呈现“先快速升高、后明显降低”的变化趋势；邯郸、秦皇岛、石家庄共 3 个城市的碳赤字程度呈现“先快速升高、后趋于稳定”的变化趋势；保定、承德、衡水、邢台、张家口共 5 个城市的碳赤字程度呈现“波动升高”的变化趋势。承德一直处于碳盈余状态，碳盈余程度呈现“明显降低—波动变化—快速升高”的变化趋势。2000—2006 年，张家口呈现碳盈余状态，之后碳排放量的快速增长，赶超了固碳量，导致张家口在 2007—2019 年呈现碳赤字状态，且碳赤字程度呈现“波动升高”的变化趋势。

6.2.2 碳平衡指数变化

生态系统服务的供需指数（Supply-Demand Index，SDI）可以将生态系统服务的供给和需求联合起来，从数量关系解释区域生态系统服务供需状况的指标，如果需求得到满足，即服务处于供给盈余或平衡状态，如果需求未得到满足，即服务处于供给赤字状态。基于固碳服务的供需指数形式，建立碳平衡指数来刻画京津冀地区 13 个城市固碳量与碳排放量的匹配关系，进一步分析区域的碳收支平衡状况。

$$\mathrm{SDI}_{it}=\frac{\mathrm{CS}_{it}-\mathrm{CE}_{it}}{\mathrm{CS}_{it}+\mathrm{CE}_{it}} \tag{6-2}$$

$$\mathrm{SDI}_{it}\begin{cases}>0,\text{碳盈余}\\=0,\text{碳平衡}\\<0,\text{碳赤字}\end{cases} \tag{6-3}$$

式中，SDI_{it} 表示城市 i 在年份 t 的碳平衡指数；CS_{it} 和 CE_{it} 分别表示城市 i 在年份 t 的固碳量（供给）和碳排放量（需求）。若 SDI 为正值或者等于零，则表明该城市处于碳盈余或平衡状态，即当前该城市的净碳排放量小于或等于零；若 SDI 为负值，则表明该城市正处于碳赤字状态，即当前该城市的净碳排放量大于零。

京津冀地区的碳平衡指数小于零，处于碳赤字状态（表 6-2）。碳平衡指数从 2000 年的−0.61 升至 2004 年的−0.57，赤字状态轻微减弱；到 2001 年降至−0.74，赤字状态快速加重；之后碳平衡指数较为平稳，到 2019 年为−0.74，赤字状态变化较为微弱。承德的碳平衡指数为正，呈现碳盈余状态，从 2000 年的 0.77 降至 2019 年的 0.29，盈余状态呈现减弱的趋势。张家口在 2000—2006 年呈现碳盈余状态，碳平衡指数为正，从 0.20 降至 0.01，盈余程度逐渐减弱；2006—2007 年为达到短暂的碳平衡状态（碳平衡指数为零）；2007 年之后，碳平衡指数变为负，呈现微弱的碳赤字状态，且碳平衡指数呈现逐渐降低的趋势；到 2011 年为−0.16，然后增加到 2017 年的−0.04，再又降至 2019 年的−0.18。其余 11 个城市在 2000—2019 年均呈现碳赤字状态，但各城市的碳赤字程度稍有差距。保定、衡水、秦皇岛、邢台的碳赤字程度较弱，碳平衡指数的平均值依次为−0.67、−0.68、−0.64 和−0.68。北京、天津、邯郸、廊坊、石家庄和唐山的碳赤字程度较高，碳平衡指数平均值依次为−0.82、−0.90、−0.81、−0.90、−0.82、−0.84。从供需平衡指数变化的角度来看，只有北京的碳平衡指数增加了 0.06，该结果表明北京的碳赤字状态得到了轻微的缓解。其他 12 个城市的碳平衡指数整体上均呈现降低趋势。其中，承德的碳平衡指数降低最为明显，意味着承德的碳赤字状态日益加重，变化较为剧烈；张家口、邢台、保定、衡水、秦皇岛的碳平衡指数降低明显，碳赤字状态日益加重；其他城市的碳平衡指数降低幅度较小，碳赤字状态呈现微弱的加重趋势。

表 6-2　2000—2019 年京津冀地区 13 个城市的碳平衡指数变化

年份	北京	天津	保定	沧州	承德	邯郸	衡水	廊坊	秦皇岛	石家庄	唐山	邢台	张家口	京津冀
2000	−0.85	−0.88	−0.54	−0.72	0.77	−0.75	−0.56	−0.86	−0.48	−0.74	−0.74	−0.57	0.20	−0.61
2001	−0.87	−0.87	−0.56	−0.71	0.79	−0.76	−0.56	−0.85	−0.44	−0.75	−0.73	−0.57	0.11	−0.62
2002	−0.84	−0.87	−0.58	−0.74	0.79	−0.76	−0.58	−0.87	−0.47	−0.76	−0.74	−0.58	0.15	−0.61
2003	−0.83	−0.87	−0.59	−0.74	0.79	−0.73	−0.58	−0.88	−0.55	−0.75	−0.78	−0.55	0.18	−0.61
2004	−0.79	−0.83	−0.52	−0.64	0.79	−0.74	−0.49	−0.83	−0.50	−0.72	−0.74	−0.54	0.17	−0.57
2005	−0.82	−0.87	−0.67	−0.76	0.74	−0.81	−0.68	−0.89	−0.63	−0.82	−0.83	−0.68	0.05	−0.67
2006	−0.84	−0.88	−0.69	−0.79	0.72	−0.83	−0.69	−0.90	−0.67	−0.83	−0.84	−0.70	0.01	−0.69
2007	−0.88	−0.90	−0.73	−0.80	0.64	−0.85	−0.72	−0.92	−0.68	−0.85	−0.87	−0.73	−0.11	−0.74
2008	−0.81	−0.89	−0.65	−0.78	0.68	−0.81	−0.68	−0.90	−0.64	−0.80	−0.85	−0.67	−0.02	−0.68
2009	−0.83	−0.89	−0.70	−0.77	0.65	−0.83	−0.67	−0.90	−0.67	−0.83	−0.86	−0.70	−0.12	−0.71
2010	−0.84	−0.92	−0.74	−0.79	0.60	−0.84	−0.69	−0.92	−0.71	−0.86	−0.88	−0.71	−0.13	−0.74
2011	−0.81	−0.92	−0.71	−0.81	0.58	−0.85	−0.71	−0.92	−0.72	−0.84	−0.89	−0.73	−0.16	−0.74
2012	−0.80	−0.92	−0.71	−0.80	0.59	−0.84	−0.70	−0.92	−0.70	−0.84	−0.88	−0.71	−0.15	−0.73
2013	−0.79	−0.92	−0.73	−0.82	0.57	−0.87	−0.70	−0.92	−0.73	−0.85	−0.89	−0.75	−0.11	−0.74
2014	−0.82	−0.93	−0.75	−0.84	0.51	−0.85	−0.73	−0.93	−0.72	−0.86	−0.90	−0.74	−0.13	−0.75
2015	−0.79	−0.92	−0.71	−0.82	0.50	−0.84	−0.73	−0.91	−0.69	−0.84	−0.88	−0.74	−0.11	−0.73
2016	−0.77	−0.91	−0.70	−0.82	0.53	−0.81	−0.72	−0.91	−0.69	−0.82	−0.88	−0.70	−0.05	−0.71
2017	−0.78	−0.91	−0.73	−0.84	0.53	−0.83	−0.76	−0.91	−0.68	−0.84	−0.87	−0.75	−0.04	−0.72
2018	−0.77	−0.90	−0.73	−0.82	0.31	−0.83	−0.75	−0.90	−0.69	−0.84	−0.86	−0.77	−0.21	−0.72
2019	−0.80	−0.92	−0.77	−0.83	0.29	−0.86	−0.78	−0.92	−0.71	−0.87	−0.87	−0.81	−0.17	−0.74
2000—2005	0.04	0.02	−0.12	−0.04	−0.04	−0.06	−0.12	−0.03	−0.14	−0.08	−0.09	−0.11	−0.15	−0.05
2005—2010	−0.03	−0.05	−0.07	−0.03	−0.14	−0.03	−0.02	−0.03	−0.09	−0.04	−0.05	−0.03	−0.18	−0.07
2010—2015	0.06	0.00	0.03	−0.03	−0.10	0.01	−0.04	0.01	0.02	0.02	0.00	−0.02	0.02	0.01
2015—2019	−0.01	0.00	−0.06	0.00	−0.21	−0.02	−0.05	−0.01	−0.01	−0.04	0.02	−0.07	−0.06	−0.01
2000—2019	0.06	−0.03	−0.22	−0.11	−0.48	−0.10	−0.22	−0.06	−0.22	−0.13	−0.13	−0.23	−0.37	−0.13

6.3　碳平衡匹配关系分析

本书基于生态系统服务供需关系的分析思路，从静态和动态两个角度分析京津冀地区碳汇与碳源的匹配关系。在四象限分析方法的基础上，提出了碳平衡匹配关系的动态分析方法，进一步明晰碳收支平衡关系，加深对区域碳中和状态的理解和认识。

6.3.1 研究方法

6.3.1.1 碳平衡静态匹配分析

碳平衡静态匹配分析方法是以区域固碳总量和碳排放总量分别为坐标系的两轴，通过两个指标的平均值得到4个类型，分别是“低固碳-高排碳”（Low carbon sequestration-High carbon emissions，LH）、“高固碳-高排碳”（High carbon sequestration-High carbon emissions，HH）、“低固碳-低排碳”（Low carbon sequestration-Low carbon emissions，LL）和“高固碳-低排碳”（High carbon sequestration-Low carbon emissions，HL）（图6-6）。其中，LH类型表示固碳量低于区域平均水平，但碳排放量高于区域平均水平；HH类型表示固碳量和碳排放量均高于区域平均水平；LL类型表示固碳量和碳排放量均低于区域平均水平；HL类型表示固碳量高于区域平均水平，但碳排放量低于区域平均水平。相对来讲，HL类型的分析对象表现为“相对碳汇”的作用，表示该分析对象的碳平衡匹配关系相对较好；LH类型的分析对象表现为“相对碳源”的作用，表示该分析对象的碳平衡匹配关系相对较差。

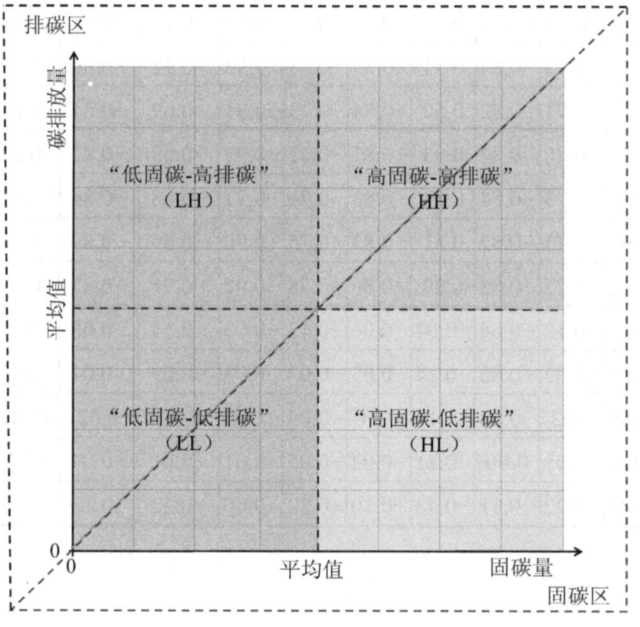

图6-6 碳平衡状态的四分类图示

6.3.1.2 碳平衡动态匹配分析

碳平衡静态匹配分析可以了解某时间截面的碳平衡匹配关系，但不能表示碳平衡匹配关系的动态演化过程。为了解京津冀地区城市的碳平衡匹配关系的动态变化特征，本节引入变化强度指数，基于固碳量和碳排放量两个指标的变化趋势来表征其动态匹配关系。

固碳量和碳排放量变化强度指数的计算公式：

$$\Delta \mathrm{CS}=\frac{\mathrm{CS}_b-\mathrm{CS}_a}{\mathrm{CS}_a} \tag{6-4}$$

$$\Delta \mathrm{CE}=\frac{\mathrm{CE}_b-\mathrm{CE}_a}{\mathrm{CE}_a} \tag{6-5}$$

式中，ΔCS 和 ΔCE 分别表示固碳量和碳排放量的变化强度指数；CS_a、CS_b 分别表示时点 a 和 b 的生态系统的固碳量；CE_a、CE_b 分别表示时点 a 和 b 的碳排放量。

图 6-7 为碳平衡动态匹配关系的分类。具体来讲，以京津冀地区的固碳量和碳排放量的变化强度指数分别为横轴和纵轴，通过 ΔCS 和 ΔCE 的正负号，可以将空间划分为 4 个类型，即 4 种碳平衡动态匹配类型（Ma et al.，2019）。为进一步分析动态匹配关系，本书进一步根据 ΔCS 和 ΔCE 绝对值的大小比较，将 4 个类型划分为 8 种匹配关系，按照顺时针方向进行编号，得到 8 种碳平衡动态匹配类型（①～⑧）。具体类型名称和含义如下：（1）增碳增汇：ΔCE＞0 且 ΔCS＞0，该类型的碳排放量和固碳量均呈现增长趋势。其中，类型①为“增碳增汇不可持续型”，表示碳排放量的变化强度指数大于固碳量的变化强度指数，碳排放量增长速度相对较快，背离碳中和目标；类型②为“增碳增汇可持续型”，表示碳排放量的变化强度指数小于固碳量的变化强度指数，固碳量的增长速度相对较快，符合碳中和目标。（2）减碳增汇：ΔCE＜0 且 ΔCS＞0，该类型的碳排放量减少，但固碳量增加。其中，类型③表示固碳量增长速度相对较快，类型④表示碳排放量减少速度相对较快，两者均为“减碳增汇可持续型”。（3）减碳减汇：ΔCE＜0 且 ΔCS＜0，该类型的碳排放量和固碳量同时减少。其中，类型⑤为“减碳减汇可持续型”，表示碳排放减少速度相对较快，类型⑥为“减碳减汇不可持续型”，表示固碳量减少速度相对较快。（4）增碳减汇：ΔCE＞0 且 ΔCS＜0，该类型的碳排放量增加，但固碳量减少。其中，类型⑦表示固碳量减少速度相对较快，类型⑧表示碳排放量增加速度相对较快，两者均为“增碳减汇不可持续型”。当然，变化强度指数越小，表示碳平衡匹配状态变化越稳定，也就是说，越靠近原点（0，0），碳平衡匹配关系越稳定。

从碳中和目标的角度考虑，8 种类型中的“增碳增汇可持续型”（类型②）、“减碳增汇可持续型”（类型③和类型④）、“减碳减汇可持续型”（类型⑤）表征的发展趋势符合碳中和目标；“增碳增汇不可持续型”（类型①）、“减碳减汇不可持续型”（类型⑥）、“增碳减汇不可持续型”（类型⑦和类型⑧）表征的发展趋势背离碳中和目标。

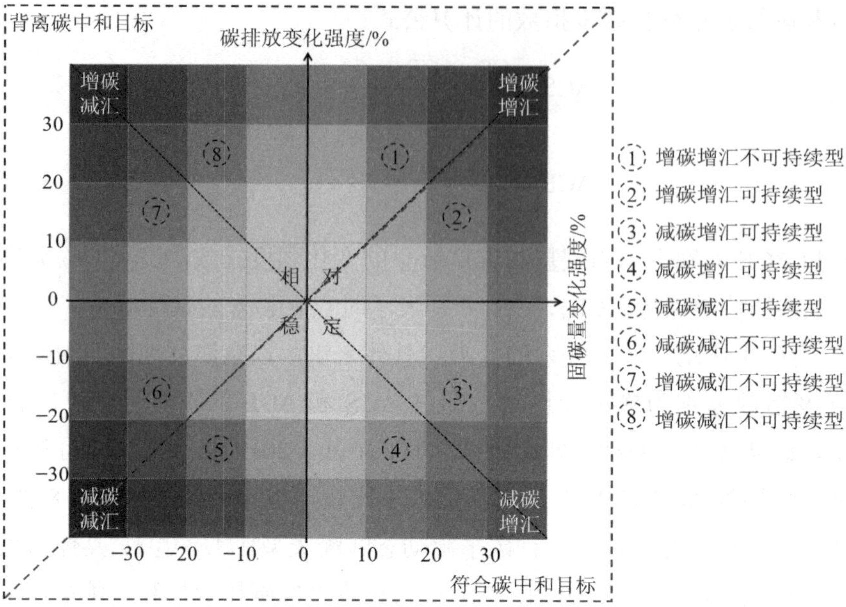

图 6-7 碳平衡动态匹配关系分析

6.3.2 碳平衡静态匹配关系

根据图 6-6 所提出的碳平衡静态匹配分类，得到 2000—2019 年京津冀地区 13 个城市的碳平衡静态匹配关系，图 6-8 为 2000 年、2005 年、2010 年、2015 年和 2019 年的结果。2019 年，京津冀地区西北部张家口和承德 2 个城市为 HL 类型，“碳汇”功能十分明显；天津、唐山、石家庄、北京、邯郸和沧州 6 个城市属于 LH 类型，经济发展水平较高，碳排放量高于区域城市的平均水平且固碳量低于区域城市的平均水平，“碳源”功能十分明显；衡水、秦皇岛、邢台和廊坊 4 个城市为 LL 类型；只有保定 1 个城市为 HH 类型。从匹配类型变化来看，天津、保定、承德、邯郸、衡水、秦皇岛、石家庄、唐山、邢台和张家口的静态匹配类型没有改变；北京在 LH 类型和 HH 类型的边界位置移动，其固碳量与区域城市平均水平接近，但是碳排放量明显高于区域城市的平均水平；沧州由 LL 类型转为 LH 类型，其固碳量明显低于区域城市的平均水平，但碳排放量在研究期间增长较快，后期高于区域城市的平均水平；廊坊从 LL 类型转为 LH 类型，再转为 LL 类型，其固碳量明显低于区域城市的平均水平，但其碳排放量接近区域城市的平均水平。

在碳中和目标的要求下，城市的发展方向应该为 HL 类型，相应的实现路径如下。①HH→HL：降低碳排放量，适合城市为保定；②LH→HH→HL：短期减碳较为困难，率先增加区域的植被覆盖或生态空间，先提高固碳水平，适合城市为北京、天津、石家

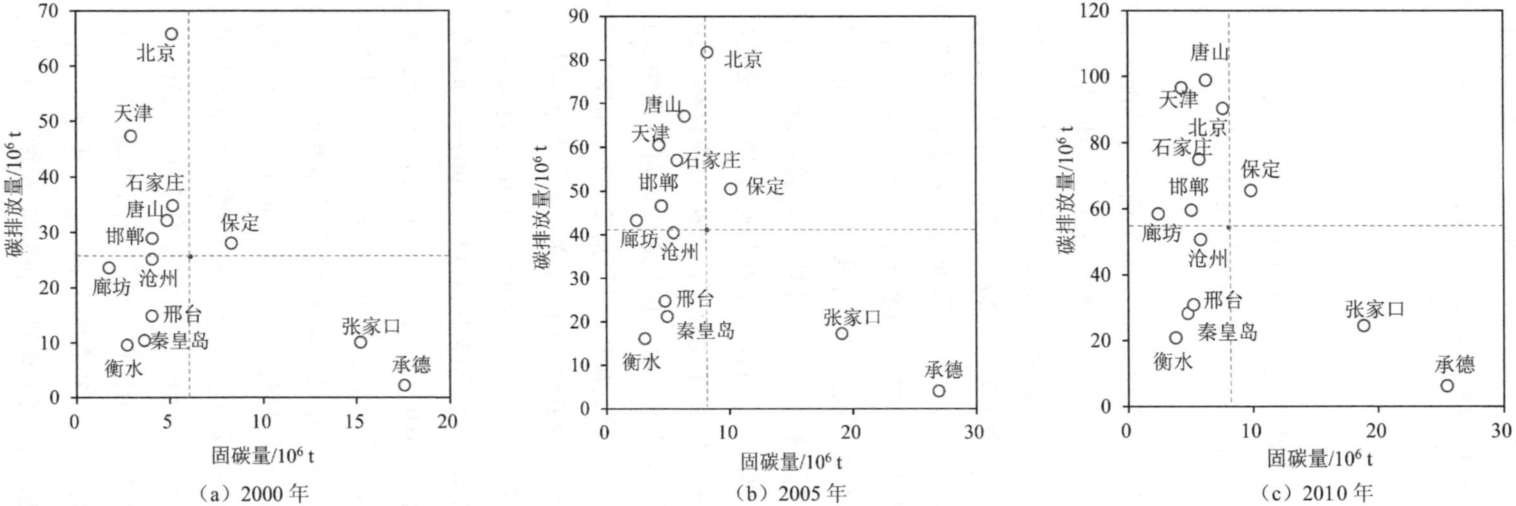

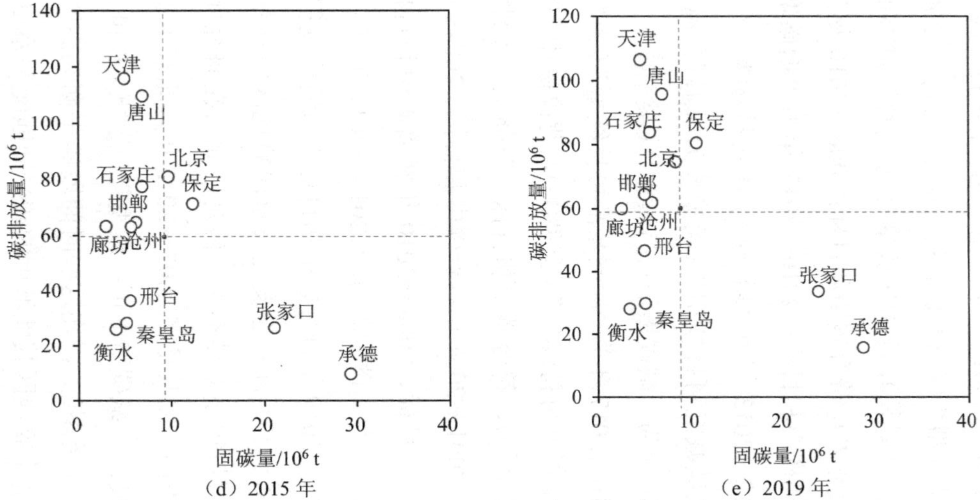

各城市碳平衡状态转移情况

	2000 年		2005 年		2010 年		2015 年		2019 年
北京	LH	→	HH	→	LH	→	HH	→	LH
天津	LH	→	LH	→	LH	→	LH	→	LH
保定	HH	→	HH	→	HH	→	HH	→	HH
沧州	LL	→	LL	→	LL	→	LH	→	LH
承德	HL	→	HL	→	HL	→	HL	→	HL
邯郸	LH	→	LH	→	LH	→	LH	→	LH
衡水	LL	→	LL	→	LL	→	LL	→	LL
廊坊	LL	→	LH	→	LH	→	LH	→	LL
秦皇岛	LL	→	LL	→	LL	→	LL	→	LL
石家庄	LH	→	LH	→	LH	→	LH	→	LH
唐山	LH	→	LH	→	LH	→	LH	→	LH
邢台	LL	→	LL	→	LL	→	LL	→	LL
张家口	HL	→	HL	→	HL	→	HL	→	HL

图 6-8 2000—2019 年京津冀地区 13 个城市碳平衡静态匹配关系变化

庄和唐山；③LH→LL→HL：短期内减碳工作见效，率先实现减碳目标，之后再逐步实现固碳目标，适合城市为邯郸和廊坊。④LL→HL：通过人工或自然手段提高区域的固碳量，适合城市为沧州、邢台、秦皇岛和衡水。

6.3.3 碳平衡动态匹配关系

通过本书提出的碳平衡动态匹配关系分析方法，进一步分析京津冀地区地级市的碳平衡动态匹配关系演化规律，其中单年度变化如图 6-9 所示，多年度（5 年、10 年、20 年）变化如图 6-10 所示。

如图 6-9 所示，单年度变化可以较为细致地反映 13 个城市碳平衡动态匹配关系的演化规律，各城市的碳平衡动态匹配状态不稳定，但演化路径整体上具有相似性。京津冀地区整体处于碳赤字状态，2000—2004 年碳平衡动态匹配状态为“增碳增汇”类型，其中 2000—2001 年为“增碳增汇不可持续型”（类型①），但 2001—2004 年为“增碳增汇可持续型”（类型②），符合碳中和目标；2004—2007 年为“增碳减汇不可持续型”（类型⑦和类型⑧），净碳排放量升高，背离碳中和目标；2007—2008 年为“增碳增汇可持续型”（类型②），符合碳中和目标；2008—2010 年为“增碳减汇不可持续型”（类型⑦和类型⑧），背离碳中和目标；2010—2012 年为“增碳增汇可持续型”（类型②），符合碳中和目标；2012—2013 年为“增碳减汇不可持续型”（类型⑦），背离碳中和目标；2013—2014 年为“减碳减汇可持续型”（类型⑤），固碳量减少速度相对较慢，符合碳中和目标；2014—2016 年为“减碳增汇可持续型”（类型③），固碳量增长速度相对较快，符合碳中和目标；2016—2017 年为“减碳减汇可持续型”（类型⑤），符合碳中和目标；2017—2018 年为“增碳增汇不可持续型”（类型①），背离碳中和目标；2018—2019 年为“减碳减汇可持续型”（类型⑤），符合碳中和目标。整体上，京津冀地区经历了“2000—2001 年背离碳中和目标、2001—2004 年符合碳中和目标、2004—2007 年背离碳中和目标、2007—2008 年符合碳中和目标、2008—2010 年背离碳中和目标、2010—2012 年符合碳中和目标、2012—2013 年背离碳中和目标、2013—2017 年符合碳中和目标、2017—2018 年背离碳中和目标、2018—2019 年符合碳中和目标”的演化过程。除北京外，其余 12 个城市在研究期间的碳平衡动态匹配状态变化与京津冀地区整体状态变化趋势十分相似，演化路径经历的匹配类型与顺序差异不大。但是，北京在研究期间的碳平衡动态匹配类型变化趋势与其他城市不同，尤其是在 2007—2015 年，北京主要经历了 2007—2008 年和 2010—2012 年两个年度的“减碳增汇可持续型”（类型③）和 2012—2013 年一个年度的“减碳减汇可持续型”（类型⑤），在这些时间段碳平衡动态匹配关系均符合碳中和目标。也就是说，北京比京津冀地区其他城市的碳平衡匹配关系更加符合碳中和目标和低碳转型的发展要求。

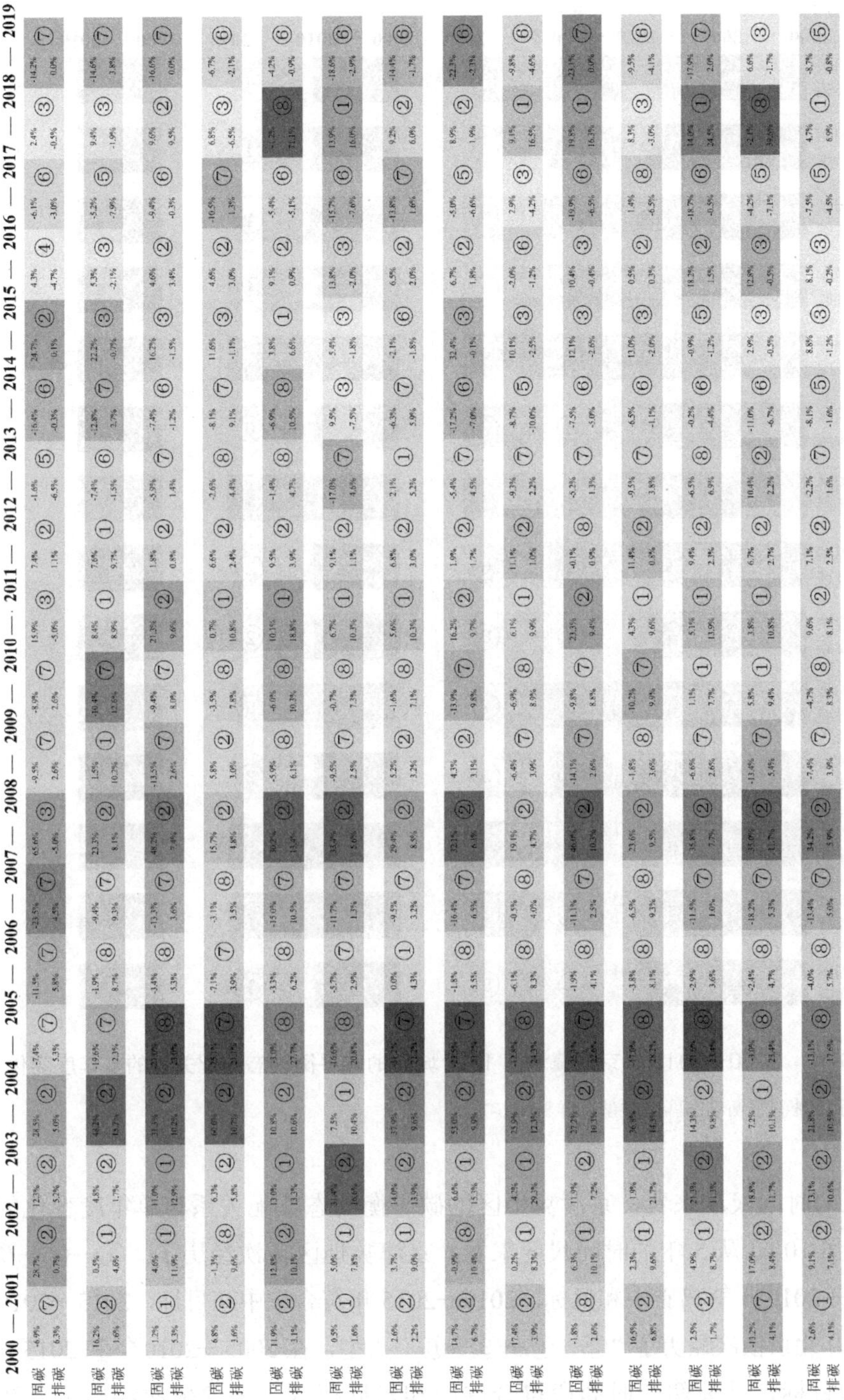

图 6-9　2000—2019 年京津冀地区 13 个城市的碳平衡动态匹配关系的年度变化

注：①～⑧表示 8 种碳平衡动态匹配类型，详见图 6-7。

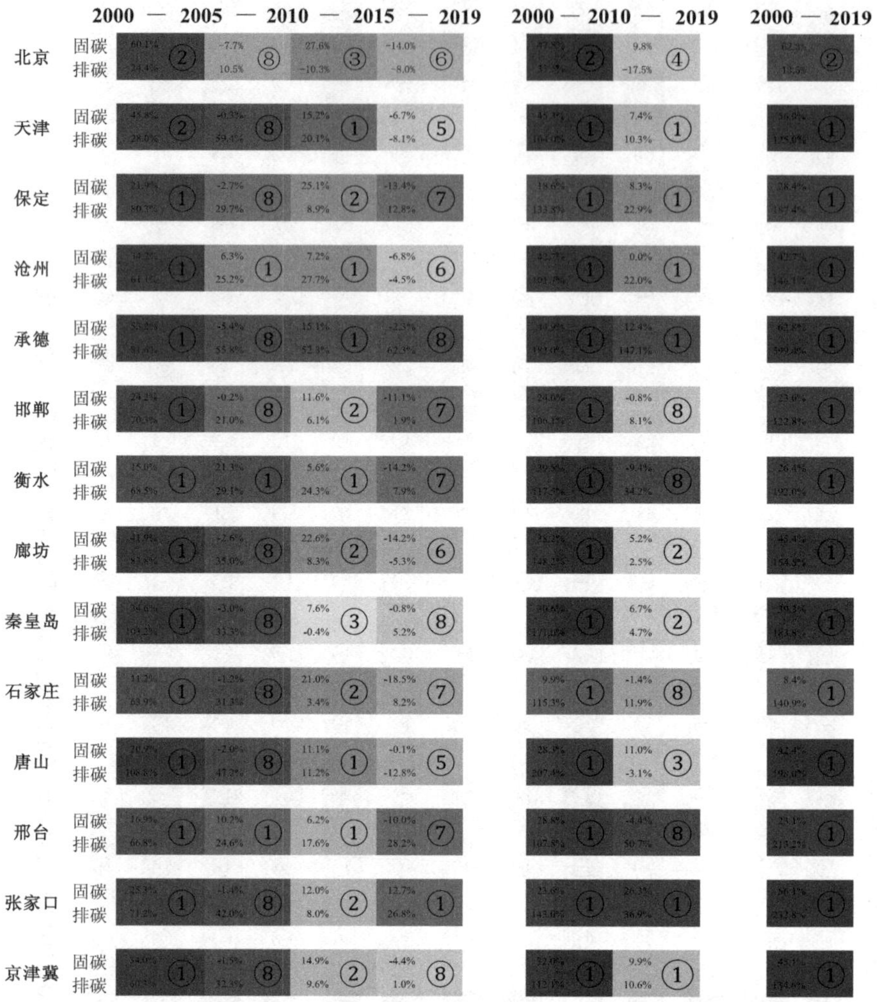

图 6-10　2000—2019 年京津冀地区 13 个城市的碳平衡动态匹配关系的多年度变化

注：①～⑧表示 8 种碳平衡动态匹配类型，详见图 6-7。

从较长的时间尺度来看，京津冀地区的碳平衡动态匹配关系与单年度变化的结果稍有差异（图 6-10）。从 5 年的时间尺度来看，京津冀地区依次经历了“①—⑧—②—⑧”类型，2000—2010 年背离碳中和目标，2010—2015 年符合碳中和目标，2015—2019 年背离碳中和目标。北京依次经历了“②—⑧—③—⑥”类型，在 2005—2010 年和 2015—2019 年背离碳中和目标，其他两个时间段符合碳中和发展要求。天津依次经历了“②—⑧—①—⑤”类型，2005—2010 年的类型⑧和①背离碳中和发展要求，2000—2005 年和 2015—2019 年符合碳中和发展要求。河北省 11 个城市的碳平衡动态匹配关系变化与京津冀整体变化相似但又各自呈现不同的变化特征。其中，2000—2005 年河北省所有城市的碳平衡动态匹配关系均为类型①（“增碳增汇不可持续型”），碳排放量与固碳量同时增加，且碳排放量增长快速，这与该时期大力发展经济相关。随后，2005—2010 年，大多数城市的匹配关系为类型⑧（“增碳减汇不可持续型”），但沧州、衡水和邢台 3 个城市继续保持“增碳增汇不可持续型”（类型①）。在这之后，2010—2015 年，城市匹配关系主要以“增碳增汇”类型为主，保定、邯郸、廊坊、石家庄和张家口 5 个城市为“增碳增汇可持续型”（类型②），沧州、承德、衡水、唐山和邢台 5 个城市为“增碳增汇不可持续型”（类型①），秦皇岛为“减碳增汇可持续型”（类型③）。2015—2019 年，城市匹配关系以“增碳减汇”类型为主，保定、邯郸、衡水、石家庄和邢台 5 个城市为“增碳减汇不可持续型”（类型⑦），承德和秦皇岛 2 个城市为“增碳减汇不可持续型”（类型⑧），沧州和廊坊 2 个城市为“减碳减汇不可持续型”（类型⑥），唐山为“减碳减汇可持续型”（类型⑤），张家口为“增碳增汇不可持续型”（类型①）。

从 10 年的时间尺度来看，京津冀地区的碳平衡动态匹配关系均为“增碳增汇不可持续型”（类型①），但 2010—2019 年的变化程度较 2000—2010 年稍显微弱。北京依次经历了“增碳增汇可持续型”（类型②）和“减碳增汇可持续型”（类型④），均符合碳中和目标。天津、保定、沧州、承德和张家口 5 个城市与京津冀地区整体的匹配关系变化趋势一致。邯郸、衡水、石家庄和邢台 4 个城市依次经历了“增碳增汇不可持续型”（类型①）和“增碳减汇不可持续型”（类型⑧），廊坊和秦皇岛依次经历了“增碳增汇不可持续型”（类型①）和“增碳增汇可持续型”（类型②），唐山依次经历了“增碳增汇不可持续型”（类型①）和“减碳增汇可持续型”（类型③）。

从 20 年的时间尺度来看，京津冀地区整体的碳平衡动态匹配关系为“增碳增汇不可持续型”（类型①），碳排放量和固碳量同时增长，但碳排放量的变化强度指数较高。北京的碳平衡动态匹配关系为“增碳增汇可持续型”（类型②），固碳量的变化强度指数较高，符合碳中和目标要求。天津与河北的 11 个城市均为“增碳增汇不可持续型”（类型①），与京津冀地区整体的动态匹配关系一致。

6.4　本章小结

本章基于 NPP 数据评估了京津冀地区的固碳能力，分析了其时空变化特征；定量分析了碳收支平衡状况，划分碳盈余和碳赤字区域；基于碳平衡指数进一步分析碳收支平衡状态的变化趋势；提出了区域碳平衡匹配关系的静态和动态分析方法，探究京津冀地区碳平衡匹配关系的时空格局演化规律。具体结论如下：

（1）固碳量的时空变化。

京津冀地区固碳总量“波动增加”，从 2000 年的 79.68 Mt 增长到 2019 年的 115.58 Mt。

空间上，京津冀地区固碳量呈现“西北高、东南低”的分布格局，与京津冀地区的土地利用和 NPP 在空间上呈现相似的空间分布规律。此外，西北部（张家口和承德市）的固碳能力明显增加，且固碳面积有明显的扩张趋势；西部沿边界条带区域（石家庄、邢台及邯郸西部）固碳能力明显降低。

（2）碳平衡收支状态变化。

京津冀地区的净碳排放量呈现“先快速增加、后趋于稳定”的变化趋势，从 2000 年的 254.67 Mt 增加到 2013 年的 678.08 Mt（研究期间的最高值），之后趋于稳定，2019 年净碳排放量为 668.98 Mt，碳赤字状态日益加重。通过碳平衡率可知，京津冀地区自然界的固碳量可以抵消人类活动产生碳排放量的 14%～27%。从空间上看，固碳区（碳盈余）连续分布于京津冀地区的西北部，间隙分布于西南部城镇区周边地区；排碳区（碳赤字）主要分布在中部腹部和东南部的人类活动密集区，以大城市的连片聚集区为明显特征。13 个城市中，除承德和张家口 2 个城市外，其余 11 个城市均处于碳赤字状态，碳赤字程度的变化趋势与碳排放量保持一致。

（3）碳平衡匹配关系分析。

从静态角度分析，2019 年张家口和承德 2 个城市为“高固碳-低排碳”（HL）类型，“碳汇”功能十分明显；天津、唐山、石家庄、北京、邯郸和沧州 6 个城市属于“低固碳-高排碳”（LH）类型，经济发展水平较高，“碳源”类型十分明显。从动态角度分析，京津冀地区整体的碳平衡动态匹配状态经历了“2000—2001 年背离碳中和目标、2001—2004 年符合碳中和目标、2004—2007 年背离碳中和目标、2007—2008 年符合碳中和目标、2008—2010 年背离碳中和目标、2010—2012 年符合碳中和目标、2012—2013 年背离碳中和目标、2013—2017 年符合碳中和目标、2017—2018 年背离碳中和目标、2018—2019 年符合碳中和目标”的演化过程。北京比京津冀地区其他城市的碳平衡匹配关系更加符合碳中和目标和低碳转型的要求。从 20 年的时间尺度来看，京津冀地区整体的碳平衡动态匹配关系为“增碳增汇不可持续型”（类型①），北京的碳平衡动态匹配关系为“增碳增汇可持续型”（类型②），天津与河北的 11 个城市均与京津冀整体的动态匹配关系一致。

第 7 章 京津冀地区碳中和发展情景模拟

本章利用系统动力学方法，构建了京津冀地区的碳中和发展情景模拟模型；通过控制关键参数的阈值范围，设置区域不同发展情景（基准情景、单要素约束情景、多要素约束情景）；通过对比不同情景下碳平衡状态的变化趋势，识别了京津冀地区在碳中和目标下的有效减排路径和最优发展情景。

7.1 模型构建与检验

7.1.1 模型构建

碳中和模拟系统模型可分为人口、经济、能源和碳中和 4 个子系统（图 7-1）。其中，人口子系统主要包括城乡人口结构、人口增长率等指标，用于描述京津冀地区人口增长与人口城镇化情况；经济子系统主要包括各产业地区生产总值及其所占比例等指标，用于描述京津冀地区的经济增长及产业结构；能源子系统主要包括能源消耗量、能源结构、人均能源消耗量、单位地区生产总值能源消耗量等指标，用于描述京津冀地区的能源消耗强度和能源消耗结构；碳中和子系统包括能源消耗碳排放、生产过程相关碳排放、其他碳排放以及固碳量等指标，用于描述京津冀地区的排碳、固碳及碳平衡状态。

通过 Vensim 平台构建了如图 7-2 所示的京津冀地区碳中和发展情景模拟模型。该模型涉及了地区生产总值、人口总量、单位地区生产总值能源消耗量、人均生活能源消耗量、能源消耗总量、能源消耗碳排放量、其他碳排放量、过程相关碳排放量、固碳量、净碳排放量等变量。变量主要通过碳排放量 Kaya 公式进行关联。该模型模拟了京津冀地区碳排放量的计算过程，然后通过调节社会经济指标实现了对京津冀地区不同发展情景下人口、经济、能源以及碳平衡情况的模拟。需要说明的是，考虑能源消耗的碳排放占区域碳排放的 85%以上，其他类型碳排放对于碳减排的贡献较小，所以模型设置了详细的能源消耗碳排放的计算变量，对于其他碳排放和工业过程相关的碳排放计算使用了年增长量模式。模型中，将地区生产总值增长率、各产业所占比例、各产业单位地区生产总值

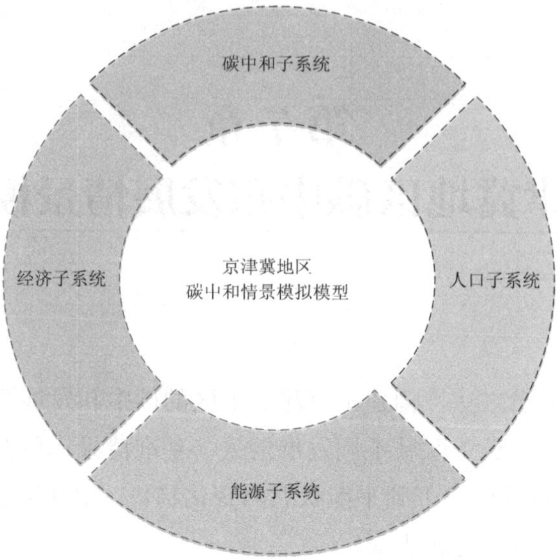

图 7-1　系统动力学子系统关系

能耗、人口增长率、城镇人口比例、城镇居民人均生活能源消耗量、农村居民人均生活能源消耗量、各类能源消耗比例、农业种植碳排放增长率、畜牧业碳排放增长率、过程相关碳排放增长率、NPP 增长率设定为时间的表函数，将 2000—2019 年京津冀地区的实际值输入模型；将各类能源碳排放系数、人类呼吸系数、固碳系数等变量设定为常数。模型中变量之间的数量关系如下。

地区生产总值增长量=地区生产总值增长率×地区生产总值

地区生产总值= INTEG（地区生产总值增长量，9 381.6）

各产业地区生产总值=各产业所占比例×地区生产总值

各产业能源消耗量=各产业地区生产总值×各产业单位地区生产总值能耗

产业能源消耗量=第一产业能源消耗量+第二产业能源消耗量+第三产业能源消耗量

人口增长量=人口增长率×人口总量

人口总量=INTEG（人口增长量，9 039）

城镇人口总量=人口总量×城镇人口比例

农村人口总量=人口总量–城镇人口总量

城镇居民生活能源消耗量=城镇居民人均生活能源消耗量×城镇人口总量

农村居民生活能源消耗量=农村居民人均生活能源消耗量×农村人口总量

居民生活能源消耗量=城镇居民生活能源消耗量+农村居民生活能源消耗量

能源消耗总量=产业能源消耗量+居民生活能源消耗量

各类能源碳排放量=各类能源消耗比例×各类能源碳排放系数×能源消耗总量

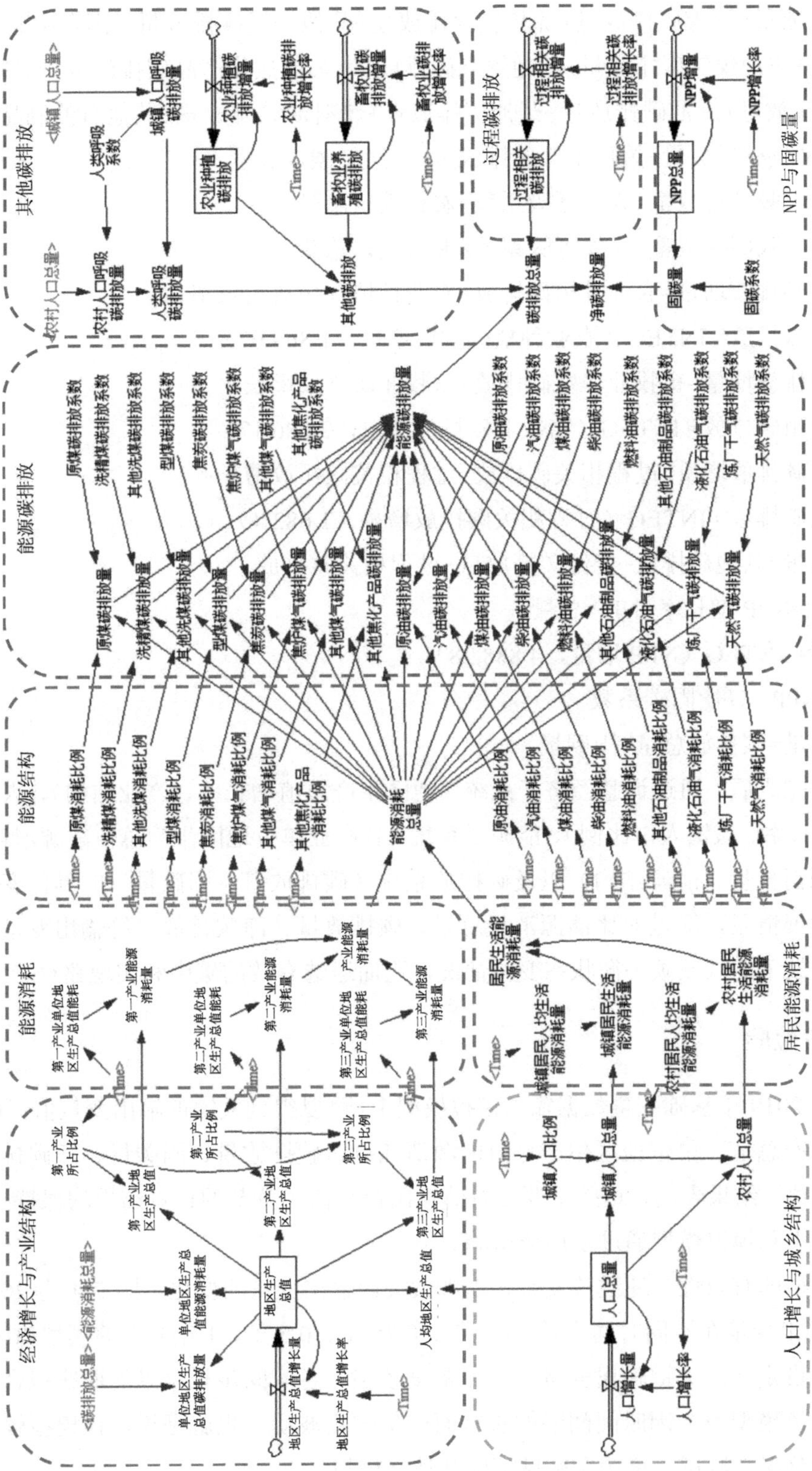

图 7-2　京津冀地区碳中和发展情景模拟模型

注：<time>表示该变量是时间的表函数。

能源碳排放量=原煤碳排放量+洗精煤碳排放量+其他洗煤碳排放量+型煤碳排放量+焦炭碳排放量+焦炉煤气碳排放量+其他煤气碳排放量+其他焦化产品碳排放量+原油碳排放量+汽油碳排放量+煤油碳排放量+柴油碳排放量+燃料油碳排放量+其他石油制品碳排放量+液化石油气碳排放量+炼厂干气碳排放量+天然气碳排放量

农村人口呼吸碳排放量=人类呼吸系数×农村人口总量

城市人口呼吸碳排放量=人类呼吸系数×城市人口总量

农业种植碳排放增量=农业种植碳排放×农业种植碳排放增长率

农业种植碳排放= INTEG（农业种植碳排放增量，1 869.07）

畜牧业碳排放增量=畜牧业养殖碳排放×畜牧业碳排放增长率

畜牧业养殖碳排放= INTEG（畜牧业碳排放增量，2 686.17）

过程相关碳排放增量=过程相关碳排放×过程相关碳排放增长率

过程相关碳排放= INTEG（过程相关碳排放增量，1 682.4）

碳排放总量=其他碳排放+能源碳排放量+过程相关碳排放

NPP 增量=NPP 增长率×NPP 总量

NPP 总量= INTEG（NPP 增量，4 888.28）

固碳量=NPP 总量×固碳系数

净碳排放量=碳排放总量−固碳量

模型构建完成后，通过调整经济子系统（地区生产总值增长率、产业结构）、人口子系统（人口增长率、城镇人口比例）、能源子系统（各产业单位地区生产总值能源消耗量、人均生活能源消耗量、能源结构）以及碳排放系统（碳排放量、固碳量）的具体变量来模拟不同的发展情景，通过对比能源消耗总量、碳排放量、净碳排放量等输出变量，对比分析不同情景下的区域碳平衡状态变化情况，进而遴选有效的碳中和实现路径。

7.1.2 模型检验

将 2000—2019 年基础变量数据输入模拟模型中，可以得到关键的输出变量值。图 7-3 为人均地区生产总值、单位地区生产总值能源消耗量、碳排放量、固碳量、净碳排放量等变量的输出值。结果表明，这些重要变量的输出值与前述章节的计算结果均保持一致，说明构建的碳中和模拟模型通过了历史检验。

为检验模型的有效性，通过改变步长以观察关键输出变量的变化。图 7-4 为 2000—2019 年关键输出变量在不同时间步长（0.1 年、0.25 年、0.5 年、1 年）下的模型输出值。不同时间步长设定下的关键输出变量值变化幅度较小，各时间步长结果的曲线拟合程度也较好，说明该模型不会因时间间隔的长短而产生过度波动。也就是说，该模型较为稳定，通过了积分误差测试，可用于区域碳中和情景模拟。

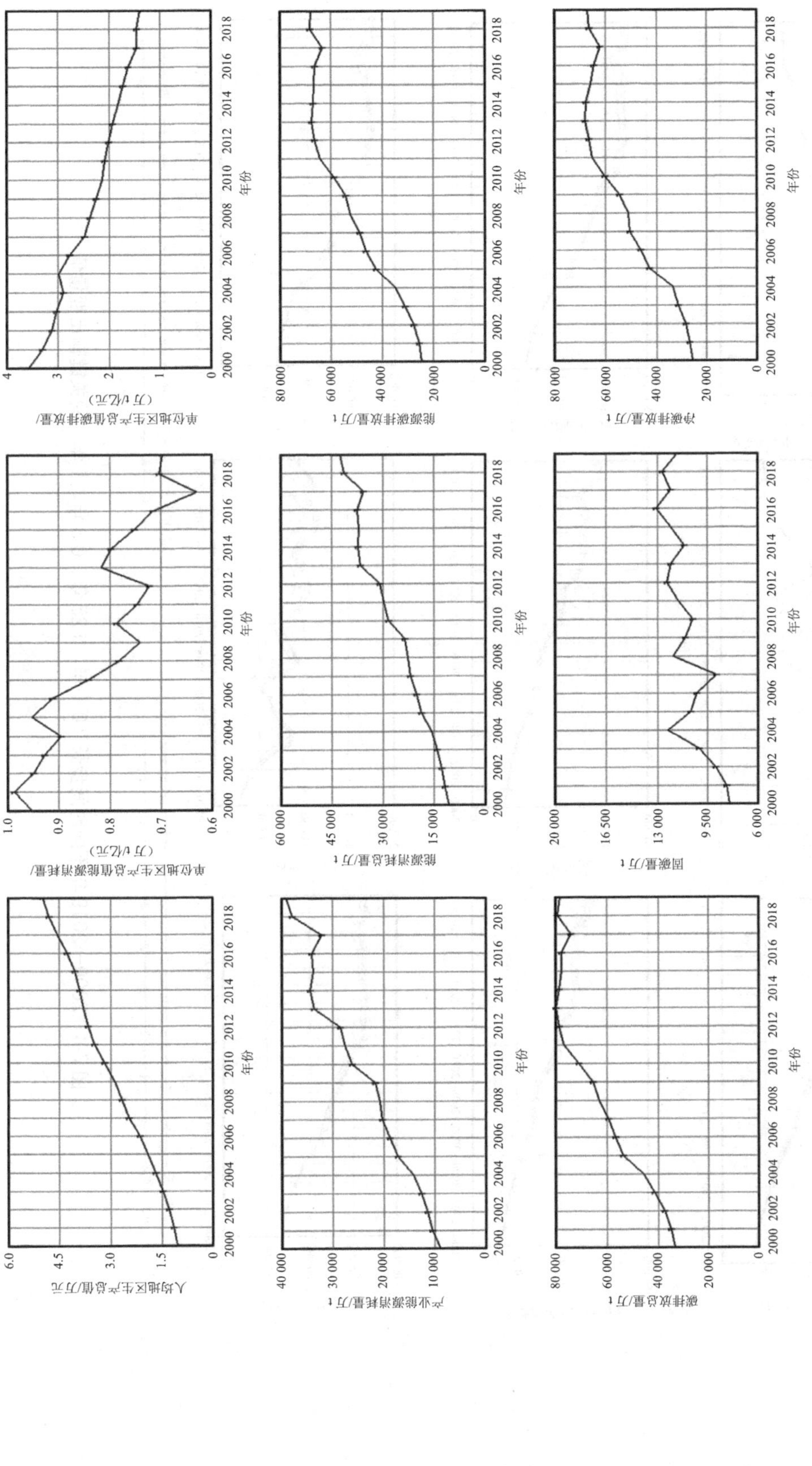

图 7-3　2000—2019 年的关键输出变量值

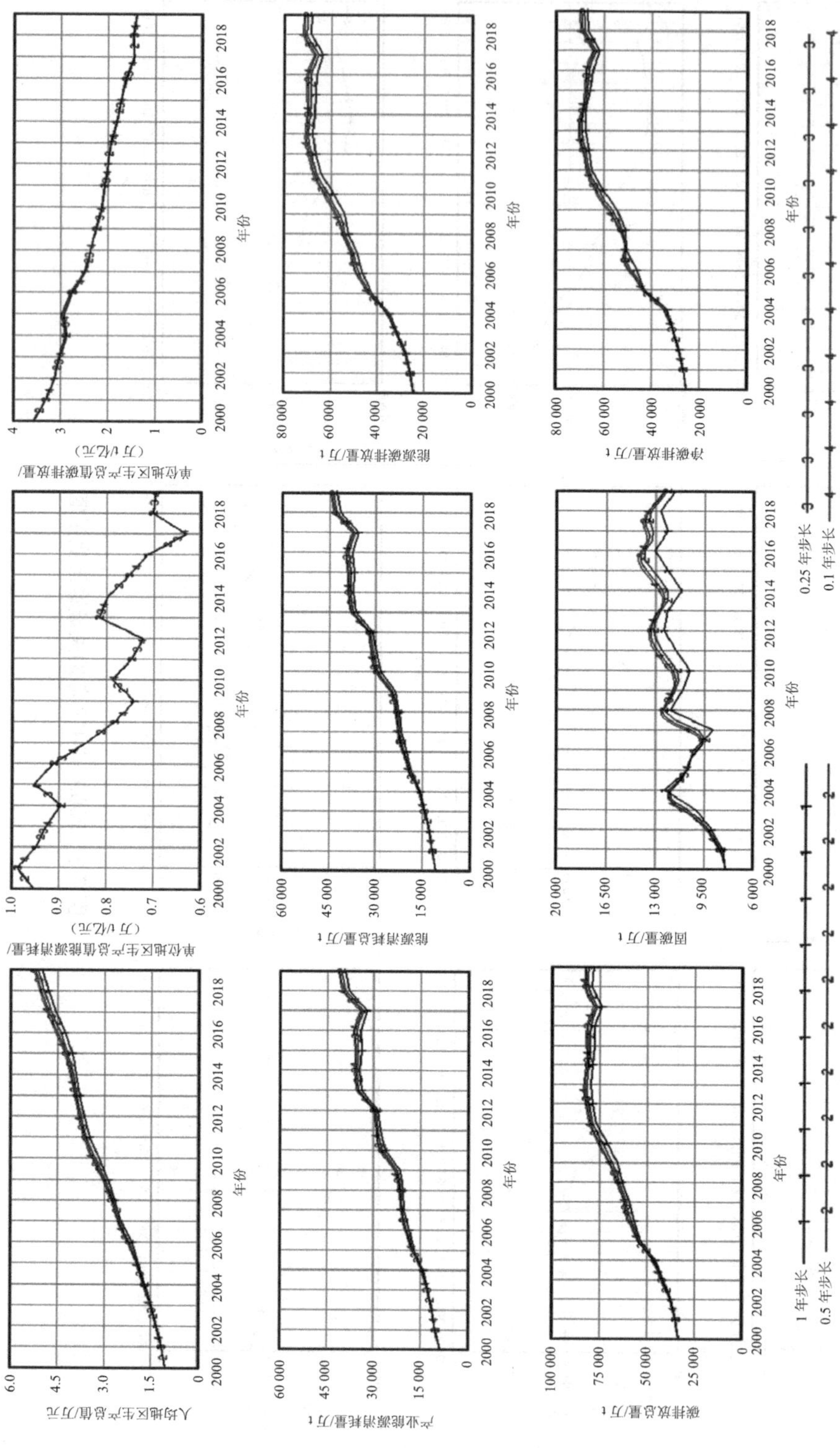

图 7-4　2000—2019 年不同时间步长（0.1 年、0.25 年、0.5 年、1 年）的关键输出变量值

7.2　情景设定

通过设定京津冀地区碳中和目标下 2020—2060 年不同的发展情景，对比分析不同碳中和发展情景的效果。考虑京津冀地区的碳中和状态受经济子系统、能源子系统和碳中和子系统的影响较大，受人口方面变量的影响较为微弱，所以模型设定主要从经济增长、产业结构、能源强度和固碳能力四个方面进行情景设定。经济子系统中，通过控制地区生产总值增长速度和产业结构来模拟区域经济增长情况。能源子系统中，通过控制区域产业能源消耗强度来模拟区域产业能源消耗情况，通过控制人均生活能源消耗水平来模拟区域生活能源消耗情况。碳中和子系统中，通过控制 NPP 增长率来模拟区域固碳能力变化情况。另外，本书主要设定了三类情景来模拟碳中和目标下不同的发展情景，分别为基础情景、单要素约束情景和多要素约束情景。

第一类是基础情景，主要是根据各变量的历史变化趋势进行外推，模拟区域人口、经济、能源的发展状态，与其他情景进行对比分析（表 7-1）。

表 7-1　基础情景设定及相关参数设定

情景名称	子系统	变量设定
基准情景	经济	各变量按照历史趋势外推；固定系数使用各情景的通用参数
	人口	各变量按照历史趋势外推；固定系数使用各情景的通用参数
	能源	各变量按照历史趋势外推；固定系数使用各情景的通用参数
	碳中和	各变量按照历史趋势外推；固定系数使用各情景的通用参数

第二类是单要素约束情景，通过约束某一方面要素对比分析区域的经济、能源及碳平衡状态变化，分析单要素变化对区域碳中和系统的影响，提炼碳中和目标实现的有效路径及调控策略。在基础情景的基础上分别调整了地区生产总值增长速度、产业结构、能源结构、产业能耗强度、居民生活能耗强度、NPP 增长速度等变量，构成了经济快速发展、产业结构调整、能源结构优化、能源强度降低、居民生活减排和固碳能力提升共 6 个具体的单要素约束情景（表 7-2）。单要素约束情景是为了观察单项减排或固碳路径对碳中和系统的影响。然而，在社会经济系统中的减排工作必定是多方面要素共同作用，所以下文设置了多要素约束情景，进一步探讨多要素同时约束条件下的碳中和发展情景。

表 7-2 单要素约束情景设定及相关参数设定

情景名称	子系统	变量设定
经济快速发展情景	经济	地区生产总值增长率在基础情景水平上提高 20%；其他变量与基准情景一致
	能源	与基准情景一致
	碳中和	与基准情景一致
产业结构调整情景	经济	第三产业所占比重在基础情景水平上提高 5%，第一、第二产业所占比重按照原比例缩小；其他变量与基准情景一致
	能源	与基准情景一致
	碳中和	与基准情景一致
能源结构优化情景	经济	与基准情景一致
	能源	化石能源所占比重降低 20%（各类能源所占比重×0.8）；其他变量与基准情景一致
	碳中和	与基准情景一致
能源强度降低情景	经济	与基准情景一致
	能源	第二产业单位地区生产总值能源消耗量降低 20%；其他变量与基准情景一致
	碳中和	与基准情景一致
居民生活减排情景	经济	与基准情景一致
	能源	居民人均生活能源消耗量降低 20%；其他变量与基准情景一致
	碳中和	与基准情景一致
固碳能力提升情景	经济	与基准情景一致
	能源	与基准情景一致
	碳中和	NPP 增长率在基础情景水平上提高 20%；其他变量与基准情景一致

第三类是多要素约束情景，对比分析多要素不同约束程度下区域碳中和系统的变化，提炼京津冀地区符合实际情况的最优发展情景及发展路径。在单要素约束情景中，经济增长要素变化会引起碳排放量增加，产业结构调整、能源结构优化、能源强度降低和居民生活减排 4 个情景的碳排放量均会呈现下降趋势；固碳能力提升不会引起碳排放变化，但会使固碳量提高，进而使净碳排放量降低。也就是说，除经济快速增长单要素约束情景外，另外 5 个单要素约束情景均有利于碳中和目标实现。本书通过设定不同地区生产总值增长率参数来表征基准经济发展情景和经济快速发展情景，再通过控制多要素的约束程度（低、中、高）来表征减碳或增汇强度，共形成 6 个多要素约束情景，通过对比各约束情景的碳中和系统变化，分析各情景能否达成各时期的减排目标，以识别京津冀地区的最优发展路径。各情景的约束程度及要素设置如表 7-3 所示。

表 7-3　多要素情景设定及相关参数设定

地区生产总值设定	要素类型	要素约束方向	约束程度		
			低	中	高
基准经济发展	产业结构调整	提高第三产业所占比重	2%	4%	5%
	能源结构优化	降低化石能源所占比重	5%	10%	20%
	能源强度降低	降低第二产业单位地区生产总值能源消耗量	5%	10%	20%
	居民生活减排	降低居民人均生活能源消耗量	5%	10%	20%
	固碳能力提升	提高 NPP 增长率	20%	40%	60%
经济快速发展	产业结构调整	提高第三产业所占比重	2%	4%	5%
	能源结构优化	降低化石能源所占比重	5%	10%	20%
	能源强度降低	降低第二产业单位地区生产总值能源消耗量	5%	10%	20%
	居民生活减排	降低居民人均生活能源消耗量	5%	10%	20%
	固碳能力提升	提高 NPP 增长率	20%	40%	60%

7.3　情景模拟结果分析

7.3.1　基础情景分析

基础情景中各变量按照历史趋势外推，模拟京津冀地区按照历史发展速度的碳中和状态变化。2020—2060 年基础情景中主要变量的变化趋势如图 7-5 所示。其中，地区生产总值增长率设置为 2015—2019 年的平均值（5.48%）。人口增长率设置为 2015—2019 年的平均值(0.46%)，城镇人口比例按照 2015—2019 年的平均增长速度，每年提高 1.85%。在产业结构方面，主要按照 2015—2019 年的历史变化趋势进行未来预测，第一产业所占比重按照 4.47%的变化率逐年递减，第二产业所占比重按照 3.64%的变化率逐年递减，第三产业所占比重根据第一产业和第二产业比重进行推算，到 2060 年第一、二、三产业所占比重依次为 0.71%、6.19%和 93.10%。在能源方面，第一、二、三产业单位地区生产总值能源消耗量分别按照 9.38%、1.83%和 5.74%的年变化率递减，城镇、乡村居民生活人均能源消耗量按照历史趋势递推，分别按照 0.60%和 0.35%的年变化率递增；各类能源所占比重先按照煤、石油、天然气三类综合能源进行比例分配，根据 2015—2019 年三类能源消耗量所占比重的平均变化率进行外推，到 2060 年三类综合能源所占比重分别为 62.11%、7.69%、30.20%，然后再根据具体能源所占各类能源比重进行分配。其他碳排放中，农业种植碳排放和畜牧业碳排放按照 2015—2019 年变化率进行外推，年变化率分别为−2.87%和−3.90%。生产过程碳排放年变化率设置为−1.81%。NPP 增长率波动较大，按照 2000—2019 年数据的历史趋势进行外推，NPP 总量的年增长量为 120.28 万 tC。

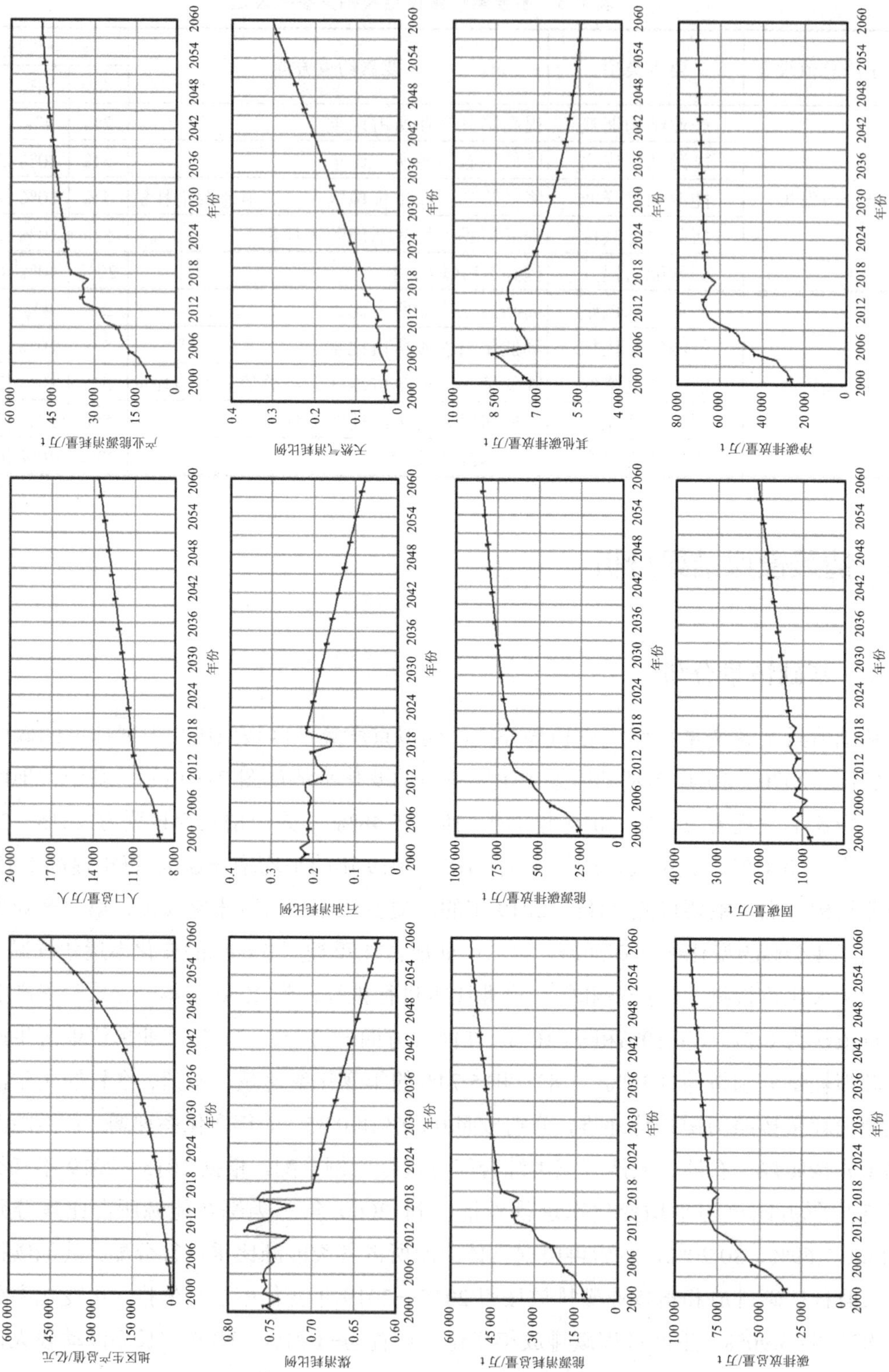

图 7-5 基础情景碳中和模拟系统变化

从基础情景的输出变量来看，京津冀地区按照历史发展趋势的未来预测状况如图 7-5 和表 7-4 所示。基础情景中，2020—2060 年能源消耗量保持缓慢增加的趋势，到 2030 年为 458.88 Mt，2060 年为 532.74 Mt；能源消耗产生的碳排放量呈现缓慢增加的趋势，到 2030 年为 741.39 Mt，2060 年为 844.80 Mt；其他碳排放量逐年降低，到 2030 年为 65.09 Mt，2060 年为 54.35 Mt；碳排放总量缓慢增加，到 2030 年为 832.62 Mt，2060 年为 914.26 Mt；固碳量缓慢增加，到 2030 年为 149.52 Mt，2060 年为 207.46 Mt；净碳排放量增加速率缓慢，到 2030 年为 683.10 Mt，2060 年为 706.80 Mt；2030 年和 2060 年碳平衡率分别为 17.96% 和 22.69%。

表 7-4　基准情景和单要素约束情景的关键指标值变化

情景	年份	单位地区生产总值碳排放/（t/万元）	单位地区生产总值能源消耗/（t/万元）	碳排放总量/10^6t	净碳排放量/10^6t	碳平衡率/%	2025 年目标	2030 年目标		2060 年目标
								65%	碳达峰	
基准情景	2005	2.98	1.04	535.93	429.22	19.91				
	2020	1.35	0.72	800.79	670.59	16.26				
	2025	1.05	0.57	816.98	677.12	17.12	●	●	○	○
	2030	0.82	0.45	832.62	683.10	17.96				
	2060	0.18	0.11	914.26	706.80	22.69				
经济快速发展情景	2005	2.98	1.04	535.93	429.22	19.91				
	2020	1.35	0.72	807.46	677.26	16.12				
	2025	1.04	0.57	859.46	719.60	16.27	●	●	○	○
	2030	0.81	0.45	915.10	765.59	16.34				
	2060	0.17	0.10	1 325.06	1 117.59	15.66				
产业结构调整情景	2005	2.98	1.04	535.93	429.22	19.91				
	2020	1.20	0.63	742.03	611.83	18.22				
	2025	0.91	0.49	736.50	596.64	19.76	●	●	●	○
	2030	0.69	0.37	724.79	575.28	21.51				
	2060	0.08	0.04	438.89	231.43	51.40				
能源结构优化情景	2005	2.98	1.04	535.93	429.22	19.91				
	2020	1.11	0.72	661.33	531.13	19.69				
	2025	0.87	0.57	672.97	533.12	20.78	●	●	○	○
	2030	0.68	0.45	684.34	534.82	21.85				
	2060	0.15	0.11	745.30	537.84	27.84				
能源强度降低情景	2005	2.98	1.04	535.93	429.22	19.91				
	2020	1.16	0.60	686.19	555.99	18.97	●	●	○	○
	2025	0.90	0.48	698.29	558.43	20.03				

情景	年份	单位地区生产总值碳排放/（t/万元）	单位地区生产总值能源消耗/（t/万元）	碳排放总量/10^6t	净碳排放量/10^6t	碳平衡率/%	2025 年目标	2030 年目标		2060 年目标
								65%	碳达峰	
能源强度降低情景	2030	0.70	0.38	709.92	560.41	21.06	●	●	○	○
	2060	0.15	0.09	772.31	564.85	26.86				
居民生活减排情景	2005	2.98	1.04	535.93	429.22	19.91	●	●	○	○
	2020	1.33	0.71	789.71	659.51	16.49				
	2025	1.04	0.56	805.82	665.96	17.36				
	2030	0.81	0.45	821.41	671.90	18.20				
	2060	0.18	0.10	901.08	693.62	23.02				
固碳能力提升情景	2005	2.98	1.04	535.93	429.22	19.91	●	●	○	○
	2020	1.35	0.72	800.79	667.67	16.62				
	2025	1.05	0.57	816.98	671.94	17.75				
	2030	0.82	0.45	832.62	675.49	18.87				
	2060	0.18	0.11	914.26	681.58	25.45				

注：2025 年目标是相比 2020 年单位地区生产总值能耗和单位地区生产总值碳排放分别降低 13.5%和 18%；2030 年目标是碳达峰和单位地区生产总值碳排放比 2005 年下降 65%；2060 年目标是碳中和；“●”表示完成，“○”表示未完成。

7.3.2 单要素约束情景分析

图 7-6 和表 7-4 展示了单要素约束情景的关键变量的趋势变化。相较于基准情景结果，单要素约束情景中仅有经济快速增长情景会导致区域的净碳排放量明显增加，其他 5 个单要素约束情景的净碳排放量均呈现降低趋势。

（1）在经济快速发展情景中，地区生产总值快速增长，到 2030 年为 101 169 亿元，2060 年为 500 878 亿元。快速的经济增长伴随着产业能源消耗量明显增长，进而导致能源的碳排放量明显增长。在固碳量与基准情景一致的情况下，净碳排放量呈现增加的趋势。因此，如果仅追求经济快速增长，其他条件不变，会导致“双碳”目标难以实现。

（2）在产业结构调整情景中，第一、二产业的地区生产总值呈现微弱降低的变化趋势，第三产业的地区生产总值增长相对其他情景较快，产业能源消耗量和能源消耗总量呈现明显的降低趋势，而且随着时间变化，降低速度逐渐加快，碳减排效果明显。2060 年的碳排放量为 438.89 Mt，减排幅度最大，相较 2005 年，降低幅度为 18.11%，碳平衡率为 51.40%。这与第 3 章碳排放变化的因素分解结果一致，说明产业结构调整是有效的碳减排路径。

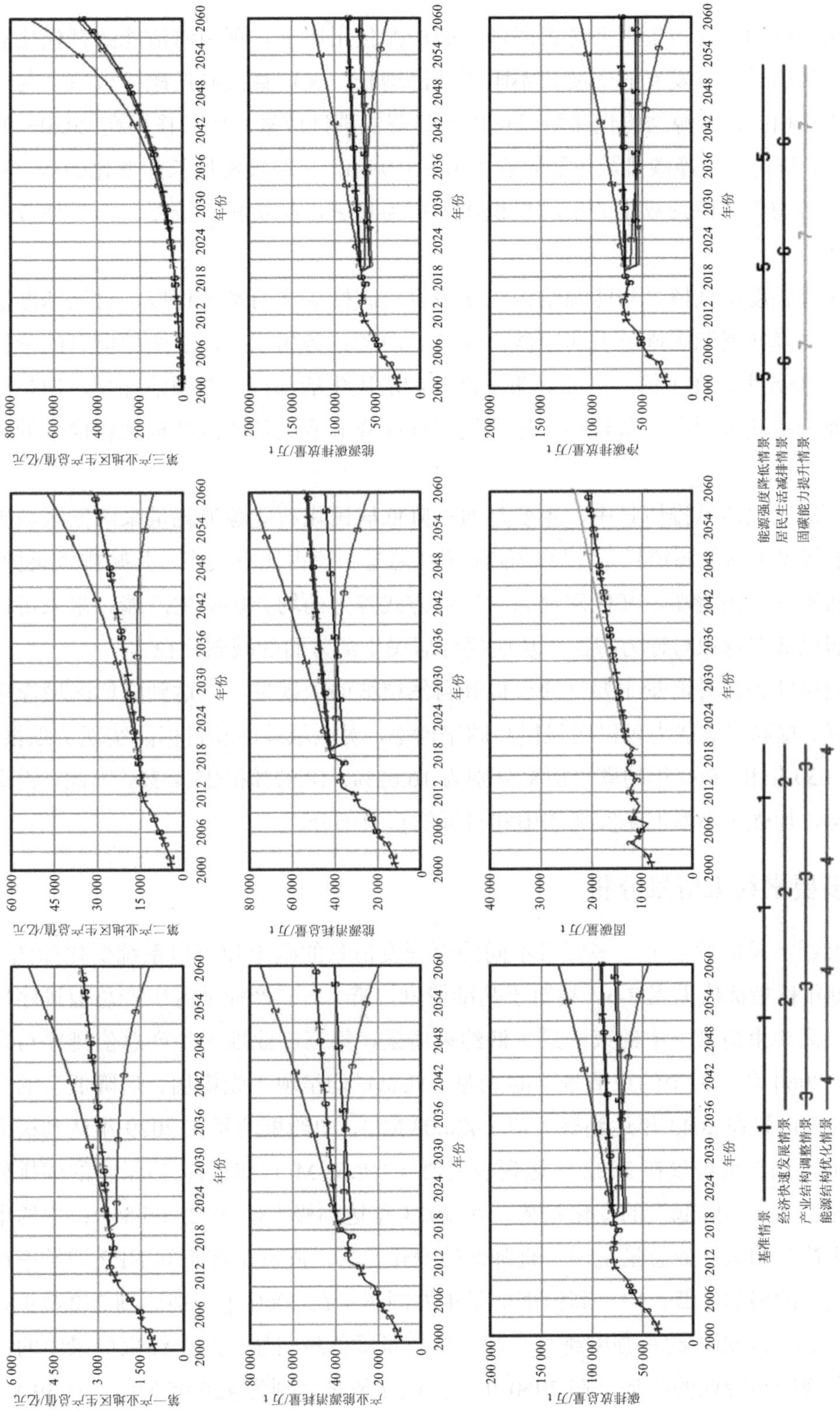

图 7-6　单要素约束情景碳中和模拟系统变化

（3）能源结构优化情景主要考虑降低化石能源使用比重，利用清洁能源替代化石能源，可以直接满足经济发展的需要，不阻碍经济增长，又可直接降低碳排放量。与产业结构调整情景相比，能源结构优化情景可以明显降低碳排放量，但其作用在2020—2060年较为均衡。该情景中净碳排放量稳定在530～540 Mt，呈现缓慢增长的变化趋势。对比来看，产业结构优化情景减排效果的累积作用更为显著，起初相对较慢，但后期效果更为明显。

（4）能源强度降低情景与能源结构优化情景对碳排放量的影响相似，对比基准情景来说，可明显降低能源碳排放量和净碳排放量。两者趋势相似是由于两种情景的降低率均为20%，差异主要在于第一产业、第三产业和居民生活部门的能源消耗量，但是这3个部门的能源消耗量所占比重较小，导致能源强度降低情景和能源结构优化情景的碳排放量变化趋势相近。

（5）在居民生活减排情景中，主要是通过降低居民化石能源消耗量来降低区域碳排放量，由于居民生活能源消耗量在区域能源消耗总量中所占比重较小，其减排效果微弱。事实上，居民处于消费端，其低碳理念、生活方式等方面均会影响生产端。未来可以进一步探究居民低碳意识与行为特征，从而提炼居民生活方面的减碳路径。

（6）固碳能力提升情景主要是通过提高自然植被的固碳量，以达到降低区域净碳排放量的目标。提高固碳能力可以明显提高碳平衡率，对区域碳中和目标的实现贡献很大，2020年、2030年和2060年的碳平衡率分别为16.62%、18.87%和25.45%。因此，提高植被的固碳量、加强生态增汇是实现碳中和目标的重要部分。

7.3.3 多要素约束情景分析

在基准经济发展背景下，多要素不同约束程度情景的碳中和模拟系统变化如图7-7所示，关键年份指标值见表7-5。相对于基准情景，第一、二产业地区生产总值排序均为基准情景＞高约束情景＞中约束情景＞低约束情景，第三产业地区生产总值排序与之相反。2020—2060年，3个约束情景下的能源消耗总量均呈现“先增加、后降低”的变化趋势，低约束情景在2043年达到极大值（420.03 Mt），中约束情景在2029年达到极大值（369.66 Mt），高约束情景在2022年达到极大值（317.65 Mt）。低约束情景中的碳排放总量呈现“先增加、后降低”的变化趋势，在2033年达到极大值（725.66 Mt）；中约束情景和高约束情景的碳排放总量呈现一直降低的变化趋势。固碳量在不同NPP增长率设置下有不同程度的增加，低、中、高约束情景中的固碳量在2060年分别达到232.689 Mt、260.79 Mt、292.09 Mt。约束强度越高，净碳排放量降低越明显。3个约束情景中的净碳排放量均呈现明显降低的趋势，在2060年的净碳排放量分别为430.95 Mt、191.39 Mt和−35.35 Mt；碳平衡率分别为35.06%、57.67%、113.76%。已知2013年京津冀地区碳排放总量为 798.87 Mt（2000—2019 年的峰值）。由此可知，在基准经济发展背景下，低、中、高 3 个约束情景均可实现 2030 年碳达峰目标；高约束情景可以实现 2060 年碳中和目标，为京津冀地区的最优发展情景。

表 7-5　多要素约束情景的关键指标值变化

情景	年份	单位地区生产总值碳排放/（t/万元）	单位地区生产总值能源消耗/（t/万元）	碳排放总量/10^6t	净碳排放量/10^6t	碳平衡率/%	2025 年目标	2030 年目标		2060 年目标
								65%	碳达峰	
基准经济发展-多要素-低约束	2005	2.98	1.04	535.93	429.22	19.91	●	●	●	○
	2020	1.20	0.67	714.92	581.80	18.62				
	2025	0.93	0.52	721.14	576.10	20.11				
	2030	0.72	0.41	724.88	567.76	21.68				
	2060	0.13	0.08	663.64	430.95	35.06				
基准经济发展-多要素-中约束	2005	2.98	1.04	535.93	429.22	19.91	●	●	●	○
	2020	1.07	0.61	636.64	500.59	21.37				
	2025	0.82	0.48	634.61	484.27	23.69				
	2030	0.62	0.37	628.59	463.56	26.25				
	2060	0.09	0.05	452.18	191.39	57.67				
基准经济发展-多要素-高约束	2005	2.98	1.04	535.93	429.22	19.91	●	●	●	●
	2020	0.87	0.53	516.22	377.24	26.92				
	2025	0.66	0.41	507.88	352.12	30.67				
	2030	0.49	0.31	495.04	321.80	35.00				
	2060	0.05	0.03	256.76	−35.33	113.76				
经济快速发展-多要素-低约束	2005	2.98	1.04	535.93	429.22	19.91	●	●	○	○
	2020	1.20	0.67	720.75	587.63	18.47				
	2025	0.92	0.52	757.84	612.80	19.14				
	2030	0.70	0.40	795.06	637.93	19.76				
	2060	0.12	0.08	945.64	712.95	24.61				
经济快速发展-多要素-中约束	2005	2.98	1.04	535.93	429.22	19.91	●	●	●	○
	2020	1.07	0.61	641.71	505.66	21.20				
	2025	0.81	0.47	666.11	515.76	22.57				
	2030	0.61	0.36	687.80	522.77	23.99				
	2060	0.08	0.05	625.87	365.08	41.67				
经济快速发展-多要素-高约束	2005	2.98	1.04	535.93	429.22	19.91	●	●	●	○
	2020	0.87	0.53	520.13	381.16	26.72				
	2025	0.65	0.41	531.87	376.12	29.28				
	2030	0.48	0.31	539.32	366.08	32.12				
	2060	0.04	0.03	333.30	41.21	87.63				

注：2025 年目标是相比 2020 年单位地区生产总值能耗和单位地区生产总值碳排放分别降低 13.5%和 18%；2030 年目标是碳达峰和单位地区生产总值碳排放比 2005 年下降 65%；2060 年目标是碳中和；“●”表示完成，“○”表示未完成。

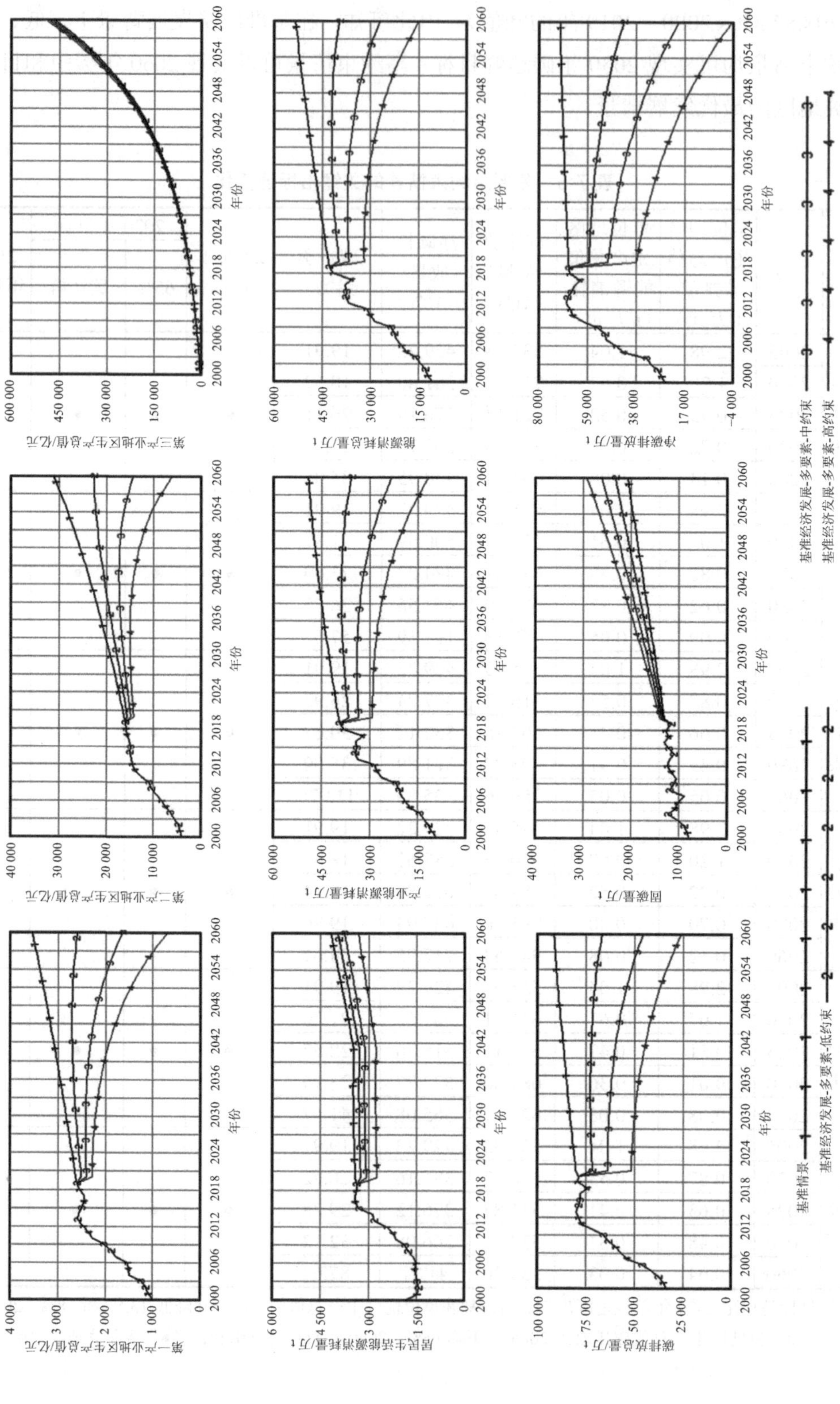

图 7-7 基准经济发展背景下多要素约束情景碳中和模拟系统变化

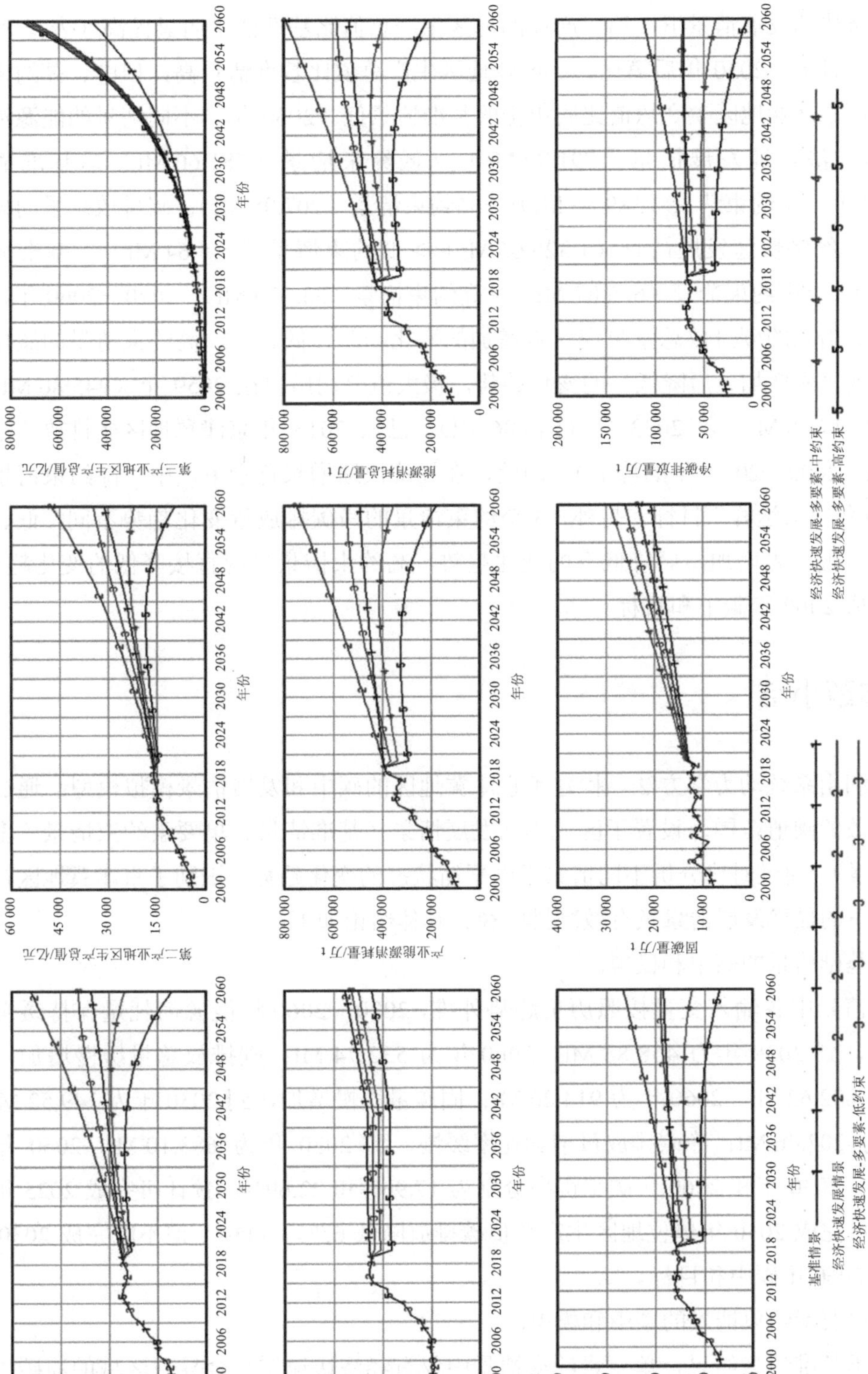

图 7-8　经济快速发展背景下多要素约束情景碳中和模拟系统变化

在经济快速发展情景下，第三产业的地区生产总值比基准情景明显提高（表 7-8）。在低约束情景下，2030 年后第一、二产业地区生产总值比基准情景高，但中、高约束情景下第一、二产业地区生产总值比同年份的基准情景低。2060 年，不同情景的能源消耗量排序为经济快速发展情景（791.79 Mt）＞低约束情景（581.60 Mt）＞基准情景（532.74 Mt）＞中约束情景（389.86 Mt）＞高约束情景（207.98 Mt）；碳排放总量的排序与之相同：经济快速发展情景（1 325.06 Mt）＞低约束情景（945.64 Mt）＞基准情景（914.26 Mt）＞中约束情景（625.87 Mt）＞高约束情景（333.30 Mt）。2020—2060 年，经济快速发展情景的碳排放总量呈现一直增加的变化趋势，低、中、高约束情景的碳排放总量均呈现“先增加、后降低”的变化趋势，极大值分别出现在 2059 年（945.86 Mt）、2044 年（717.76 Mt）和 2033 年（540.86 Mt）。已知 2013 年京津冀地区碳排放总量为 798.87 Mt（2000—2019 年的峰值），因此，在经济快速增长背景下，中、高约束情景可达成 2030 年“碳达峰”目标。另外，3 个约束情景的净碳排放量变化趋势不同，低、中约束情景呈现“先增加，后降低”的变化趋势，高约束情景呈现直接降低的变化趋势，均不能完成 2060 年碳中和目标。

7.4 本章小结

本章利用系统动力学方法，构建了京津冀地区的碳中和发展情景模拟模型；通过控制关键参数的阈值范围，设置了区域不同发展情景（基准情景、单要素约束情景、多要素约束情景），通过对比分析不同情景下碳平衡状态的变化趋势，识别了京津冀地区在碳中和目标下的最优发展情景及有效减排路径。具体结论如下：

（1）基础情景的碳中和模拟。

基础情景中各输入变量按照历史趋势外推，2020—2060 年能源消耗量保持缓慢增加的趋势，到 2030 年为 458.88 Mt，2060 年为 532.74 Mt；碳排放总量缓慢增加，到 2030 年为 832.62 Mt，2060 年为 914.26 Mt；固碳量缓慢增加，到 2030 年为 149.52 Mt，2060 年为 207.46 Mt；净碳排放量增加速率缓慢，到 2030 年为 683.10 Mt，2060 年为 706.80 Mt；2030 年和 2060 年碳平衡率分别为 17.96%和 22.69%。预计可完成 2025 年短期目标，可完成 2030 年单位地区生产总值碳排放降低 65%的目标，但不能完成 2030 年碳达峰和 2060 年碳中和目标。

（2）单要素约束情景的碳中和模拟。

相较于基准情景结果，单要素约束情景中仅有经济快速增长会导致区域的净碳排放量明显增加，其他 5 个单要素约束情景的净碳排放量均呈现降低趋势。经济快速发展情景中，地区生产总值增长快速，2060 年达 500 878 亿元，“双碳”目标难以实现。产业结构调整情景的碳减排效果明显，减排幅度最大，碳排放量相较 2005 年降低幅度为 18.11%，碳平衡率为 51.40%，可完成 2030 年碳达峰目标。能源结构优化情景主要考虑降低化石能源使用比重，其碳减排效果比产业结构调整情景稍弱。能源强度降低情景与能源结构优化情景对于碳排放量的影响趋势类似。居民生活减排情景对碳排放降低幅度不明显，但居民消费端在一定程度上控制着生产端，从居民生活行为方面探究碳中和路径十分必要。

（3）多要素约束情景的碳中和模拟。

在基准经济发展背景下，3 个约束情景下的能源消耗总量呈现“先增加、后降低”的变化趋势，低约束情景在 2043 年达到极大值（420.03 Mt），中约束情景在 2029 年达到极大值（369.66 Mt），高约束情景在 2022 年达到极大值（317.65 Mt）。其中，高约束情景可在 2060 年之前完成碳中和目标，为京津冀地区的最优发展情景。经济快速发展背景下，低、中、高约束情景的碳排放总量均呈现“先增加，后降低”的变化趋势，极大值分别出现在 2059 年（945.86 Mt）、2044 年（717.76 Mt）和 2033 年（540.86 Mt），只有中、高约束情景可完成 2030 年碳达峰目标，3 个情景均不能完成 2060 年碳中和目标。

第 8 章
碳中和目标下京津冀地区的调控策略及政策建议

实现碳中和目标是一项复杂的系统性工程，需要综合能源体系、产业体系和消费体系等多领域进行全面低碳转型。基于前述章节的研究结果，本章从微观（居民生活）、中观（产业生产）和宏观（区域生态）三重尺度提出了京津冀地区的碳中和行动方案框架（图 8-1）。第一，从微观尺度，着力于生活减碳，提出了提高居民意识和推广低碳行为的政策建议。第二，从中观尺度，着力于生产减碳，提出了产业结构调整、产业升级转型等方面的调控策略及政策建议。第三，从宏观尺度，着力于生态增汇，提出了区域空间规划、协同一体化的调控策略及政策建议。

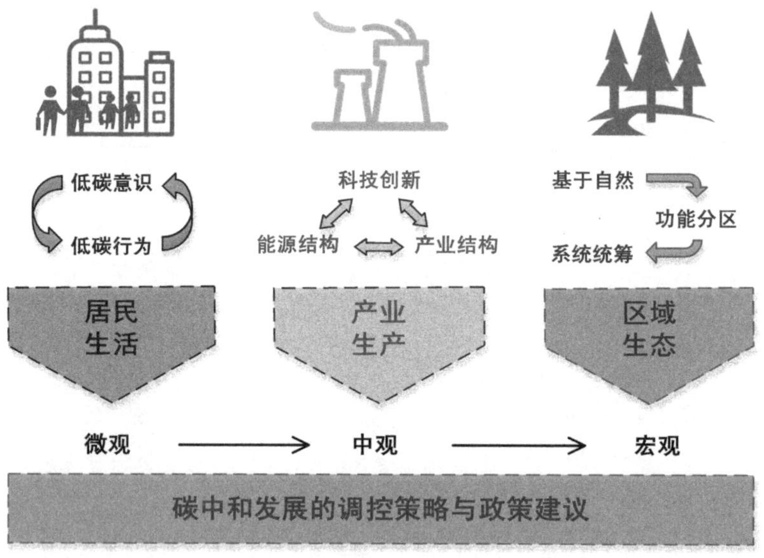

图 8-1　京津冀地区碳中和行动方案框架

8.1　提高低碳意识，推广低碳行为

在微观尺度上，居民意识和社会因素都会对居民行为产生明显影响，并且在不同特

征人群中的影响不同，政府、企业和社区等多方组织都需要着力关注居民意识与行为对“双碳”目标的关键作用，通过居民层面的低碳行动有效助推区域减碳增汇。

8.1.1　关注居民低碳意识与行为特征

居民意识和社会因素都会对居民低碳行为产生明显影响。通常来讲，低碳知识、低碳意识、个人认知、社会认知、外界因素等都会对低碳行为产生不同程度的影响，低碳行为还可细分为个人低碳行为和公共低碳行为。在不同人口特征的居民群体中低碳意识与行为特征不同，居民意识与各因素对低碳行为的影响也不相同。探究低碳行为的影响因素有助于从微观尺度制定提高居民意识和推广低碳行为的措施，落实居民的低碳行为，从消费端推动低碳生产的转型升级。事实上，目前京津冀地区居民低碳意识的平均水平和普及程度均有待提高，居民参与活动的积极性有待进一步提升。政府需要进一步开展实地调研与研究，分析居民意识与居民低碳行为特征，探究居民低碳意识对居民低碳行为的影响机制，梳理不同人口特征群体内影响机制的差异性，制订合适的策略提高居民意识并推广低碳行为。此外，落实低碳意识与行为要尊重当地风俗习惯的差异，突出管理的灵活性，做到因地制宜、因人而异。防止“一刀切”，对不同地区、不同社区、不同群体应该采用差异化的针对性策略。

8.1.2　社会共同努力，推广居民低碳行为

推广低碳行为需要政府、企业和社区等多方组织的共同努力，从不同角度完善制度、落实社会责任、营造低碳的社会环境。政府在制定政策法规、完善市场管理机制、改善社会环境等方面占据主导地位。政府应不断完善相关的政策法规，鼓励和支持低碳产业落地，促进节能减排技术创新，为居民践行低碳生活和企业落实低碳生产提供有利条件。相关部门在政策制定和实施过程中需要细化工作条例，发挥奖励和监督的作用，通过适当的奖惩政策来加强政策的实施效果，提高居民对政府的信任程度，通过实时监督来保障政策的落实，精准地发现问题以期更好地完善低碳政策体制。社会和企业也应该积极参与、落实行动，助推实现“双碳”目标。作为社会经济发展的重要力量，企业要积极承担节能减碳的社会责任，将绿色发展理念融入生产经营的完整链条。一方面，要推动绿色生产模式，积极采用清洁能源、节能技术和低碳材料，减少生产过程产生的能耗及污染排放。另一方面，加大科研投入，促进低碳产品的研发与推广，助推绿色消费市场的发展。社区是居民生活的重要场所，可以发挥自身优势，组织开展多形式的低碳宣传与推广活动，如知识普及、互动体验以及志愿服务互动等活动。另外，社区可以借助传统媒体或新媒体平台加强活动的宣传推广，提高居民参与低碳行为的积极性，不断引导践行低碳生活方式，营造绿色低碳的生活氛围，建设浓厚的低碳城市环境。

8.2 调整能源结构，优化产业结构

从中观尺度，基于产业层面的碳排放测度及情景模拟结果，着力于生产减碳。推动清洁能源逐步替代化石能源、高新产业逐步替代传统高耗能产业，鼓励科技创新，以促进能源结构调整和产业结构优化。

8.2.1 降低能源消耗，优化产业结构

降低能源消耗强度、调整能源结构对区域碳减排工作十分重要。京津冀地区应该重点关注农林牧渔业（A1），电力、蒸汽、热水的生产和供应业（S38）以及黑色金属冶炼和压延加工业（S27）对原煤、焦炭和其他煤气的消耗量；探究降低能源强度的技术，加强引导低碳转型。同时，相关部门需要制定低碳环保、安全高效的能源体系，逐步摒弃粗放的能源生产方式，树立正确的生态文明理念，走绿色能源的发展道路。推广非化石能源，逐步降低化石能源使用比重，积极推进煤炭清洁高效利用，开发推广风能发电和太阳能发电，加强电力系统调峰能力建设与灵活性改造，坚持生态优先，统筹规划开发水电、核电发展等方式，促进新旧能源转换。

加强产业关联，推动传统能源产业升级转型，优化产业结构。基于“双碳”目标，京津冀地区需要制定产业升级转型的行动时间表和路线图，综合考虑经济的平稳性和减碳的社会经济代价，重点关注高碳排放强度的大规模产业，按照三次产业结构、行业门类结构、工业结构和制造业结构，完成分阶段、分批次、循序渐进地推进区域产业结构的升级转型。同时，需要加强区域间的产业合作，引导和促进产业的协同发展。科学评估各区域的碳排放空间，明确各阶段的减排任务，科学保障“双碳”目标的顺利实现。河北省需要优化省内产业结构，着重推动传统能源产业升级，致力于发展低碳经济，逐步完成能源密集型产业向技术密集型产业的转型。严格控制高耗能、重化工行业的新增产能，推动钢铁、电力等传统高耗能行业节能改造。钢铁、电力是河北碳排放规模及强度最大的行业，通过调整产业内部结构，将会大幅降低京津冀地区的碳排放规模和强度。

8.2.2 促进科技创新，完善管理体制

不断加强科技创新，提高产业的全要素生产力，依托新动能实现高质量发展，促进传统产业升级转型。科技创新会催生出许多新型产业，技术知识密集型产业的发展有利于区域产业结构的升级，逐步实现工业向生产性服务业的转换，不断提高工业现代化水平。京津冀地区应大力发展先进制造业和战略性新兴产业，针对钢铁、电力行业碳排放强度过大的现状，鼓励现有钢铁、电力等行业的技术创新，从原料脱碳、清洁生产、生物碳捕获、碳转化等方面加快基础理论研究和技术革新。另外，继续发展节能减排和清

洁能源替代的技术创新，充分挖掘知识、技术、数据等新要素在社会经济发展中的作用，逐步实现新旧动能转换，不断提高全要素生产率。

立足京津冀一体化发展战略，贴合能源与环境相关的发展需求，完善产业低碳发展模式及相关机制建设，巩固产业结构调整及优化模式的示范作用。加快推进互联网、大数据、人工智能等技术在区域能源结构优化中的应用，推动创新能源管理模式和业态的发展。加快能源网络建设，探究多能互补发展模式，因地制宜推广供能用能新模式，鼓励采用政府和社会资本合作等有效模式，完善各类能源的智能终端功能设施。建立新产业培育基金，鼓励产业创新及新技术推广，促进知识技术密集型产业发展，不断完善产业发展模式和相关体制机制。

8.3　优化功能分区，促进协调发展

从宏观尺度，基于区域碳排放测度及情景模拟结果，着力于生态增汇，倡导基于自然的解决方案，提炼京津冀地区综合的碳中和行动方案，从区域空间规划、协同一体化发展等维度形成具体的调控策略及政策建议。

8.3.1　剖析本底条件，明确区域功能定位

基于自然的解决方案（Nature-based Solutions，NbS）改变了以往依赖工业技术手段进行生态保护与治理，突出利用自然来实现可持续发展（田惠玲等，2021；曾楠，2021）。从京津冀地区的自然本底条件与碳平衡状态出发，结合国家生态功能保护区分布、国家林业工程分布以及区域社会经济发展状况，进一步明确了碳中和目标下京津冀地区的区域功能定位（图 8-2）。京津冀地区主要涉及 3 个国家功能保护区，分布在西部和北部区域，分别在防风固沙、水源涵养和水土保持方面发挥重要作用，功能保护区分布区域为林地、草地分布密集广泛区，与土地利用类型分布一致。基于以上分析，将研究区划分为 4 类功能区，分别为城镇化发展核心区、生态功能主导区、生态生产双重功能区和生产功能主导区（表 8-1）。①北京和天津分别作为首都和直辖市，城镇化水平较高，是引领区域经济发展的核心区域。可在城市绿化、居民低碳、科技创新以及碳交易等方面着力突破。②承德和张家口作为“三北”防护林工程区的一部分，在京津冀地区发挥重要的生态保障作用，是京津冀主要的固碳区。该区应该加强生态管控与保护、努力保障并增加固碳量、寻找合理的发展模式，助力区域低碳可持续发展。③“秦皇岛—唐山”和“保定—石家庄—邢台—邯郸”两个聚集区毗邻保护区，区内分布较多生态用地，兼具生态和生产功能。该区的生产功能较强，唐山是国家重要钢铁及高端装备制造产业基地，石家庄、邢台、邯郸等地的石化产业及制造业也发展迅速。因此，需要统筹生态和生产

功能，依托天然条件和产业基础发展经济的同时，关注自然保护与工业减碳，双向助力碳中和目标。④廊坊、沧州、衡水位于京津冀的东南部腹地，毗邻北京、天津，耕地分布广泛，以生产功能为主导。在京津冀协同发展战略和雄安新区建设的辐射影响作用下，区域发展会得到进一步推动。该区可进一步关注农林业减排增汇，着力区域能源转型与产业转移，配合京津冀地区的协同一体化与高质量发展战略。

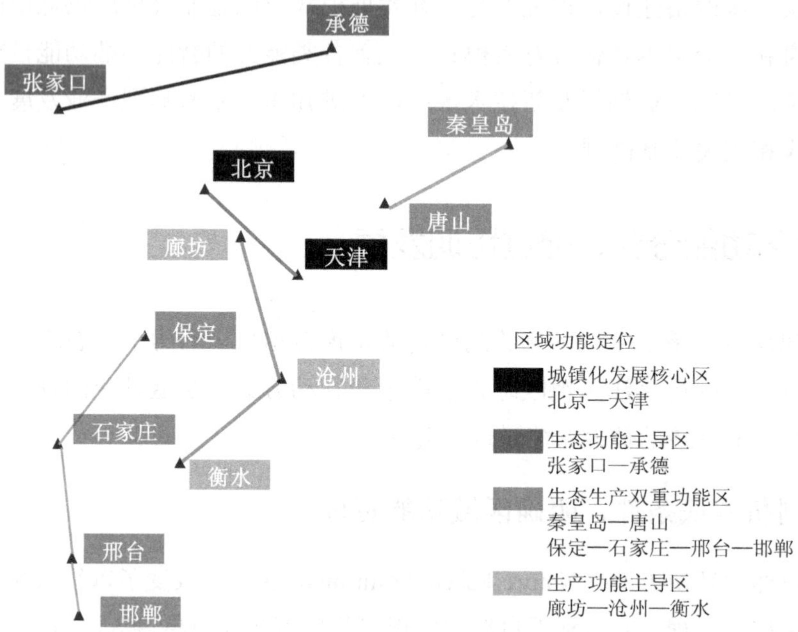

图 8-2　碳中和目标下京津冀地区的区域功能定位

表 8-1　碳中和目标下各功能区的政策建议

区域名称	城市	调控策略及政策建议
城镇发展核心区	北京—天津	发展城市公园绿地、关注路岸带绿化带建设；提高居民低碳意识，推广低碳行为；加强科技创新，加大科学研究投入力度，开展生物碳捕集、碳封存、碳利用等技术与模式；完善碳交易市场机制，加强大数据、人工智能等技术在碳中和领域的应用
生态功能主导区	张家口—承德	加强生态管控压力、开展天然林保护、优化天然林保护政策、规范管理、加强监督；发展人工草地、制订合理的载畜量、开展草场围栏、加强法制宣传力度；基于自然资源条件发展清洁能源，开发风能发电、光能发电产业
生态生产双重功能区	秦皇岛—唐山、保定—石家庄—邢台—邯郸	统筹区域生态和生产功能，依托产业基础和区位优势。一方面，需要保护生态用地，维持其生态功能不退化，防止碳外泄；另一方面，做优做强新一代信息技术和精品钢铁、高端装备制造、绿色化工等优势企业，加强产业转型与能源结构优化，利用加大科技创新投入，发展工业固碳技术，实现工业减碳和工业固碳的双重目标

区域名称	城市	调控策略及政策建议
生产功能主导区	廊坊—沧州—衡水	农林业减排增汇有较大潜力，可以通过合理施肥、免耕、秸秆还田等加强农田的减碳强度；在经济发展的过程中严格关注能源环境管理、发展新兴产业；以雄安新区为核心承接北京非首都功能转移，吸纳和集聚创新要素资源，布局新一代信息技术、绿色农业等高端高新产业；推广清洁能源、联动周边地区实现区域高质量发展与协同一体化

8.3.2　多系统耦合统筹，促进区域协调发展

“双碳”目标的实现需要自然、经济、社会、文化、科技等多系统协同发展。京津冀地区需要顺应国家的战略和路径选择，从顶层协调制定各个系统的发展目标。减碳问题表面是生态系统的碳循环，事实上是涉及社会经济系统、地质地球系统等方面的综合系统性问题。碳中和的实现路径涉及社会发展、经济转型与新生态经济培育的协调统筹，涉及减排降碳、减排治污与大气质量管控的协调统筹，涉及生态保碳、绿色增汇与美丽中国建设的协调统筹，涉及陆地、水域、海洋生态系统的增汇途径的协调统筹，还涉及有机碳汇、无机碳汇与非 CO_2 温室气体的协调统筹。实现途径主要包括四个方面：通过能源转型和工业减排实现碳排放量减少（减排）、通过自然生态保护实现碳储存量不减少（保碳）、通过生态工程建设实现固碳量增加（增汇）、通过工程继续进行碳封存（封存）。“双碳”行动任重道远，需要各方协作实现多区域协同发展，多路径并行不悖，多目标统筹共赢。

8.4　本章小结

本章提出了符合京津冀地区碳中和目标的调控策略与政策建议，贯穿了“微观—中观—宏观”三重尺度、联结了“居民—产业—政府”三方主体、综合了“生活—生产—生态”三个维度。

（1）从微观尺度，着力于居民生活方面，基于居民低碳意识与行为特征，提出了提高低碳意识、推广低碳行为的政策建议，从居民生活方式等消费端间接影响生产端，助力实现碳中和目标。

（2）从中观尺度，着力于产业生产方面，优化产业结构、推动产业转型升级，提高生产效率、调整能源消耗结构、完善能源管理体制，促进科技创新、完善管理体制等都是有效的调控策略。

（3）从宏观尺度，着力于区域生态方面，提倡基于自然的解决方法，剖析本底条件，优化功能分区，明确区域功能定位，促进区域协调发展。综合的碳中和行动方案有助于京津冀地区实现城镇化转型、协同一体化以及高质量发展。

参考文献

蔡博峰，王金南，杨姝影，等，2017. 中国城市 CO_2 排放数据集研究——基于中国高空间分辨率网格数据[J]. 中国人口·资源与环境，27（2）：1-4.

曹子阳，吴志峰，匡耀求，等，2015. DMSP/OLS 夜间灯光影像中国区域的校正及应用[J]. 地球信息科学学报，17（9）：1092-1102.

曹子阳，2016. 基于夜间灯光影像的 GDP 空间分布模拟研究及其与 $PM_{2.5}$ 浓度的相关分析[D]. 北京：中国科学院大学.

陈庆能，沈满洪，李崇岩，2017. 中国行业碳排放变动的影响因素研究——基于 DandL 简化模型[J]. 生态经济，33（7）：14-18.

程云鹤，齐晓安，汪克亮，等，2013. 区域技术差距视角下省际工业 CO_2 排放效率[J]. 系统工程，（3）：41-51.

董捷，员开奇，2016. 湖北省土地利用碳排放总量及其效率[J]. 水土保持通报，36（2）：337-342.

董文奥，2020. 基于夜间灯光的中国能源消费碳排放多尺度空间格局及影响因素分析[D]. 南昌：华东交通大学.

关靖云，李东，王亚菲，等，2021. 中国区域 DMSP-OLS 与 NPP-VIIRS 夜间灯光影像校正[J]. 测绘通报，（9）：1-8.

郭忻怡，闫庆武，谭晓悦，等，2016. 基于 DMSP/OLS 与 NDVI 的江苏省碳排放空间分布模拟[J]. 世界地理研究，25（4）：102-110.

胡孟然，2021. 中国县域碳排放空间格局及影响因素研究[D]. 兰州：兰州大学.

胡秀莲，苗韧，2014. 对 IPCC 第五次评估报告部门减排路径和措施评估结果的解读[J]. 气候变化研究进展，10（5）：331.

黄怀雄，赵红艳，2010. 长株潭地区森林固碳释氧功能价值评价[J]. 林业调查规划，35（2）：136-138.

李爱，王雅楠，李梦，等，2021. 碳排放的空间关联网络结构特征与影响因素研究：以中国三大城市群为例[J].环境科学与技术，44（6）：186-193.

李建豹，黄贤金，孙树臣，等，2019. 长三角地区城市土地与能源消费 CO_2 排放的时空耦合分析[J]. 地理研究，38（9）：2188-2201.

李明琦，刘世梁，武雪，等，2018. 云南省农田生态系统碳足迹时空变化及其影响因素[J]. 生态学报，

38（24）：8822-8834.

李世豪，2020. 基于随机前沿模型的京津冀地区碳排放效率研究[D]. 北京：华北电力大学（北京）.

李双成，谢爱丽，吕春艳，等，2018. 土地生态系统服务研究进展及趋势展望[J]. 中国土地科学，32（12）：82-89.

林伯强，刘希颖，2010. 中国城市化阶段的碳排放：影响因素和减排策略[J]. 经济研究，8（1）：66-78.

陆大道，陈明星，2015. 关于“国家新型城镇化规划（2014—2020）” 编制大背景的几点认识[J]. 地理学报，70（2）：179-185.

吕倩，刘海滨，2019. 京津冀县域尺度碳排放时空演变特征——基于 DMSP/OLS 夜间灯光数据[J]. 北京理工大学学报（社会科学版），（6）：41-50.

马大来，陈仲常，王玲，2015. 中国省际碳排放效率的空间计量[J]. 中国人口·资源与环境，25（1）：67-77.

马晓微，杜佳，叶奕，等，2020. 中美居民消费直接碳排放核算及比较[J]. 北京理工大学学报（社会科学版），（4）：34-40.

孟凡鑫，苏美蓉，胡元超，等，2019. 中国及“一带一路”沿线典型国家贸易隐含碳转移研究[J]. 中国人口·资源与环境，29（4）：18-26.

孟凡鑫，樊兆宇，王东方，等，2022. 生命周期视角下城市碳足迹核算及实现碳中和的路径建议——以深圳市为例[J]. 北京师范大学学报（自然科学版），58（6）：878-885.

潘家华，2013. 新型城镇化道路的碳预算管理[J]. 经济研究，（3）：12-14.

钱易，2012. 环境保护与可持续发展[J]. 中国科学院院刊，27（3）：307-313.

渠慎宁，2019. 碳排放分解：理论基础，路径剖析与选择评判[J]. 城市与环境研究，（3）：98-112.

孙建卫，赵荣钦，黄贤金，等，2010. 1995—2005 年中国碳排放核算及其因素分解研究[J]. 自然资源学报，25（8）：1284-1295.

唐敬霞，2016. 当前我国工业碳排放现状及减排路径探讨[J]. 现代工业经济和信息化，（2）：20-21.

陶在朴，2003. 生态包袱与生态足迹：可持续发展的重量及面积观念[M]. 北京：经济科学出版社，45.

田惠玲，朱建华，李宸宇，等，2021. 基于自然的解决方案：林业增汇减排路径、潜力与经济性评价[J]. 气候变化研究进展，17（2）：195-203.

涂正革，2012. 中国的碳减排路径与战略选择[J]. 中国社会科学，3：78-94.

王娟，2019. 中国工业的能源环境效率评价与碳排放强度的影响因素研究[D]. 天津：天津大学.

王思强，2017. 加快能源结构调整 支撑大气污染防治[J]. 中国机构改革与管理，（12）：36-37.

王雅娴，2020. 中国火电行业碳排放和总碳强度减排问题研究[D]. 北京：华北电力大学（北京）.

魏成，刘付强，杨程，等，2024. 快速城镇化地区传统村落保护利用的挑战与趋势——以珠江三角洲为例[J]. 自然资源学报，39（8）：1867-1886.

魏燕茹，陈松林，2021. 福建省土地利用碳排放空间关联性与碳平衡分区[J]. 生态学报，14：1-11.

吴金凤，王秀红，2017. 农地利用碳强度及可持续性动态变化——以山东省平度市为例[J]. 生态学报，37（9）：2904-2912.

吴开亚，王文秀，张浩，等，2013. 上海市居民消费的间接碳排放及影响因素分析[J]. 华东经济管理，（1）：1-7.

徐杰，2016. 低碳城市重点行业碳排放监控与优化决策研究[D]. 北京：华北电力大学（北京）.

姚亮，刘晶茹，王如松，2011. 中国城乡居民消费隐含的碳排放对比分析[J]. 中国人口·资源与环境，21（4）：25-29.

曾德珩，李生萍，吴雅，等，2016. 重庆市五大功能区碳失衡及其对策[J]. 经济地理，36（8）：152-157.

曾楠，2021. 基于自然的解决方案助力碳中和[J]. 世界环境，（4）：16-20.

张佰发，苗长虹，宋雅宁，等，2020. 一种 DMSP/OLS 稳定夜间灯光影像中国区域的校正方法[J]. 地球信息科学学报，22（8）：1679-1691.

张峰，周广胜，王玉辉，2008. 基于 CASA 模型的内蒙古典型草原植被净初级生产力动态模拟[J]. 植物生态学报，32（4）：786.

张明志，2017. 经济增长与产业结构变动的碳排放效应研究[D]. 济南：山东大学.

张帅，袁长伟，赵小曼，2019. 中国交通运输碳排放空间聚类与关联网络结构分析[J]. 经济地理，39（1）：122-129.

张婷，2019. 工业用地碳排放时空演变与情景模拟研究[D]. 徐州：中国矿业大学.

张同斌，周县华，刘巧红，2018. 碳减排方案优化及其在产业升级中的效应研究[J]. 中国环境科学，38（7）：2758-2767.

张洋，江亿，胡姗，等，2020. 基于基准值的碳排放责任核算方法[J]. 中国人口·资源与环境，30（11）：11.

赵金彩，钟章奇，卢鹤立，等，2017. 基于夜间灯光的城市居民直接碳排放及影响因素——以中原经济区为例[J]. 自然资源学报，32（12）：2100-2114.

赵荣钦，张帅，黄贤金，等，2014. 中原经济区县域碳收支空间分异及碳平衡分区[J]. 地理学报，69（10）：1425-1437.

智烈慧，李心，马田田，等，2022. 辽河三角洲土地利用变化轨迹、驱动过程及生态系统服务时空演变[J]. 环境科学学报，42（1）：141-150.

周嘉，王钰萱，刘学荣，等，2019. 基于土地利用变化的中国省域碳排放时空差异及碳补偿研究[J]. 地理科学，39（12）：1955-1961.

朱恩燕，2020. 浙江省碳排放时空格局动态及其对城镇化的响应研究[D]. 杭州：浙江大学.

朱勤，魏涛远，2013. 居民消费视角下人口城镇化对碳排放的影响[J]. 中国人口·资源与环境，23（11）：21-29.

Canu D M，Ghermandi A，Nunes P A L D，et al.，2015. Estimating the value of carbon sequestration ecosystem services in the Mediterranean Sea：An ecological economics approach[J]. Global Environmental Change，32：87-95.

Chen L，Xu L，Cai Y，et al.，2021. Spatiotemporal patterns of industrial carbon emissions at the city level[J]. Resources，Conservation and Recycling，169：105499.

Doll C N H，Muller J P，Elvidge C D，2000. Night-time imagery as a tool for global mapping of socioeconomic parameters and greenhouse gas emissions[J]. Ambio：157-162.

Druckman A，Jackson T，2009. The carbon footprint of UK households 1990-2004：A socio-economically disaggregated，quasi-multi-regional input-output model[J]. Ecological economics，68（7）：2066-2077.

Du L，Li X，Zhao H，et al.，2018. System dynamic modeling of urban carbon emissions based on the regional National Economy and Social Development Plan：A case study of Shanghai city[J]. Journal of Cleaner Production，172：1501-1513.

Duan H，Zhou S，Jiang K，et al.，2021 Assessing China's efforts to pursue the 1.5℃ warming limit[J]. Science，372（6540）：378-385.

Duffy C，O'Donoghue C，Ryan M，et al.，2020. Afforestation：Replacing livestock emissions with carbon sequestration[J]. Journal of Environmental Management，264：110523.

Elvidge C D，Baugh K E，Kihn E A，et al.，1997. Relation between satellite observed visible-near infrared emissions，population，economic activity and electric power consumption[J]. International Journal of Remote Sensing，18（6）：1373-1379.

Hu S，Yuan Z，Wang A，2024. Improving carbon emission efficiency in Chinese manufacturing：A study considering technological heterogeneity and noise[J]. Energy，291：130392.

Intergovernmental Panel on Climate Change，1996. IPCC guidelines for national greenhouse gas inventories[M]. IPCC.

Jia W，Jia X，Wu L，et al.，2022. Research on regional differences of the impact of clean energy development on carbon dioxide emission and economic growth[J]. Humanities and Social Sciences Communications，9（1）：25.

Jiang T，Li S，Yu Y，et al.，2022. Energy-related carbon emissions and structural emissions reduction of China's construction industry：The perspective of input–output analysis[J]. Environmental Science and Pollution Research：1-13.

Leifeld J，Wüst-Galley C，Page S，2019. Intact and managed peatland soils as a source and sink of GHGs from 1850 to 2100[J]. Nature Climate Change，9（12）：945-947.

Li H，Mu H，Zhang M，et al.，2011. Analysis on influence factors of China's CO_2 emissions based on Path-STIRPAT model[J]. Energy Policy，39（11）：6906-6911.

Li J，Huang G，Liu L，et al.，2021. Projections of carbon metabolism in 2035 and implications for demand-side controls under various scenarios[J]. Renewable and Sustainable Energy Reviews，151：111561.

Liu Z，Guan D，Wei W，et al.，2015. Reduced carbon emission estimates from fossil fuel combustion and cement production in China[J]. Nature，524（7565）：335-338.

Luo Z，Wu Y，Zhou L，et al.，2021. Trade-off between vegetation CO_2 sequestration and fossil fuel-related CO_2 emissions：A case study of the Guangdong–Hong Kong–Macao Greater Bay Area of China[J]. Sustainable Cities and Society，74：103195.

Ma S，Smailes M，Zheng H，et al.，2019. Who is vulnerable to ecosystem service change？ Reconciling locally disaggregated ecosystem service supply and demand[J]. Ecological economics，157：312-320.

Maraseni T N，Qu J，Zeng J，2015. A comparison of trends and magnitudes of household carbon emissions between China，Canada and UK[J]. Environmental Development，15：103-119.

Meys R，Kätelhön A，Bachmann M，et al.，2021. Achieving net-zero greenhouse gas emission plastics by a circular carbon economy[J]. Science，374（6563）：71-76.

NDRC，2011. Guildelines for provincial greenhouse gas inventories[DB/OL]. http：//www.cbcsd.org.cn/sjk/nengyuan/standard/home/20140113/download/shengjiwenshiqiti.pdf.

Ouyang W，Qi S，Hao F，et al.，2013. Impact of crop patterns and cultivation on carbon sequestration and global warming potential in an agricultural freeze zone[J]. Ecological Modelling，252：228-237.

Shan Y，Guan D，Zheng H，et al.，2018. China CO_2 emission accounts 1997-2015[J]. Scientific Data，5（1）：1-14.

Shan Y，Huang Q，Guan D，et al.，2020. China CO_2 emission accounts 2016-2017[J]. Scientific Data，7（1）：1-9.

Shan Y，Liu J，Liu Z，et al.，2016. New provincial CO_2 emission inventories in China based on apparent energy consumption data and updated emission factors[J]. Applied Energy，184：742-750.

Shan Y，Zhou Y，Meng J，et al.，2019. Peak cement-related CO_2 emissions and the changes in drivers in China[J]. Journal of Industrial Ecology，23（4）：959-971.

Shi K，Chen Y，Yu B，et al.，2016. Modeling spatiotemporal CO_2（carbon dioxide） emission dynamics in China from DMSP-OLS nighttime stable light data using panel data analysis[J]. Applied Energy，168：523-533.

Shu T，Liao X，Yang S，et al.，2024 Towards sustainability：Evaluating energy efficiency with a super-efficiency SBM-DEA model across 168 economies[J]. Applied Energy，376：124254.

Sun W，Huang C，2022. Predictions of carbon emission intensity based on factor analysis and an improved extreme learning machine from the perspective of carbon emission efficiency[J]. Journal of Cleaner Production：130414.

Suryani E，Hendrawan R A，Adipraja P F E，et al.，2022. Dynamic scenario to mitigate carbon emissions of transportation system：A system thinking approach[J]. Procedia Computer Science，197：635-641.

Tao J，Dong J，Zhang Y，et al.，2020. Elevation-dependent effects of growing season length on carbon sequestration in Xizang Plateau grassland[J]. Ecological Indicators，110：105880.

Theil H，1989. The development of international inequality 1960-1985[J]. Journal of Econometrics，42（1）：145-155.

Tian X，Bai F，Jia J，et al.，2019. Realizing low-carbon development in a developing and industrializing region：Impacts of industrial structure change on CO_2 emissions in southwest China[J]. Journal of Environmental Management，233：728-738.

Walsh B，Ciais P，Janssens IA，et al.，2017. Pathways for balancing CO_2 emissions and sinks[J]. Nature Communications，8（1）：14856.

Wang C，Kong Y，Lu X，et al.，2024. Rethinking Regional High-Quality Development Pathways from a Carbon Emission Efficiency Perspective[J]. Land，13（9）：1441.

Wang C，Zhan J，Li Z，et al.，2019a. Structural decomposition analysis of carbon emissions from residential consumption in the Beijing-Tianjin-Hebei region，China[J]. Journal of Cleaner Production，208：1357-1364.

Wang C，Zhan J，Bai Y，et al.，2019b. Measuring carbon emission performance of industrial sectors in the Beijing-Tianjin-Hebei region，China：A stochastic frontier approach[J]. Science of the Total Environment，685：786-794.

Wang Y，Li G，2017. Mapping urban CO_2 emissions using DMSP/OLS ‘city lights’ satellite data in China[J]. Environment and Planning A：Economy and Space，49（2）：248-251.

Wei W，Zhang X，Cao X，et al.，2021. Spatiotemporal dynamics of energy-related CO_2 emissions in China based on nighttime imagery and land use data[J]. Ecological Indicators，131：108132.

Wen W，Wang Q，2020. Re-examining the realization of provincial carbon dioxide emission intensity reduction targets in China from a consumption-based accounting[J]. Journal of Cleaner Production，244：118488.

West T O，Marland G，2002. A synthesis of carbon sequestration，carbon emissions，and net carbon flux in agriculture：Comparing tillage practices in the United States[J]. Agriculture，Ecosystems and Environment，91（1-3）：217-232.

Xie Y，Weng Q，2016. Detecting urban-scale dynamics of electricity consumption at Chinese cities using time-series DMSP-OLS（Defense Meteorological Satellite Program-Operational Linescan System）nighttime light imageries[J]. Energy，100：177-189.

Xu C，Cang D，2010. A brief overview of low CO_2 emission technologies for iron and steel making[J]. Journal of Iron and Steel Research，International，17（3）：1-7.

Xu Q，Dong Y，Yang R，2018. Influence of land urbanization on carbon sequestration of urban vegetation：

A temporal cooperativity analysis in Guangzhou as an example[J]. Science of the Total Environment，635：26-34.

Yan Y，Wu C，Wen Y，2021. Determining the impacts of climate change and urban expansion on net primary productivity using the spatio-temporal fusion of remote sensing data[J]. Ecological Indicators，127：107737.

Zhang M，Mu H，Ning Y，et al.，2009. Decomposition of energy-related CO_2 emission over 1991-2006 in China[J]. Ecological Economics，68（7）：2122-2128.

Zhang S，Chen W，2022. Assessing the energy transition in China towards carbon neutrality with a probabilistic framework[J]. Nature Communications，13（1）：87.

Zhou P，Ang B W，Han J Y，2010. Total factor carbon emission performance：a Malmquist index analysis[J]. Energy Economics，32（1）：194-201.

Zhou Y，Liu W，Lv X，et al.，2019. Investigating interior driving factors and cross-industrial linkages of carbon emission efficiency in China's construction industry：Based on Super-SBM DEA and GVAR model[J]. Journal of Cleaner Production，241：118322.

Zhou Z X，Li J，Guo Z Z，et al.，2017. Trade-offs between carbon，water，soil and food in Guanzhong-Tianshui economic region from remotely sensed data[J]. International journal of applied earth observation and geoinformation，58：145-156.